Kleine Bibliothek 441

Politik und Zeitgeschichte

€ 4.–

Jochen Hippler / Andrea Lueg

Gewalt als Politik

Terrorismus und Intervention im Nahen Osten

Darstellung und Dokumente

Herausgegeben vom
Institut für Internationale Politik

Pahl-Rugenstein

Umschlag: Willi Hölzel/Andreas Tsordanidis
Satz: ICS Communikations-Service GmbH, Bergisch Gladbach
Druck: Druckerei Locher GmbH, Köln

CIP-Kurztitelaufnahme der Deutschen Bibliothek

Hippler, Jochen:
Gewalt als Politik: Terrorismus u. Intervention im Nahen Osten; Darst. u. Dokumente/Jochen Hippler; Andrea Lueg. – Köln: Pahl-Rugenstein, 1987.
(Kleine Bibliothek; 441: Politik und Zeitgeschichte)
ISBN 3-7609-1122-6
NE: Lueg, Andrea:) GT

Jochen Hippler / Andrea Lueg

Gewalt als Politik

Terrorismus und Intervention im Nahen Osten

Darstellung und Dokumente

Herausgegeben vom
Institut für Internationale Politik

Pahl-Rugenstein

Umschlag: Willi Hölzel/Andreas Tsordanidis
Satz: ICS Communikations-Service GmbH, Bergisch Gladbach
Druck: Druckerei Locher GmbH, Köln

CIP-Kurztitelaufnahme der Deutschen Bibliothek

Hippler, Jochen:
Gewalt als Politik: Terrorismus u. Intervention im
Nahen Osten; Darst. u. Dokumente/Jochen Hippler;
Andrea Lueg. – Köln: Pahl-Rugenstein, 1987.
(Kleine Bibliothek; 441: Politik und Zeitgeschichte)
ISBN 3-7609-1122-6
NE: Lueg, Andrea:) GT

Inhalt

Verzeichnis der Dokumente

Einleitung

Der internationale Terrorismus macht Schlagzeilen. Allein eine einzige Autobombe tötete 1983 in Beirut 241 US-Soldaten und erzwang den baldigen Rückzug der US-Truppen aus dem Libanon. Ein Bombenanschlag auf eine Discothek in Westberlin forderte 1986 nicht nur 2 Tote, sondern wurde zum Anlaß für einen US-Luftangriff auf Libyen, dem die US-Regierung eine Beteiligung an dem Anschlag vorwarf. In Beirut wurden zwei Bundesbürger von einer radikalen Schiitenorganisation entführt, in London ein jordanischer Staatsbürger verurteilt, der im Auftrag Syriens einen Anschlag auf ein israelisches Verkehrsflugzeug versucht haben soll.

Die Beispiele ließen sich beliebig fortsetzen, aber bereits die erwähnten genügen, um zu belegen, daß die Frage des Terrorismus eine Qualität erreicht, mit der sie bedeutende Auswirkungen auf die internationale Politik hat. Die EG-Außenminister befassen sich regelmäßig mit dem internationalen Terrorismus, der jährliche Weltwirtschaftsgipfel der wichtigsten Industriestaaten verabschiedet entsprechende Erklärungen. Innerhalb der EG und zwischen der EG und den USA kommt es zu scharfen Konflikten über eine angemessene Reaktion und über das Verhältnis zu bestimmten Ländern, wie zu Libyen, Syrien und dem Iran. Konflikte innerhalb oder zwischen den palästinensischen Organisationen oder bestimmten arabischen Regierungen werden nicht selten durch Attentate ausgetragen, die israelische Regierung läßt in Westeuropa einen marokkanischen Kellner (und andere) umbringen, weil sie diesen mit einem »mutmaßlichen Terroristen« verwechselte.

Der internationale Terrorismus – und noch viel mehr die Politik, die mit ihm gemacht oder unter dem Vorwand seiner Bekämpfung betrieben wird – ist heute eine Angelegenheit von hoher Bedeutung. Dies liegt nicht am bloßen Umfang des Gewaltniveaus, das an objektiven Kriterien gemessen eher bescheiden ist.

Im Jahr 1984 beispielsweise sind durch internationale, terroristische Gewalttaten *weltweit* nach einer Statistik des US-Außenministeriums 312 Menschen getötet worden, davon 11 US-amerikanische Staatsbürger. Der Tod von 312 Menschen stellt selbstverständlich einen tragischen und grausamen Tatbestand dar – gemessen am allgemeinen (auch politischen) Gewaltniveau auf der Welt handelt es sich allerdings – selbst wenn dies zynisch klingt – um eine winzige Zahl. Allein in einer einzigen US-amerikanischen Stadt wie Detroit werden in einem Jahr mehr Menschen ermordet, als weltweit dem Terrorismus zum Opfer fallen. Bereits dieser offensichtliche Zusammenhang macht deutlich, daß die Bedeutung des Terrorismus – oder was dafür ausgegeben wird – weit über seine direkten Auswirkungen, über seine menschlichen Opfer und materiellen Schäden hinausreicht. Auch die gelegentlich überschäumende Terrorismushysterie muß vor diesem Hintergrund gesehen werden.

Oberstleutnant William R. Farrell von der US-Luftwaffe unterstreicht diesen Punkt, wenn er formuliert:
»Wenn man sich nur auf Zahlen stützt, ist man versucht zu argumentieren, daß der Terrorismus keine große Bedrohung für die Vereinigten Staaten darstellt. Seit den späten sechziger Jahren sind weniger als 500 Amerikaner durch terroristische Anschläge getötet worden. Wenn man den Verlust von 241 Marineinfanteristen und anderem Militärpersonal in Beirut nicht berücksichtigt [da nach Auffassung von Farrell dieser Angriff eher militärischen denn terroristischen Charakter hatte; J.H.], wird diese Zahl fast halbiert. An jedem verlängerten Ferien-Wochenende werden innerhalb weniger Tage mehr Amerikaner auf den Autobahnen getötet als in den fast zwanzig Jahren, seit denen man über Terrorismus-Statistiken vefügt.«[1]
Farrell schließt daraus, daß man mehr auf die Natur des Terrorismus als auf seine zahlenmäßige Bedeutung achten solle. Dieser Schluß ist allerdings etwas einseitig: nicht nur die Natur des Terrorismus ist interessant, sondern auch – und gerade – die Natur der Reaktion auf ihn. Es läßt sich durchaus die These formulieren, daß die politische Instrumentalisierung des

Terrorismus durch interessierte Regierungen gefährlicher für den Weltfrieden ist, als es noch so brutale Terrorakte einzelner Gruppen sein können.

Die Instrumentalisierung des Terrorismus zu politischen Zwecken beginnt bereits mit der Manipulation des Begriffs. »Terroristen« – das sind immer die anderen. Der Bombenanschlag des französischen Geheimdienstes auf das *Greenpeace*-Schiff *Rainbow Warrior* im neuseeländischen Hafen Auckland etwa, bei dem ein Mensch ums Leben kam, wird von der Bundesregierung offiziell nicht als ein Akt des Terrorismus betrachtet. Auch Entführungen, politische Morde oder Bombenanschläge der *Contras* in Nicaragua sind nach Ansicht der Bundesregierung keine terroristischen Akte.[2]

Die US-Administration geht noch weiter: Präsident Reagan erklärte die *Contras* gar zu »Freiheitskämpfern«.[3]

Der »Terrorismus« ist heute ein Kampfbegriff, der häufig nur zur Diffamierung eines politischen Gegners und zur Legitimation eigener Aggressionspolitiken dient.

Daneben existiert eine Tendenz, den Terrorismusbegriff jeder Bedeutung zu entleeren. »Des Einen ›Terrorist‹ ist des Anderen ›Freiheitskämpfer‹« – diese in den USA aus naheliegenden Gründen weit verbreitete Auffassung betont den häufigen Mißbrauch des Begriffs, subjektiviert ihn dafür aber vollkommen.

Zugleich wird der Terrorismus vor allem von der US-Regierung nicht primär unter dem Gesichtspunkt des Schutzes von Menschenleben betrachtet, sondern als »Form der Kriegführung«. In diesem Sinne stellt der Terrorismus primär eine Herausforderung an die Nationale Sicherheit und die Weltmachtrolle der USA durch »kriegerische« Mittel dar. Terrorismus ist in diesem Verständnis eine Form von Kriegführung auf niedrigem Niveau, von *»low-intensity warfare«*. Die USA könnten – dem Verständnis dieser US-Politikplaner zufolge – darauf nicht rein passiv reagieren, sondern müßten als entsprechende eigene Kriegsform den »Counterterrorism« entwikkeln und anwenden. Counterterrorism wird im folgenden mit Counterterrorismus übersetzt, da Begriffe wie »Terrorismusbekämpfung« völlig in die Irre führen – es handelt sich schließlich nicht um polizeiliche und juristische Defensivmaßnahmen, sondern um ein Interventionskonzept für die Dritte Welt im Rahmen allgemeiner »low-intensity warfare« – Strategien.

Im vorliegenden Buch werden Terrorismus und US-amerikanischer Counterterrorismus anhand der Region des Nahen und Mittleren Ostens behandelt. Dieser Schwerpunkt ist alles andere als zufällig: nicht nur, daß terroristische Aktionen dort besonders verbreitet sind, auch die Konzeptionen des Counterterrorismus wurden oft aus Erfahrungen mit der Region entwickelt und vorzugsweise dort angewandt. Die US-Bombenangriffe auf Libyen, aber auch die Politik gegenüber dem Libanon, Syrien und dem Iran sind nur in diesem Zusammenhang zu begreifen.

Das Buch gliedert sich in zwei Teile: der erste bemüht sich um eine grundlegende und knappe Darstellung und Interpretation der angesprochenen Probleme, der zweite soll wichtiges Material bereitstellen, das für unser Thema von Bedeutung ist und auf das im Text verwiesen wurde.

Die Diskussion um den Terrorismusbegriff

Terrorismus ist ein politischer Kampfbegriff, der in den internationalen Beziehungen zunehmend eingesetzt wird, um den politischen Gegner zu kennzeichnen, zu verurteilen und zugleich eigene Gegenmaßnahmen zu rechtfertigen. Im gleichen Maße, in dem der Terrorismusbegriff zum Etikett wechselseitiger Verunglimpfung wurde, mußte er natürlich an Präzision und Aussagekraft verlieren. Trotzdem kann er nicht einfach aus dem politischen Vokabular gestrichen werden, schon allein deshalb, weil er alltagssprachlich präsent bleibt und durch die starken an ihn geknüpften negativen Assoziationen ein beträchtliches manipulatives Potential besitzt.

Generalbundesanwalt Dr. Kurt Rebmann hat in einem Aufsatz den Terrorismusbegriff näher untersucht. Dabei stellte er fest, daß es auf internationaler Ebene einen »völkerrechtlich feststehenden Begriff des ›internationalen Terrorismus‹« nicht gibt. Dafür ist er aber in der Lage, eine offiziöse bundesdeutsche Definition zu liefern:

»Nach deutschem Rechtsverständnis wird mit dem Begriff ›Terrorismus‹ das Verhalten von Personengruppen charakterisiert, die mit dem Ziel revolutionärer Veränderung der bestehenden verfassungsmäßigen Ordnung im eigenen oder in einem dritten Staat Straftaten gegen das Leben, die körperliche Unversehrtheit, die Freiheit oder fremdes Eigentum begehen.«[4]

Diese Definition ist von hoher politischer Brisanz: sie bindet den Terrorismusbegriff an das »Ziel revolutionärer Veränderung«. Identische Aktionen reaktionärer oder konservativer Gruppen könnten damit prinzipiell keinen terroristischen Charakter tragen – ein wirklich faszinierender Gedanke, der bereits in schöner Offenheit einen kleinen Blick auf die politische Substanz der aktuellen Diskussion um den internationalen Terrorismus freigibt. Zweitens entleert die Definition selbst das Ziel der »revolutionären Veränderung« jeder sozialen und politischen Substanz: sie richtet sich gegen eine bloße juristische

Kategorie (die »bestehende verfassungsmäßige Ordnung«) und wird auch als bloße juristische Kategorie beschrieben (als »Straftat«). Das (revolutionäre) Streben nach Veränderung einer bestehenden Rechtsordnung durch (im Rahmen dieser Rechtsordnung) rechtswidrige Verhaltensweisen ist demnach der Kern dieser Terrorismusdefinition. Daß es sich dabei um wenig mehr handelt, als um eine selbstzufriedene Verteidigung jedweden Status quo, ist offensichtlich: die Definition des Generalbundesanwalts würde gewaltsamen Widerstand gegen die Diktatur der Nazis (bzw. deren »bestehende verfassungmäßige Ordnung«) als »terroristisch« bezeichnen, den staatlichen Terror der Nazis (da ohne revolutionäre Zielsetzung) dagegen nicht umfassen.
Dem Generalbundesanwalt selbst kann nicht ganz wohl sein bei seiner Formulierung. Nur so ist zu erklären, daß er an anderer Stelle im gleichen Aufsatz zu Postitionen gelangt, die seiner allgemeinen Definition direkt widersprechen. So schreibt er: »Eine Formel, die alle diese [terroristischen; J.H.] Gruppen erfassen würde, gibt es nicht. Gemeinsam ist ihnen nur, daß die Täter – soweit Terrorakte nicht zum Zweck persönlicher Bereicherung begangen werden – die Gewalt ideologisch als Mittel revolutionärer Veränderung oder konterrevolutionärer Bewahrung zu legitimieren suchen.« [...] »Eine andere Erscheinungsform ist der Staatsterrorismus. Bei ihm üben die herrschenden Regime selbst den Terror zur Erhaltung ihrer politischen Macht aus oder erteilen entsprechende Aufträge. Die Gewalt wird in diesen Fällen von »oben« und nicht von »unten« ausgeübt.«[5]

Auch diese Begriffsklärungen sind bemerkenswert, schließlich stehen sie in krassem Gegensatz zu Rebmanns Definition: sie würden erlauben, auch Gewaltakte einer Regierung gegen die Bevölkerung als terroristisch – nämlich als Staatsterrorismus – zu bezeichnen, und sie erfassen auch Gewaltakte als terroristisch, wenn sie aus Gründen »konterrevolutionärer Bewahrung« durchgeführt werden. Diese beiden Fortschritte in der Definition sind wohl nur dadurch zu erklären, daß sie sich bei Rebmann auf den *internationalen* Aspekt des Terrorismus,

also auf das Ausland, beziehen, während seine allgemeine Definition exklusiv auf die Bundesrepublik gemünzt ist. Die Botschaft dieses Widerspruches ist: im Ausland mag es zwar rechten und staatlichen Terrorismus geben, in der Bundesrepublik dagegen existiert qua definitionem nur linker und gegen den Staat und seine Rechtsordnung gerichteter Terrorismus. Daß es sich dabei um eine rein politisch inspirierte Begriffsbildung handelt, ist offensichtlich. Die Frage, ob der Bombenanschlag des Verfassungsschutzes auf das Gefängnis in Celle einen staatsterroristischen Akt darstellte, muß nach dieser Definition im Dunkeln bleiben.
Wir können auf einer allgemeinen Ebene aber zumindest festhalten, daß Generalbundesanwalt Rebmann immerhin prinzipiell von revolutionärem *und* konterrevolutionärem Terror spricht und zugleich den Begriff des Staatsterrorismus einführt.

Das politisch konservativ ausgerichtete Begriffsverständnis des Generalbundesanwalts ist aber beileibe kein Einzelfall, sondern entspringt einer langen Tradition innerhalb der juristischen Fachliteratur. Ein Beispiel bildet Prof. Oppermann von der Universität Tübingen. Auch Oppermann führt den Begriff des Staatsterrorismus ein, allerdings in der Kennzeichnung als »der sog.[enannte] ›Staatsterrorismus‹«, der für ihn nicht so recht zum Thema des internationalen Terrorismus gehört, und den er daher mit einigen verurteilenden Redewendungen zur Seite schiebt. Aus Oppermanns Terrorismusdefinition spricht ein ungebrochenes Weltbild. Hier spricht der Ideologe im Gewande des Juristen:
»Im allgemeinen versteht man unter Terrorismus nur diejenigen Fälle des gewaltsam-bedenkenlosen Vorgehens in Mißachtung der Rechtsordnung, welche sich nach ihrem Selbstverständnis politisch, religiös, sozial oder militärisch motivieren. [...]
Aus dem ideologischen Hintergrund der Tat ergibt sich beim Terroristen der besondere Unrechtsgehalt seines Tuns ebenso wie seine hochgradige Gefährlichkeit« [im Gegensatz zur unpolitischen Gewaltkriminalität; J.H.].[6]

Nach diesen Worten umfaßt der Terrorismus zumindest drei Elemente: 1. er ist »gewaltsam-bedenkenlos«, 2. er erfolgt »in

Mißachtung der Rechtsordnung«; 3. er hat politische, religiöse, soziale oder militärische Ziele.

Zum zweiten Punkt, der Fixierung auf die »Rechtsordnung«, ohne deren jeweiligen Charakter auch nur ansatzweise zu problematisieren, wurde oben bereits einiges angemerkt. Der erste Punkt Oppermanns ist fast kurios: die »Bedenkenlosigkeit« als Kriterium des terroristischen Charakters einer Tat. Terroristische Akte oder Gewalttaten, die der oder die Täter mit moralischen Skrupeln begehen, wären demnach nicht terroristisch. Hier ist wohl die persönliche Empörung als Element in eine Begriffsdefinition eingeflossen, ein wenig hilfreiches Verfahren. Faszinierend aber ist vor allem Oppermanns dritter Punkt. Aus der Tatsache einer politischen (oder religiös, sozial oder militärisch geprägten) Zielsetzung schließt der Jurist messerscharf den »besonderen Unrechtsgehalt seines Tuns«. Mord oder Geiselnahme aus Habgier und zur persönlichen Bereicherung sind danach weniger verwerflich als gewaltsame Aktionen aus politischen und sozialen Gründen – unabhängig von der politischen und sozialen Situation und der begangenen Tat. Hier ist dem Juristen Oppermann nicht etwa das Temperament durchgegangen – er meint, was er sagt:

»(D)er Terrorist« [verdient] im Grunde *noch viel weniger als der »reguläre Straftäter*, daß ihm aus der Art seiner Motivation milderndes Verständnis zuwächst. Die Diskrepanz zwischen der deklarierten, scheinbar dem Gemeinwohl verpflichteten Zielsetzung und der schädigenden Rücksichtslosigkeit seines tatsächlichen Handelns ist beim Terroristen so eklatant, daß sich hier eher die Frage nach speziell wirksamen Gegenmaßnahmen stellt als der Gedanke an eine Exkulpation infolge der psycho-politischen Motive.«[7]

Gewalttaten sind also immer dann besonders verwerflich, wenn sie aus politischen Motiven erfolgen – dann sind »spezielle Maßnahmen« angebracht, keine politische Analyse oder andere Formen der Schwächlichkeit. Worin sieht Oppermann das besonders Üble einer politischen Motivation? Er nennt »eine tiefgehende, revolutionäre Umwandlung des Staates« oder »revolutionäre Umstürze in einzelnen Staaten« als Beispiele. In schöner Deutlichkeit hat uns der Professor Oppermann vorgeführt, zu welchen intellektuellen Glanzstücken manche deutschen Juristen bereit und in der Lage sind, wenn es den Status quo zu verteidigen gilt.

Karl Markus Kreis bemüht sich in seiner Definition um Sachlichkeit. Er beginnt mit einer begrenzten Aufzählung dessen, was häufig unter den Begriff Terrorismus subsummiert wird:

»Das Spektrum reicht hier von Attentaten, Sprengstoffanschlägen und der Entführung prominenter Einzelpersonen bis zu Guerilla-Operationen, erpresserischen Geiselnahmen vor den Augen der Weltöffentlichkeit und, wie manche befürchten, sogar bis zum Aufbau einer internationalen Verschwörung gegen die westlichen Industriestaaten.«[8]

Die Einbeziehung von Guerillakriegen und der Verdacht einer »internationalen Verschwörung gegen die westlichen Industriestaaten« ist das Spezifische dieser Sichtweise, womit sich enge Berührungspunkte zur US-amerikanischen Diskussion während der Präsidentschaft Reagans ergeben. Darauf wird zurückzukommen sein. Kreis nennt drei Hauptmerkmale für »Terrorismus« (von ihm selbst in Anführungszeichen gesetzt):

1. die direkte Anwendung oder Androhung von Gewalt, nicht nur das Streben nach einschneidenden politischen Veränderungen. Wir haben bereits andeutungsweise erfahren, wie wichtig diese definitorische Eingrenzung ist;
2. organisiertes Handeln. Terrorismus ist für ihn eine Praxis von Personengruppen, nicht von Einzelnen;
3. »Die Berufung auf eine politische Zielsetzung, gleichviel ob diese Berufung in anderen Augen als legitimiert erscheinen mag oder nicht.« Diese analytische Selbstverständlichkeit unterscheidet Kreis wohltuend von manchem Gesinnungsjuristen.

Schließlich unterscheidet er prinzipiell zumindest drei Terrorismus-Typen:

1. Terroristische Aktionen als Mittel des revolutionären Kampfes. Diese begreift er als zweckrational und zielgerichtet.
2. Terroristische Aktionen als Demonstration anarchistischer

Auflehnung. Mit dieser unglücklichen und unpräzisen Formulierung meint er Gewaltakte, die nicht primär auf die Erreichung konkreter politischer Ziele gerichtet sind, sondern eher an abstrakten Kategorien (Gerechtigkeit, Freiheit, Aufhebung der Herrschaft von Menschen über Menschen überhaupt). Trotz eines revolutionären Selbstverständnisses hätten solche Gruppen (nach Kreis) keine eigentliche politische Strategie.
3. Terroristische Aktionen als Teil eines »Ersatzkrieges«. Hierbei denkt er an Aktivitäten von Regierungen, die anderen Staaten durch nicht-kriegerische Gewaltakte schaden oder diese destabilisieren wollen.[9]

Mag der Terrorismus-Begriff in der Bundesrepublik ungeklärt sein, so ist die Situation auf internationaler Ebene nicht besser. Oberstleutnant William R. Farrell von der US-Luftwaffe macht es sich recht leicht, indem er als Definitionsmerkmale nur die möglichen Ziele von Terrorismus aufzählt:
»Erstens, einzelne Akte des Terrorismus mögen auf die Erpressung spezifischer Zugeständnisse zielen, wie auf die Zahlung von Lösegeld oder die Befreiung von Gefangenen. Zweitens kann Terrorismus auch auf Öffentlichkeitswirksamkeit gerichtet sein. Drittens kann der Terrorismus auf die Verbreitung allgemeiner Unordnung, auf eine Demoralisierung der Gesellschaft und auf einen Zusammenbruch der sozialen Ordnung zielen. Viertens mag er die absichtliche Provokation von Repression zum Ziel haben und so auf eine Selbstbeschädigung der Regierung hoffen. Fünftes kann er angewandt werden, um Gehorsam oder Zusammenarbeit zu erzwingen. Sechstens soll Terrorismus häufig bestrafen. Terroristen erklären oft, daß das Opfer ihres Angriffes auf irgendeine Art schuldig sei.«[...]
»Terrorismus sollte als eine zielgerichtete Aktivität begriffen werden. Es handelt sich um eine bewußt ausgewählte Politik einer Gruppe von Personen gegen andere. Die Aktivität soll ›ein Klima der Furcht erzeugen, das intensiv und beherrschend ist‹. Diese Erzeugung von Angst ist für die [terroristische] Aktivität von zentraler Bedeutung und nicht zufällig«.[10]

Farrells Definition hat den Vorteil der Klarheit und Nachvollziehbarkeit, sie teilt aber mit einer ganzen Reihe von ähnlichen Versuchen den Nachteil, daß es sich im strengen Sinne um gar keine *Definition* handelt, da sie nur mögliche Zielrichtungen unterstellt, aber kaum Kriterien liefert, die terroristische Aktivitäten von sonstigen politisch motivierten Gewaltanwendungen unterscheiden. Immerhin gelingt es ihm, sich von reiner moralischer Empörung zu lösen und die Zweckrationalität zu betonen – eine unverzichtbare Notwendigkeit, um Terrorismus überhaupt *begreifen* (und nicht nur kategorisieren) zu können.

Abschließend sollen noch zwei Definitionen vorgestellt werden, die amtlichen Charakter tragen: das US-Verteidigungsministerium begreift Terrorismus als »die gesetzwidrige Anwendung oder Androhung von Zwang oder Gewalt durch eine revolutionäre Organisation gegen Individuen oder Eigentum mit der Absicht, Regierungen oder Gesellschaften zu etwas zu zwingen oder einzuschüchtern, häufig aus ideologischen Gründen.«[11]

Deutliche Parallelen zur Definition von Generalbundesanwalt Rebmann sind hier unverkennbar.

Eine besonders sorgfältige und ausführliche Definition stammt vom US-amerikanischen Außenministerium. Zugleich bemühte es sich, den Begriff eines »Aufstandes« (»insurgency«) vom Terrorismusbegriff abzugrenzen.

»Terrorismus ist die Anwendung oder angedrohte Anwendung von Gewalt für einen politischen Zweck zur Schaffung eines Zustandes der Angst, der dazu beitragen soll, daß Individuen oder Gruppen durch Erpressung, Zwang, Einschüchterung oder Verursachung ihr Verhalten ändern. Eine terroristische Gruppe braucht keine definierte territoriale Basis oder spezifische Organisationsstruktur. Ihre Ziele brauchen nicht auf nur ein Land bezogen zu sein. Sie benötigt und erstrebt nicht notwendigerweise eine Unterstützungsbasis in der Bevölkerung. Ihre Operationen, Organisation und Bewegung sind geheim. Ihre Aktivitäten entsprechen nicht den Regeln des Rechts oder der Kriegführung. Ihre Ziele sind Zivilisten, Nicht-Kombattanten, Passanten oder symbolische Personen oder Orte. Ihre Opfer spielen im allgemeinen keine Rolle bei der Verursachung oder Beseitigung derjenigen Mißstände, die die Terroristen beklagen. Ihre Methoden sind Geiselnahme, Luftpiraterie, Sabotage, Mord, Drohungen, Täuschungen und wahllose Bombardierungen oder Schießereien. Terrorismus trägt dann internationalen Charakter, wenn die Opfer, die Akteure, der Ort eines terroristischen Vorfalls oder die Mittel seiner Ausführung mehr als ein Land einbeziehen.«[12]

Deutlich davon unterschieden ist die an gleicher Stelle ausgeführte Definition eines »Aufstandes«:
»Ein Aufstand ist der Zustand einer Revolte gegen eine etablierte Regierung. Eine aufständische Gruppe hat eine festgelegte Organisation, Führung und einen Sitz. Ihre Mitglieder tragen eine Uniform. Ihre Ziele sind der Erwerb politischer Macht, das Erreichen einer Beteiligung an den wirtschaftlichen und politischen Chancen und der Führung der Nation oder letzten Endes die Machtübernahme von einer existierenden Führung. Ihre vorwiegenden Interessen beziehen sich auf ein bestimmtes Land. Ihre Methoden sind militärisch und paramilitärisch. Ihre taktischen und strategischen Angriffsziele sind militärischer Natur und ihre legitimen Operationen erfolgen auf Grundlage der internationalen Regeln bewaffneter Auseinandersetzungen. Sie operieren offen und bemühen sich um eine Unterstützungsbasis in der Bevölkerung.«[13]

Die Gegenüberstellung der Definitionen von Terrorismus und Aufstand läßt deutlich werden, daß die US-Regierung zumindest offiziell vier grundlegende Unterschiede zwischen beiden Begriffen macht: 1. Terrorismus kann im Vergleich zu einer Aufstandsbewegung engere politische Ziele verfolgen, die auch unterhalb der eigenen Machtübernahme liegen; 2. Terrorismus wird der Natur nach als geheim aufgefaßt, Aufstände als öffentlich; 3. Terrorismus hält sich nicht an internationales Recht und ist prinzipiell illegal; und 4. die Opfer bei Aufständen sind militärischer und paramilitärischer Natur, bei Terrorismus Zivilisten und unbeteiligte Personen.
Wenn diese Definitionen auch noch einiges zu wünschen übrig lassen, so gestatten sie zumindest, auch Maßnahmen der US-

Regierung selbst und ihrer Verbündeten an einem unverdächtigen Maßstab zu messen, wenn diesen von dritter Seite eine »staatsterroristische« Politik unterstellt wird.

Eine wesentlich kürzere, aber prinzipiell ähnliche Begriffsbestimmung entwickelte auch die vom US-Vizepräsidenten George Bush geleitete Arbeitsgruppe zur Terrorismusbekämpfung:

»Terrorismus ist ein Phänomen, das leichter zu beschreiben als zu definieren ist. Es handelt sich um die ungesetzliche Anwendung oder Androhung von Gewalt gegen Personen oder Eigentum zur Förderung politischer oder sozialer Ziele. Er soll im allgemeinen eine Regierung, Individuen oder Gruppen einschüchtern oder zwingen, ihr Verhalten oder ihre Politik zu ändern.«[14]

Damit sind wir wieder beim Beginn unserer Begriffsbestimmung angelangt: Terrorismus ist »ungesetzliche« Gewaltanwendung zur Erreichung politischer oder sozialer Ziele. Die Frage nach der Legalität von Gewalt impliziert natürlich sofort die Frage nach der Legitimität der jeweiligen Legalität – eine Frage, die in aller Regel ignoriert, im besten Fall noch als gegeben vorausgesetzt wird. Brian Jenkins, der Terrorismusexperte der *Rand Corporation*, kommt ebenso zynisch wie zutreffend zu der Einschäzung, »die Definition von Terrorismus scheint vom eigenen Standpunkt abzuhängen – er ist das, was ›die Bösen‹ tun.«[15]

Und auch Walter Laqueur hält es für praktisch unmöglich, eine unbestreitbare Begriffsbestimmung zu formulieren. Er macht die Schwierigkeiten sehr plastisch deutlich:

»Eine Übereinstimmung bezüglich einer Definition besteht leider nicht, und es gibt keinen Grund anzunehmen, daß es sie in der absehbaren Zukunft gäbe. Der Autor eines vor wenigen Jahren veröffentlichten, exzellenten Buches über den Forschungsstand zum Terrorismus zählt 109 verschiedene Definitionen des Terrorismus für die Jahre zwischen 1936 und 1981 auf. Seitdem hat es noch mehr gegeben; allein die US-Regierung hat ein halbes Dutzend hervorgebracht, die keinesfalls identisch sind. [...] So etwas wie reinen und unverfälschten

Terrorismus, spezifisch und unveränderlich, mit einem chemischen Element vergleichbar, gibt es nicht. Statt dessen gibt es eine ganze Vielzahl unterschiedlicher Terroristen. Historiker und Soziologen finden keine völlige Übereinstimmung darüber, was Sozialismus oder Faschismus war. Übereinstimmung in einer Frage zu erwarten, die uns zeitlich so nahe ist, wäre unrealistisch. Aber die Abwesenheit einer genauen Definition bedeutet nicht, daß wir nicht auf eine allgemeine Art wissen, was Terrorismus ist: man hat gesagt, daß er der Pornographie ähnelt – schwer zu beschreiben und zu definieren, aber leicht zu erkennen, wenn man ihn sieht.«[16]

Wenn eine allgemeingültige Begriffsbestimmung auch tatsächlich kaum zu erreichen sein dürfte, so muß im Rahmen dieser Arbeit doch zumindest das eigene Terrorismusverständnis formuliert werden, um begriffliche Unklarheiten und Mißverständnisse zu vermeiden. Dabei darf unsere Arbeitsdefinition sich nicht damit begnügen, unterschiedliche Gewaltakte rein deskriptiv aufzuzählen, sondern es wird darauf ankommen, den Terrorismusbegriff von benachbarten, aber doch verschiedenen Phänomenen abzugrenzen. Strittig ist nicht, daß Terrorismus etwas mit politischer Gewalt zu tun hat, aber wie er sich von »Guerillakampf«, »bewaffnetem Widerstand«, »Aufstand«, »Sabotageaktionen«, »Gewaltkriminalität« und anderen Erscheinungen unterscheidet. Verbunden damit ist natürlich die Frage, was »terroristische Organisationen« von »Befreiungsbewegungen« und »Guerilla« unterscheidet, oder ob und ggf. welche Gemeinsamkeiten bestehen.

Dabei muß von zwei Tatsachen ausgegangen werden: kein Staat der Welt – einschließlich der politischen Demokratien Westeuropas und Nordamerikas – kommt ohne Repression gegenüber seinen tatsächlichen oder vermeintlichen Gegnern oder Feinden aus. Verbote von Parteien, von Versammlungen, von »subversiven« Meinungsäußerungen, Bespitzelung auch oppositioneller Abgeordneter durch Geheimdienste der eigenen oder »befreundeter« Regierungen sind auch in westlich ausgerichteten Demokratien Selbstverständlichkeiten. Die Konstatierung dieser schlichten Tatsache ist weder geeignet solche Praktiken zu legitimieren, noch soll sie implizieren, daß die angesprochenen Gesellschaften wegen des Vorkommens dieser Praktiken automatisch im Kern Polizeistaaten wären. Ohne die Tatsache an dieser Stelle bewerten zu wollen bleibt festzuhalten: Repression bestimmter Formen von Opposition (manchmal sogar aller Formen) ist eine selbstverständliche Praxis aller bekannten Gesellschaften. Die überwältigende Mehrheit der Bevölkerung eines Landes wird bereit sein, dieses Faktum als gegeben hinzunehmen oder sogar zu bejahen.

Die abstrakt konstatierte Existenz politischer Unterdrükkung in allen Staaten bedeutet natürlich nicht, daß das Repressions*niveau,* daß die Repressions*praktiken* oder die *Legitimität* der Repressionsmaßnahmen in den verschiedenen Ländern nicht extrem unterschiedlich wären. Die Bespitzelung politischer oder gewerkschaftlicher Organisationen oder Veranstaltungen kann natürlich nicht mit Praktiken auf eine Stufe gestellt werden, die bis zu systematischer Folter oder willkürlichen Erschießungen reichen und die in einer ganzen Reihe von Ländern durchaus an der Tagesordnung sind.

Wenn das Gewaltniveau bestimmte Grenzen überschreitet und gegen größere Teile der Bevölkerung anstatt nur gegen bestimmte soziale oder politische Außenseiter angewandt wird, wenn die Repressionspraktiken ein bestimmtes Maß an Rücksichtslosigkeit und Grausamkeit annehmen (beispielsweise Folter als Verhörtechnik anstatt öffentlicher und geregelter Gerichtsverfahren) und wenn die Legitimität der Repressionen nicht länger offensichtlich ist, dann ist die Entwicklung eines umfassenden politischen Widerstandes in einer Gesellschaft wahrscheinlich – wobei das Toleranzniveau von bestimmten historischen und kulturellen Faktoren sowie von externen Einflüssen oder der ökonomischen Situation beeinflußt sein wird. So wie man die Existenz von Repressionen konstatieren muß, so muß man auch konstatieren, daß Repression, die als »ungerecht« empfunden wird und ein bestimmtes Maß überschreitet, Widerstand hervorrufen wird. Ein solcher Widerstand ist nicht einfach vorhanden oder nicht vorhanden, sondern er entwickelt sich in einem unterschiedlich schnellen Prozeß, oft aus sehr kleinen und unbedeutend erscheinenden Anfängen, bis er sich, entsprechende Umstände vorausgesetzt, zu einem breiten Volkswiderstand heranbildet – oder auch nicht.

Widerstand »eines Volkes« (eine politische Kategorie, die nur in seltenen Ausnahmefällen die ganze Bevölkerung eines Landes umfassen wird) gegen politische Unterdrückung und ökonomische Ausbeutung ist legitim. Völker haben mit großer Selbstverständlichkeit das Recht, sich ihre Regierungen und ihre Staatsform frei auszuwählen – und wenn eine repressive Regierung ihnen dieses Recht vorenthält gibt es prinzipiell keinen Grund, die Legalität und die Gesetze dieser angemaßten Regierung zu respektieren. Das Recht auf Widerstand in einem solchen Zusammenhang wurde bereits in der US-amerikanischen Unabhängigkeitserklärung formuliert, es ist auch im bundesdeutschen Grundgesetz enthalten.

Einer solchen Bewertung würde auch Kurt Klein, Leitender Regierungsdirektor an der Schule für psychologische Verteidigung der Bundeswehr, zustimmen:

»Niemand bestreitet, daß es notwendig und unter Umständen auch moralisch sein kann, Legalität zu verletzen, das heißt ein Gesetz zu brechen, wenn legitime Gründe vorliegen, eine Gesetzesreform zu erzwingen.«[17]

Davon leiten sich zwei Probleme ab. Zuerst einmal muß festgestellt werden, ob die Voraussetzungen (auch gewaltsamen) Widerstandes gegeben sind – also die Existenz einer unerträglich repressiven Regierung, die sich gegen den Willen des Volkes an der Macht hält und friedlichen Wandel verweigert –, und dann muß gefragt werden, ob *alle Formen* des Widerstandes legitim sind. Die erste dieser Fragen wird nur in Ausnahmefällen unumstritten sein: ob eine Regierung »unerträglich« geworden ist, und ob alle Wege der friedlichen Veränderung bereits ausgeschöpft sind – dies sind offensichtlich Fragen, deren Beantwortung an die jeweilige politische Einschätzung und an den politischen Standort gebunden sind. Auch je nach sozialer und wirtschaftlicher Lage werden die Antworten auf diese Fragen sehr verschieden ausfallen. Zweitens: die Frage nach einer Unterdrückung des »Volkes« impliziert natürlich das Problem, wer »das Volk« eigentlich ist. Als Gesamtheit der Bevölkerung eines Landes kommt diese Kategorie nicht in Betracht, da eine Diktatur dann nur eine beliebige soziale Gruppe oder Klasse an sich zu binden brauchte, um die Konstituierung »des Volkes« zu unterlaufen. Eine rein quantitative Bestimmung (etwa: mehr als 50% der Bevölkerung) erscheint fast ebenso schwierig, da – von den Schwierigkeiten einer einigermaßen zuverläßigen Feststellung der Mehrheitsverhältnisse in einer Diktatur einmal abgesehen – man sonst in Situationen kommen könnte, in denen 49% der Bevölkerung nicht »zum Volk« gehören würden. Andererseits ist natürlich nicht einzusehen, warum der größere Teil einer Bevölkerung staatliche Unterdrückung akzeptieren sollte, nur weil eine – wenn auch beträchtliche – Minderheit die Situation anders einschätzt. Dieses Dilemma ist nicht allgemein lösbar, sondern nur in der Untersuchung spezieller Fälle und unter Berücksichtigung politischer Kriterien.

Einfacher ist die Frage zu beantworten, ob in einer Situation legitimen Widerstandes *alle* Widerstandsakte legitim sind. Hier kann die Antwort nur *nein* lauten. Gewaltakte gegen Unbeteiligte und Zivilisten, grausame und unmenschliche Praktiken (wie Folter, Vergewaltigung, Massaker oder ähnliches) sind niemals zu rechtfertigen, auch nicht als Bestandteil eines insgesamt berechtigten Widerstandes. Dieses Urteil hat nicht allein moralische Gründe, sondern auch logische: tatsächlicher Volkswiderstand wird sich ausschließlich gegen den repressiven Gegner richten, nicht gegen sich selbst. Umgekehrt läßt sich schließen, daß Gewaltaktionen gegen unbeteiligte Zivilisten darauf hindeuten, daß sie eben nicht aus berechtigtem Widerstand gegen Repression und Diktatur entspringen, sondern aus anderen Gründen – selbst wenn diese mittelbar wieder darauf bezogen sein mögen.

Wenn wir bisher über – auch gewaltsamen – Widerstand gesprochen haben, so haben wir damit einige Voraussetzungen geklärt, die eine Abgrenzung des Terrorismusbegriffs zu benachbarten Begriffen erleichtern. »Bewaffneter (oder »militanter« oder »gewaltsamer«) Widerstand« wäre demnach der

Oberbegriff legitimer, nichtfriedlicher Auflehnung. Der »Guerillakampf« stellt eine spezifische Form dieses Widerstandes dar, nämlich eine sich entwickelnde paramilitärische Kampfführung, die sich von Überfällen oder Sabotageaktionen in kleinen Gruppen bis zu quasi-militärischen Operationen größerer Einheiten entwickeln kann. Dabei impliziert Guerillakampf eine enge Verbindung militärischer und politischer Aktivitäten sowie ein Mindestmaß an Integration von Guerilla und Zivilbevölkerung. Fehlt dies, dann handelt es sich um eine bloße Bürgerkriegsarmee, auch wenn diese sich bemüht, bestimmte Techniken des Guerillakampfes zu imitieren. Als »Aufstand« (im Gegensatz etwa zum Putsch) sollten breite Aktivitäten eines deutlichen Teiles der Bevölkerung bezeichnet werden, die – mit einem gewissen spontanen Element und unterschiedlichem Grad an Organisiertheit – auf eine Veränderung der staatlichen oder gesellschaftlichen Machtverhältnisse zielen.

Eine »Befreiungsbewegung« unterscheidet sich in diesem Rahmen dadurch prinzipiell von einer terroristischen Organisation, daß ihr Kampf Ausdruck eines breiten und legitimen Volkswiderstandes ist, während Terrorismus politisch isoliert bleibt und sich häufig auch gegen diejenigen richtet, die zu vertreten er vorgibt.

Wenn wir uns vor diesem Hintergrund und den zuvor dargestellten Definitionen in der politischen und wissenschaftlichen Literatur um eine zusammenfassende Definition bemühen, ließe sich formulieren: Terrorismus ist die Androhung oder Anwendung von Gewalt durch organisierte Personengruppen gegen Personen oder Sachen aus politischen, sozialen oder religiösen Gründen. Terrorismus erfüllt im Gegensatz zu anderen Formen gewaltsamen Widerstandes nicht die grundlegenden Kriterien der Legitimität, d. h. er entspringt nicht einem breiten Volkswiderstand, er richtet sich nicht primär gegen ein repressives, diktatorisches Regime, gegen das es kein friedliches Mittel mehr gibt, und er minimiert oder vermeidet nicht eine Beeinträchtigung Unbeteiligter.

Diese Definition greift bestimmte Elemente anderer Begriffsbe-

stimmungen auf, kommt aber ohne die oft implizit enthaltenen rechts-links Schemata und einseitige juristische Fixierungen aus und ist zugleich umfassend genug, um auch staatliche Terrorpraktiken einzuschließen. Konzentrationslager oder andere Praktiken der Nazis wären nach dieser Definition offensichtliche staatliche Terrorinstrumente, was bei zahlreichen offiziösen Definitionen nicht der Fall ist. Damit sind wir beim umstrittenen Thema des »Staatsterrorismus« angelangt.
Es gibt keinen seriösen Grund bestimmte Verhaltensweisen oder Politiken nicht als terroristisch zu bezeichnen, nur weil sie nicht von privaten Personengruppen oder Organisationen, sondern von Staatsorganen begangen werden. Daß die Androhung und Anwendung nicht-legitimer Gewalt zu politischen Zwecken und ohne Rücksicht auf unbeteiligte Zivilisten zum Standardrepertoire von Staaten gehört, ist offensichtlich. Staatlicher oder staatlich unterstützter Terrorismus ist darüber hinaus unter politischen und praktischen Gesichtspunkten wesentlich gefährlicher als derjenige privater Gruppen: Staaten stehen wesentlich größere finanzielle, personelle, organisatorische und technisch-militärische Mittel zur Verfügung als selbst mächtigen privaten Organisationen. Staatsterrorismus – dessen Existenz weder im politischen noch im akademischen Sektor von irgendjemand ernsthaft bestritten, der nur im Bezug auf das eigene oder befreundete Länder regelmäßig ignoriert wird – hat ein Zerstörungs- und Gefährdungspotential, an das gewöhnliche Terrorgruppen nicht entfernt heranreichen.
Staatsterrorismus tritt in unterschiedlichen Formen auf:
1. als Terrorismus nach innen, also zur Ausschaltung politischer Gegner oder zur Einschüchterung der Bevölkerung. Politische Morde, das »Verschwindenlassen« Oppositioneller, Folter und ähnliche Praktiken werden hier als innenpolitische Herrschaftstechniken genutzt (wobei Entführungen oder Morde an Oppositionellen im Ausland nicht ausgeschlossen sind).
2. nach außen gerichteter Terrorismus unter Benutzung »klassischer« Werkzeuge, also durch Bombenanschläge, Entführun-

gen, politische Morde, Sabotageakte. Diese Spielart bemüht sich, durch begrenzte, punktuelle Aktionen außenpolitischen Zielen zu dienen, sie unterscheidet sich in der Wahl ihrer Mittel kaum von nichtstaatlichen terroristischen Aktionen.

3. nach außen gerichteter Terrorismus unter Ausnutzung umfangreicher, teurer und/oder hochentwickelter Mittel, die in der Regel nur Staaten zur Verfügung stehen. Hierbei ist gedacht an terroristische Aktivitäten größeren Ausmaßes, die an Militäroperationen heranreichen oder solche darstellen. Die Benutzung von schwerem militärischem Gerät (Flugzeuge, Hubschrauber, Schiffe, Raketen, schwere Artillerie und ähnliches), von modernem nachrichtendienstlichem Instrumentarium und von Mitteln, die bis zu biologischen, chemischen und atomaren Waffen reichen können, ist ein Spezifikum dieser einschneidendsten Form des Staatsterrorismus. In der politischen Diskussion wird gerade diese Spielart – solange sie von befreundeten Regierungen angewandt wird – als nicht »terroristisch«, sondern als »militärisch« bezeichnet, so als müsse dies zwangsläufig ein Gegensatz sein. Wenn aber die Definitionsmerkmale des Terrorismus auf bestimmte Aktionen zutreffen, gibt es unserer Einschätzung nach keinen Grund, Aktivitäten terroristischer Natur nur deshalb nicht als terroristisch zu bezeichnen, weil sie mit den modernsten und gefährlichsten Machtmitteln durchgeführt werden.

Im Rahmen dieses Buches wird uns nur der *internationale* Terrorismus beschäftigen, also der Terrorismus staatlicher und nicht-staatlicher Akteure, der sich primär gegen Personen oder Einrichtungen in Drittländern richtet. Dabei soll der Schwerpunkt eindeutig auf die Region des Nahen und Mittleren Ostens gelegt werden. Die Konzentration auf die geographische Region ist inhaltlich durchaus angemessen: wenn wir uns auf Erscheinungsformen des *internationalen* Terrorismus beschränken, sticht sie in quantitativer und in qualitativer Hinsicht hervor.

Zum besseren Verständnis des allgemeinen politischen Hintergrundes der Region wird im folgenden ein knapper Überblick über die Entstehung dessen gegeben, was im allgemeinen das

»Nahostproblem« genannt wird und ohne dessen Verständnis weder der nahöstliche Terrorismus, noch tatsächliche oder angebliche Maßnahmen gegen ihn begriffen werden können.

Krisenherd Naher Osten: Israel, Palästina und Libanon

Der Palästina-Konflikt ist europäischen Ursprungs. Aufgrund eines latenten und periodisch massiv hervorbrechenden Antisemitismus und der daraus resultierenden Schwierigkeit einer völligen Integration der west- und osteuropäischen Juden (aber auch in außereuropäischen Ländern, etwa den USA) hatte sich im letzten Drittel des neunzehnten Jahrhunderts eine Strömung innerhalb der internationalen Jüdischen Bewegung herausgebildet, die sich selbst als »Zionismus« bezeichnete. Der Zionismus zog aus den historischen Erfahrungen der Juden den Schluß, daß ihre Zerstreuung und Integration in viele unterschiedliche Gesellschaften abzulehnen und stattdessen eine eigene Staatsgründung im Gebiet des biblischen Palästina notwendig sei. Diese Vorstellungen wurden häufig religiös oder quasi-religiös begründet, sie interpretierten das Judentum nicht primär als Religion, sondern als Volk. Auch wenn diese (zionistische) Strömung im Judentum fast immer den Anspruch erhob, es insgesamt zu vertreten, so war sie doch bis zum Beginn der dreißiger Jahre in einer deutlichen Minderheitsposition. Um die Jahrhundertwende beispielsweise wandten sich etwa 500 jüdische Gemeinden im Deutschen Reich mit der Bitte an den Kaiser, den Zionismus zu verbieten. Anti-Zionismus ist daher zuerst einmal nicht identisch mit anti-jüdischen Einstellungen oder mit Anti-Semitismus, sondern war jahrzehntelang eine Mehrheitsmeinung im Judentum – da der Zionismus die erstrebt, gleichberechtigte Integration in die jeweiligen Gesellschaften durch den »Traum« von einem eigenen Land bedrohte.

Den zionistischen Vorstellungen standen zwei grundlegende Probleme entgegen: einmal war das Gebiet von Palästina alles andere als menschenleer: seit Jahrhunderten war es von arabischen Bewohnern bevölkert – und diese wehrten sich bald zunehmend dagegen, daß fremde, europäisch-jüdische Siedler sich nun auf auf ihrem Gebiet staatlich organisieren wollten.

Zweitens lebten dort – wie auch in sehr vielen anderen Ländern – nur zahlenmäßig unbedeutende jüdische Gemeinden, die um das Jahr 1880 lediglich etwa 24 000, um die Jahrhundertwende aufgrund von Einwanderung kaum mehr als 70 – 80 000 Mitglieder hatten. Nach anderen Zahlen lebten 1919 in Palästina 58 000 Juden und 642 000 Araber.[18]
Dies waren offensichtlich keine sehr günstigen Ausgangsbedingungen für einen eigenen jüdischen Staat in Palästina.
Die Strategie der zionistischen Bewegung bestand vor diesem Hintergrund im Kern aus drei Elementen: einmal aus dem Versuch, durch möglichst umfangreiche jüdische Einwanderung in Palästina das zahlenmäßige Gewicht der beiden Bevölkerungsgruppen zu den eigenen Gunsten zu verschieben, und zweitens aus einer Politik, die jede Vermischung oder Integration von Juden und Arabern verhinderte. Das offen formulierte Ziel bestand nicht nur darin, daß Juden einzeln oder in Gruppen in Palästina wohnen sollten, sondern in der Errichtung einer rein jüdischen staatlichen Herrschaft. Chaim Weizmann, der bis in die dreißiger Jahre führende zionistische Politiker, erklärte es zum Ziel, »Palästina so jüdisch« zu machen, »wie England englisch ist«.[19]

Drittens wurde versucht, durch den Jüdischen Nationalfonds (der bereits im 19. Jahrhundert zum Erwerb von Land in Palästina gegründet worden war) möglichst umfangreichen Landbesitz von arabischen Bewohnern oder Besitzern zu erwerben, der dann nicht mehr an Nicht-Juden abgegeben werden durfte. Arabische Pächter oder Landarbeiter wurden vertrieben. Der massenhafte »Transfer« der arabischen Bevölkerung, beziehungsweise ihre Vertreibung aus Palästina war von Anfang an eine konstante Vorstellung. Der spätere israelische Staatspräsident David Ben Gurion erklärte beispielsweise im Jahr 1938: »Ich bin für einen obligatorischen Transfer ... es gibt zwei zentrale Aufgaben: Souveränität und die Reduzierung der Zahl der Araber im jüdischen Staat [den es damals noch gar nicht gab; J. H.]. ... Jene, die sich nicht anpassen können, werden das Land verlassen müssen.«[20]

Diesen Konzepten wurde konsequent gefolgt. Auch die entstehende zionistische Arbeiterbewegung beteiligte sich daran, wurde sogar zu einer Speerspitze der Judaisierung Palästinas. David Hacohen, ein Führer der späteren israelischen Arbeiterpartei, erinnerte sich an schwierige Diskussionen mit Vertretern der internationalen Arbeiterbewegung:

»Ich mußte mit meinen Freunden viel über den jüdischen Sozialismus streiten; mußte die Tatsache verteidigen, daß ich keine Araber in meiner Gewerkschaft akzeptierte; daß wir Hausfrauen predigten, nicht in arabischen Geschäften zu kaufen; daß wir an Obstplantagen Wache hielten, um arabische Arbeiter daran zu hindern, dort Arbeit zu finden; daß wir Benzin auf arabische Tomaten schütteten; daß wir jüdische Frauen attackierten und die arabischen Eier, die sie gekauft hatten, vernichteten; daß wir den Jüdischen Nationalfonds hochpriesen, der Hankin nach Beirut schickte, um Land von abwesenden Grundbesitzern zu kaufen und die arabischen Fellachen vertrieb; daß es erlaubt war, tausende Dunams [Flächenmaß] von Arabern zu kaufen, aber verboten ist, einen einzigen jüdischen Dunam an einen Araber zu verkaufen. ... All das zu erklären war nicht leicht.«[21]

Aufgrund dieser Situation war es allerdings wenig erstaunlich, daß es bereits vor der Gründung des Staates Israel bei den betroffenen arabischen Palästinensern zu massivem Widerstand kam: Unruhen, Generalstreiks und aufstandähnliche Aktionen gab es besonders 1920/21 und 1936-1938.

Als die zionistische Besiedlung Palästinas zügig weiterging und durch die Machtübernahme der Nazis, die Judenverfolgung und die baldigen Massaker im Deutschen Reich rasch dramatisch zunahm, setzte sich der Zionismus schrittweise als vorherrschende Ideologie im Judentum durch und ließ die tatsächliche Gründung eines jüdischen Staates auf palästinensischem Boden nach dem Ende des Zweiten Weltkriegs zur realen Möglichkeit werden.

Die Jahre von 1947 – 1949 sahen eine ganze Reihe sich überstürzender Ereignisse, die zur Entstehung und Konsolidierung des Staates Israel führten. Die neu gegründeten Vereinten Nationen verabschiedeten 1947 einen Plan zur Teilung Palästinas in einen jüdisch-israelischen und einen arabisch-palästinensischen Staat. Zu diesem Zeitpunkt lebten in Palästina rund 1,3 Millionen Araber und knapp 590 000 Juden. Nach dem UNO-Plan wären im jüdischen Staat immerhin 49% der Einwohner Araber gewesen, während der arabische Staat kaum jüdische Bevölkerung gehabt hätte. Aus zionistischer Perspektive konnte ein Zustand, in dem die Hälfte der Bürger des neuen jüdischen Staates Araber wären, höchstens eine Zwischenlösung sein. Drei Faktoren führten dazu, daß Israel bald tatsächlich in seiner Bevölkerungsstruktur jüdisch wurde:

1. Gewaltmaßnahmen terroristischer Gruppen, wie etwa der IRGUN, die vom späteren israelischen Ministerpräsidenten Begin geführt wurde, sowie gewaltsame Vertreibungen führten zu einem gewissen Maß an Abwanderung unerwünschter Araber;

2. Die entsprechend des UNO-Plans erfolgte Staatsgründung Israels im Jahr 1948 führte sofort zum ersten israelisch-arabischen Krieg, den Israel problemlos aufgrund überlegener militärischer Kräfte für sich entschied. Im Zuge der Kampfhandlungen kam es zu bedeutenden Fluchtbewegungen palästinensischer Einwohner in die Nachbarländer. Von den rund 900 000 arabischen Einwohnern, die auf dem Gebiet des neuen, israelischen Staates gelebt hatten, blieben nach Flucht und Vertreibung nur etwa 150 000 zurück. Israel weitete im Verlauf des Krieges sein Staatsgebiet über die Grenzen des UNO-Teilungsplanes hinaus aus.

3. In den ersten Jahren des neuen Staates verfolgte dieser eine systematische Politik der Beschlagnahmung arabischen Landbesitzes. Araber, die für längere oder kürzere Zeit ihren Grundbesitz verlassen hatten, wurden zu »Abwesenden« erklärt, ihr Besitz enteignet und von Juden übernommen. Dies war nicht nur bei tatsächlichen Flüchtlingen der Fall, sondern auch bei nur kurzzeitiger Abwesenheit ohne schriftliche Erlaubnis, etwa bei Verwandtenbesuchen. Bei Rückkehr konnte das Land bereits übertragen sein. So und auf viele andere Arten kam man dem Ziel näher, einen tatsächlich zionistischen Staat zu schaffen.

»1950 ermöglichte ein spezielles Gesetz die Überführung dieser Ländereien, Häuser, städtischer Grundstücke und Geschäfte in jüdische Hände. Durch diese und andere Maßnahmen eignete sich der Staat Israel 40 000 Dunam Weingärten, 95% der Olivenhaine des Landes, fast 100 000 Dunam Zitrusplantagen und 10 000 Geschäfte, Unternehmen und Lager an [...] Auch hier handelte es sich wiederum um Eigentum sowohl abwesender als auch »anwesender«, also israelischer Araber. Peretz schätzt, daß 40% des Landes der israelischen Araber im Zuge der Politik gegenüber dem Eigentum Abwesender konfisziert wurden.«[22]

Das von der UNO für einen palästinensischen Staat an der Seite Israels vorgesehene Gebiet wurde in Absprache mit Israel vom kurz zuvor unabhänig gewordenen Jordanien noch Ende der vierziger Jahre annektiert, so daß den hunderttausenden palästinensischen Flüchtlingen nichts anderes übrigblieb, als unter ägyptischer Kontrolle im Gaza-Streifen, unter jordanischer Kontrolle am Westufer des Jordan, in Syrien oder im Libanon in Lagern zu leben. Erst in den sechziger Jahren gelang es den Palästinensern zumindest ansatzweise, eigene – nichtstaatliche – Organisationsformen zu entwickeln, indem die El Fatah und die PLO (Palästinensische Befreiungsorganisation) gegründet wurden. Insbesondere die El Fatah begann Ende der sechziger Jahre mit begrenzten militärischen Kommandoaktionen auf israelischem und palästinensischem Boden, die sich gegen Israel richteten. Wenn diese auch militärisch keine hohe Bedeutung hatten, so waren sie politisch doch nicht zu unterschätzen: Nach den gegen Israel verlorenen Kriegen von 1948, 1956 und 1967 erschien jede Hoffnung, durch die Hilfe arabischer Regierungen die eigene Lage verbessern und die Vertreibung rückgängig machen zu können, als Illusion. Nur die eigene palästinensische Aktivität schien nun noch Erfolg zu versprechen. Kommandoaktionen, wie begrenzt auch immer, waren daher eine Identifikationsmöglichkeit, die den Palästinensern eine Hoffnung zu bieten schien. El Fatah und andere Organisationen begannen verstärkt über die Möglichkeit nachzudenken, einen Nationalen Befreiungskrieg – etwa nach dem

Vorbild von Vietnam – zu führen. Auch diplomatische Initiativen verstärkten das Bewußtsein einer eigenen palästinensischen Identität.

In dieser Situation erfolgte 1970/71 die Zerschlagung aller eigenständigen palästinensischen Strukturen in Jordanien. Jordanien war Ende der sechziger Jahre zum Kern palästinensischer Stärke geworden. König Hussein begann im September 1970 mit systematischen Massakern und erreichte die völlige Zerschlagung aller palästinensischen Organisationen in seinem Land, insbesondere der PLO. Dieser »Schwarze September« wurde zu einem weiteren traumatischen Erlebnis, von dem sich die PLO und ihre Organisationen nur sehr mühsam erholten. Die Hinwendung bestimmter Gruppen und Organisationen zu terroristischen Praktiken ist nur aus diesem Zusammenhang der Vertreibung aus Palästina und der Massaker in Jordanien zu begreifen.

An dieser Stelle ist es nicht möglich, die Entwicklung des palästinensischen Widerstandes in seinen sehr unterschiedlichen Formen nachzuzeichnen. Es soll nur noch auf die Bedeutung des israelischen Libanon-Krieges von 1982/83 hingewiesen werden. Nach der Vertreibung der PLO aus ihrer wichtigsten Basis – Jordanien, da nach der Eroberung der Westbank durch Israel im Junikrieg von 1967 dort die meisten Palästinenser lebten – war der Spielraum autonomer palästinensischer Organisationsmöglichkeiten sehr gering: Ägypten bot aufgrund seines Separatfriedens mit Israel im Rahmen des vor den USA 1978/79 vermittelten Camp-David-Abkommens zwischen beiden Ländern keine günstigen Perspektiven, in Syrien wurden die Flüchtlinge durch staatliche Stellen streng kontrolliert und erhielten kaum einen unabhängigen Spielraum. Damit blieb in der Region nur der Libanon als Zufluchtsort.

Nachdem die PLO 1970/71 aus Jordanien vertrieben worden war, hatte sie daher mit großer Energie versucht, zumindest im Libanon eine gut organisierte Ausgangslage aufzubauen. In den Flüchtlingslagern entstanden Selbstverwaltungsorgane, Krankenhäuser, Schulen und paramilitärische Einheiten der PLO. Die PLO-Struktur konzentrierte sich insbesondere auf den

Südlibanon und wurde gelegentlich zur Ausgangsbasis für Kommandoaktionen gegen den Norden Israels genommen. Die Bedeutung des Libanon für die Palästinenser und die PLO lag allerdings primär in der Möglicheit politischer und sozialer Selbstorganisierung und der damit verbundenen Bewahrung und Entwicklung palästinensischer Identität. Der militärische Aspekt war dem deutlich untergeordnet und diente eher politischen und psychologischen, als tatsächlich militärischen Funktionen.

Neben dem Konflikt um die Palästinafrage stellt die innenpolitische Lage im Libanon den zweiten Krisenherd im Nahen Osten dar. Das Gebiet des heutigen Libanon hatte unter osmanischer Herrschaft als Teil Syriens gegolten, war unter französischer »Treuhandschaft« von 1920-1943 aber aus politischen Gründen zunehmend als eigenständige Verwaltungseinheit behandelt worden. Die politische Struktur des Landes nach seiner Unabhängigkeit basierte auf einem unter französischem Einfluß geschlossenen Abkommen, das den verschiedenen religiösen Gemeinschaften in formalisierter Weise bestimmte Positionen im Staatsapparat zuwies. Staatspräsident mußte nach diesen Regeln immer ein Maronit sein, Ministerpräsident ein Sunnit, Parlamentspräsident ein Schiit und so weiter. Dieser Mechanismus hatte nicht nur die Funktion, die Machtverteilung zwischen den Religionsgemeinschaften auszubalancieren, sondern sollte zugleich informell sicherstellen, daß innerhalb dieser bestimmte, traditionell einflußreiche Familien jeweils die Kontrolle behielten. In den nächsten dreißig Jahren wurde dieses labile politische System aufgrund demographischer und sozio-ökonomischer Entwicklungen (etwa dem Ansteigen der islamischen Bevölkerungsanteile auf Kosten der christlichen, der Entstehung einer starken sunnitischen Mittelschicht, der Entwicklung einer Arbeiterbewegung und des Anwachsens der Studentenzahlen) zunehmend untergraben und explodierte 1975/76 in einem Bürgerkrieg.

Wichtige Sektoren der aufstrebenden sozialen Klassen und Schichten des Libanon hatten sich in der »Libanesischen Nationalbewegung« (LNM) organisiert, um die überkommenen Vorrechte der Religionsgemeinschaften und der diese dominierenden Familien zu beseitigen und auf diese Weise selbst einen besseren Zugang zum Staatsapparat zu erlangen. Die politische Ausrichtung der LNM war nicht einheitlich, das Schwergewicht lag aber auf Sektoren des Klein- und mittleren Bürgertums. Mitgliedsorganisationen waren Nasseristen, pro-syrische Nationalisten, Anhänger der Baath-Partei und Kommunisten.[23]

Der Gegenpol zur LNM bestand in der »Libanesischen Front«, die im Wesentlichen aus Maronitischen Christen bestand. Die wichtigste Mitgliedsorganisation war die Falange, die eine stark ausgeprägte christlich-nationalistische und auf Europa fixierte Ideologie vertrat. Sie gab sich dezidiert »fremdenfeindlich«, was sich nicht nur auf die in den Libanon vertriebenen (meist sunnitischen) Palästinenser bezog, sondern oft auch auf Libanesen mit einer islamisch-arabischen Identität. Trotzdem wurde die »Libanesische Front« verdeckt von rechten islamischen Führern unterstützt, die sich von den Reformplänen der LNM bedroht fühlten.

Nach einer Periode wachsender Spannungen begann im April 1975 der Bürgerkrieg, als die Miliz der Falangisten einen mit Palästinensern besetzten Bus angiff. Milizen der LNM – nicht die PLO, die in innerlibanesische Kämpfe zuerst nicht hineingezogen werden wollte – gingen daraufhin gegen die Libanesische Front vor. Anfang 1976, nachdem diese mehrere Palästinensische Flüchtlingslager belagert und eines eingenommen hatte, schloß sich die PLO dann der LNM an und bildete mit ihr die »Gemeinsamen Streitkräfte«. Im März 1976 zerbrach die libanesische Armee, und ihre unterschiedlichen Elemente schlossen sich beiden Bürgerkriegsseiten an. Als im Juni des gleichen Jahres die »Gemeinsamen Streitkräfte« im Begriff waren, die »Libanesische Front« zu schlagen, intervenierte Syrien militärisch in den libanesischen Bürgerkrieg und verhinderte die Niederlage der christlich-rechten Maronitischen Milizen. Dabei bestand das syrische Interesse darin, den Sieg progressiver Kräfte im Libanon zu verhindern, um die eigene innenpolitische Stabilität zu sichern. Im Zug der syrischen Intervention konnte sich die »Libanesische Front« konsolidieren, die »Gemeinsamen Streitkräfte« und die LNM wurden nachhaltig geschwächt.[24]

Israel hatte den Bürgerkrieg in der Zwischenzeit genutzt, um im Süden des Libanon eine eigene Einflußzone aufzubauen, die auf mehreren kleinen christlichen Enklaven beruhte und schließlich von Israel direkt kontrolliert wurde. Der Intervention Syriens hatte Israel nicht widersprochen, da sie ganz im eigenen Sinne war, allerdings widersetzte es sich massiv allen Versuchen, syrische oder gesamtarabische Truppen in den Süden des Libanon zu verlegen. Die dort dominierenden Gemeinsamen Streitkräfte und auch Teile schiitischer Bevölkerungsgruppen wurden zugleich regelmäßig militärisch angegriffen, meist durch die israelische Luftwaffe. Dies reichte bis zu Massakern an ganzen Dörfern, etwa in Azziyeh im November 1977, wo es keinerlei militärische Ziele gab und doch etwa 100 Menschen getötet wurden.

Im März 1978 kam es dann zu einer massiven Intervention Israels, das den Süden Libanons bis zum Litani besetzte. Neben 100 palästinensischen Guerillas, die offiziell das Ziel der Operation gewesen waren, wurden rund 2000 Zivilisten getötet und 82 Dörfer zerstört. 200 000 Menschen wurden zu Flüchtlingen. Als sich Israel aufgrund internationalen Drucks zurückzog, übergab es die Macht an eine von ihm selbst kontrollierte christliche Miliz, die in einem Grenzstreifen einen »Freien Libanon« bildete.

Die israelische Libanon-Invasion von 1978 war von besonderer Bedeutung, da sie nicht nur die enge Bindung zwischen der Falange und Israel demonstrierte, sondern zugleich durch Schaffung einer größeren, kleinbäuerlichen, schiitischen Flüchtlingsbevölkerung Teile der Schiiten politisierte und deren Organisation, die Amal, stärkte.

Von 1979 bis 1981/82 verstärkte Israel gemeinsam mit der von ihm kontrollierten Miliz des »Freien Libanon« den militärischen Druck auf den Libanon durch zahlreiche Luftangriffe. Diese richteten sich zum Teil gegen palästinensische Einrichtungen, Lager oder militärische Stellungen, zum Teil gegen die (vorwiegend schiitische) Zivilbevölkerung, um diese zum

Abrücken von der PLO und den Palästinensern zu zwingen. Es wurde immer wieder betont, daß die Angriffe aufhören würden, wenn die Palästinenser und die PLO den Libanon verlassen müßten. Die Angriffe eskalierten bis zu den Luftangriffen auf Beirut vom 17. Juli 1981, bei denen allein mehr als 1000 Menschen getötet wurden.[25]

In der gleichen Zeitspanne zerfiel die LNM zusehends. Amal-Milizen kämpften mit LNM-Einheiten um die Kontrolle in bestimmten Gebieten, auch zwischen der PLO und den anderen Bestandteilen der Gemeinsamen Streitkräfte kam es zu immer größeren Spannungen. Im Juni 1982 marschierte Israel mit mindestens 90 000 Soldaten und 1300 Panzern im Libanon ein. Palästinenser und nicht-falangistische Libanesen verfügten über insgesamt nur etwa 10 000 Kämpfer und waren der israelischen Armee technisch in noch weit stärkerem Maße unterlegen. Sie hatten militärisch niemals auch nur eine geringe Chance, sich zu behaupten.[26]

Der Angriff erfolgte wenige Tage nach einem Attentat auf den israelischen Botschafter in London. Israel machte die PLO für diesen Anschlag verantwortlich, obwohl er von der Gruppe Abu Nidals verübt worden war, und begründete seinen Einmarsch mit diesem Mordversuch. In wenigen Tagen und bei zuerst nur geringem Widerstand gelang es den israelischen Truppen, bis vor die Hauptstadt Beirut vorzustoßen. Dort allerdings wurde der Angriff von gemeinsamen libanesisch-palästinensischen Anstrengungen zum Stehen gebracht, woraufhin Israel eine monatelange Belagerung von Beirut begann. Der Krieg sollte primär zwei Zielen dienen: der Etablierung einer von Israel kontrollierten Regierung im Libanon und der völligen Zerschlagung der PLO, mindestens aber ihrer Vertreibung aus dem Libanon.

Zur Politik Israels gegenüber den Palästinensern und der PLO sind hier zwei Zwischenbemerkungen notwendig. Einmal ist von besonderer Bedeutung, daß der Kern des Palästinaproblems von Israel offen negiert wird: das Recht des palästinensischen Volkes auf Selbstbestimmung und auf einen eigenen Staat. Beides wird von Israel abgelehnt und als Bedrohung empfunden. Zweitens: daraus folgt die politische Strategie, die PLO als Organisation der Palästinenser nicht als politischen Faktor oder gar als Verhandlungspartner zu akzeptieren – womit implizit die Gründung des Staates Israel als Ursache und Ausgangspunkt der Vertreibung der Palästinenser als Volk anerkannt würde –, sondern als *terroristische Organisation* zu begreifen, mit der sich jeder politische Austausch von selbst verbiete.[27]

Bei einem Symposium der US-Luftwaffe wurde zu Recht festgestellt, daß die Lösung des israelisch-arabischen Konfliktes aus israelischer Perspektive nur durch »die Eliminierung der Palästinensischen Befreiungsorganisation (PLO) als politische, soziale und wirtschaftliche Einheit« zu erreichen sei.[28]

Dies wiederum bedeutet die Unmöglichkeit politischer Verständigung zwischen beiden Seiten und die Reduzierung des Konfliktes auf einen Vernichtungskrieg durch zumindest die israelische Seite (die PLO hat informell mehrmals die Anerkennung des Existenzrechts Israels bei entsprechenden Gegenleistungen angeboten, auch gegen interne Widerstände). Dabei spielt das konkrete Verhalten der PLO oder einzelner Bestandteile keine Rolle, auch die Frage des Terrorismus wird nebensächlich, gerät zur bloßen Legitimation eigener Angriffe: »Jeder Teil der PLO-Kräfte und ihrer Infrastruktur wird als legitimes [Angriffs-] Ziel betrachtet.« Und außerdem: »... da die PLO von Rückzugsgebieten in arabischen Staaten aus operieren muß, werden diese Staaten selbst als Ziele von Counterterror-Angriffen der IDF [Israelische Verteidigungsstreitkräfte] betrachtet.«[29]

Vor diesem Hintergrund muß auch die israelische Besatzungspolitik im Libanon gesehen werden.

Hatten die Schiiten des Südlibanon zuerst der israelischen Invasion – im Gegensatz zu den sich heftig verteidigenden Schiiten in und um Beirut – tatenlos zugesehen, da sie glaubten, diese würde sich nur gegen die Palästinenser richten, entwickelte sich bald aufgrund der harten Besatzungspolitik Israels eine Libanesische Nationale Widerstandsfront. Diese begann im von Israel besetzten Gebiet mit Widerstandsaktionen, die bald bis an einen Guerillakrieg heranreichten. Zahlreiche Anschläge fügten den israelischen Besatzungstruppen schwere Verluste zu, während die Widerstandsfront aufgrund ihrer Verankerung in der Bevölkerung von israelischen Repressionsmaßnahmen kaum getroffen wurde. Sie wurde getragen von zwei kommunistischen Organisationen (mit großem schiitischen Mitgliederanteil) und der Amal sowie einer ganzen Reihe kleiner und lose organisierter schiitischer Gruppen.[30]

Aufgrund dieser Verluste und wachsendem innenpolitischen Widerstand sah sich Israel schließlich zum Rückzug gezwungen, allerdings nicht ohne der Falange die Dominanz im Staatsapparat zu sichern. Dieser Staatsapparat konnte freilich den Libanon nicht einmal annähernd kontrollieren.

Als im Sommer 1982 die israelische Armee die in Beirut eingeschlossenen palästinensischen, schiitischen und syrischen Kämpfer belagerte, wurde um eine gesicherte Evakuierung der PLO-Kämpfer zu erreichen, cinc multinationale Streitmacht aus Truppen der USA, Frankreichs, Italiens und Großbritanniens in und um Beirut stationiert. Anfang September war der Abzug der PLO abgeschlossen und Tage darauf wurden die multinationalen Einheiten zurückgezogen. Noch im September spitzte sich die Situation im Libanon dramatisch zu: der Führer der Falange und designierte libanesische Präsident Bashir Gemayel wurde am 14. September ermordet, wenige Tage später massakrierten Milizen der Falange unter dem Schutz israelischen Militärs einige Tausend palästinensische Flüchtlinge in den Lagern Sabra und Shatila. Vo diesem Hintergrund forderte die libanesische Regierung bei den westlichen Regierungen erneut die Entsendung von Truppen an. Die westeuropäischen Einheiten hielten sich möglichst aus den innerlibanesischen Auseinandersetzungen heraus und bemühten sich, nur Ordnungsfunktionen zu erfüllen. (Das gilt am stärksten für die italienischen Verbände.) Die 1200 US-Soldaten in der Nähe des Beiruter Flughafens und die vor der Küste liegenden Kriegsschiffe (bis hin zur Größe von Flugzeugträgern und Schlachtschiffen) wurden aber bald zu einer eigenen Bürgerkriegspartei, indem sie die Falange auch militärisch gegen ihre Gegner

unterstützten und etwa von See her die Schuf-Berge und die dort operierenden drusischen Milizen unter schweres Feuer nahmen.
Es war daher wenig erstaunlich, daß insbesondere die US-, aber auch die französischen Truppen bald zu Zielen bewaffneter Angriffe wurden.
Im März 1983 wurden fünf US-Soldaten bei einer Patrouille durch eine Handgranate getötet. Im April wurde ein Gebäude der US-Botschaft durch eine Autobombe zerstört, 63 Menschen starben. Anfang September wurden innerhalb weniger Tage weitere vier US-Soldaten aus dem Hinterhalt getötet.[31]

Am 23. Oktober 1983 fuhr ein Selbstmordkommando in einem mit Sprengstoff voll beladenen Lastwagen in die Eingangslobby des US-Militärhauptquartiers in Beirut und brachte das Auto zur Explosion. 241 US-Soldaten wurden dabei getötet, rund 100 verletzt. Am gleichen Tage erfolgte ein ähnlicher Angriff auf das französische Hauptqaurtier, bei dem 37 Soldaten getötet wurden. Weniger als zwei Wochen später wurde eine militärische Stellung Israels in Tyrus im Südlibanon ebenfalls mit einer Autobombe zerstört, dort gab es 60 Tote.[32]
Diese Angriffe erschienen der Form nach als terroristisch, es läßt sich aber das Argument vorbringen – und so wird zum Teil auch in US-Militärkreisen argumentiert –, daß es sich im strengen Sinne nicht um terroristische Akte, sondern um militärische Angriffe mit unkonventionellen Mitteln gehandelt habe. Hier ist das logische Verbindungsglied zu den Thesen innerhalb der US-Counterterrorismus-Doktrin, die Terrorismus als Form der Kriegführung betrachten. Wenn die Begrifflichkeiten dadurch auch verwirrt werden, so wird diese Argumentationsweise am Beispiel des Angriffs auf das US-Hauptquartier vom 23. Obktober 1983 doch zumindest nachvollziehbar.
Diese Serie quasi-militärischer Angriffe war – gemessen an ihrer Zielsetzung – von durchschlagendem Erfolg: noch im Dezember legte eine US-Untersuchungskommission unter dem Admiral a. D. Robert Long (die »Long-Commission«) ihren Bericht vor, der unter anderem die Bedingungen der Stationie-

rung der US-Truppen in Beirut kritisierte, bereits im Februar 1984 beorderte die US-Regierung ihre Militäreinheiten zurück.

Ohne hier wieder ins Detail gehen zu können, bleibt darauf hinzuweisen, daß durch diese mißglückte US- (und westeuropäische) Militärintervention (die zweite nach dem Zweiten Weltkrieg) die westliche und vor allem die US-Position im Libanon und im Nahen Osten deutlich geschwächt wurde und daß Syrien eine zunehmend wichtige Rolle als Ordnungsmacht im Libanon spielte – bis hin zur Besetzung Beiruts im Februar 1987.

Die PLO durchlebte nach ihrer Vertreibung aus Beirut und der Aufteilung ihrer Infrastruktur und Kämpfer auf unterschiedliche arabische Länder eine massive Schwächeperiode, die durch einen offenen Bürgerkrieg innerhalb der Palästinenser noch verstärkt wurde. In den Jahren danach erholte sie sich allerdings und erreichte schrittweise auch wieder eine Präsenz im Libanon. Nach Angaben des israelischen militärischen Geheimdienstes sollen sich im Mai 1987 wieder insgesamt 10000 palästinensische Guerillas unterschiedlicher Organisationszugehörigkeit im Libanon aufgehalten haben.[33]

Die von Syrien unterstützte Amal-Miliz reagierte darauf allerdings mit einem brutalen »Lagerkrieg« 1986/87, bei dem palästinensische Flüchtlingslager monatelang militärisch belagert wurden und so bis an den Rand offener Hungersnöte gerieten.

Das Nahostproblem bezieht seine Sprengkraft aus der engen Verzahnung zweier, bereits jeweils für sich ungemein komplexer Konfliktpunkte: dem Palästinaproblem und dem libanesischen Bürgerkrieg, wobei in beiden Fällen deren Wechselwirkung und internationale Faktoren noch konfliktverschärfend wirken. Beide Konflikte sind letztlich nicht aus der Region selbst entstanden, sondern ursprünglich durch die europäische Politik begründet worden: durch die Pogrome und den antisemitischen Rassismus Osteuropas wurde der Zionismus als jüdische Kolonisierungsideologie erzeugt, durch den Völkermord der Nazis an den europäischen Juden wurde er erst zur vorherrschenden Ideologie und erreichte so – in Zusammenhang mit

britischen Machtinteressen in der Region – die Chance auf Verwirklichung in Palästina. Die Vertreibung und Unterdrükkung des palästinensischen Volkes und das damit verbundene Elend wären ohne die Exzesse europäischen Rassismus kaum erfolgt.
Auch die gegenwärtige verzweifelte Situation im Libanon ist ohne die europäische Intervention kaum vorstellbar: Großbritannien und Frankreich teilten nach dem ersten Weltkrieg die Region nach ihren kolonialen Interessen unter sich auf, Großbritannien erhielt (formell als Mandatsgebiet des Völkerbundes) Palästina, Transjordanien und den Irak, Frankreich Syrien und den Libanon. Diese künstliche Aufteilung einer zuvor eng verbundenen Region – der Libanon und Palästina waren bis zu diesem Zeitpunkt faktisch Teile Syriens – stellte die Ausgangslage für viele der folgenden Probleme dar. Der Libanon etwa wurde von Frankreich vor allem deshalb aus Syrien herausgenommen, um einen relativ kleinen, christlich-maronitisch dominierten Staat zu schaffen, der sich eng an den Westen binden ließ und zum Brückenkopf in der arabischen Welt werden konnte. Die Lösung, dem maronitischen Bevölkerungsteil den Vorrang im Libanon einzuräumen, führte mittelfristig zu den explosiven sozialen, politischen und religiösen Konflikten, die das Land seit Jahrzehnten kennzeichnen.
Beide Konfliktebenen – das Palästinaproblem und der Bürgerkrieg im Libanon – erscheinen heute als in absehbarer Zeit praktisch unlösbar. Die betroffenen Menschen haben oft eine jahrzehntelange Erfahrung von Vertreibung, Unterdrückung und Gewalt. Ältere palästinensische Flüchtlinge etwa haben zum Teil die Erfahrung gemacht, 1948 gewaltsam aus ihrer Heimat vertrieben worden zu sein. Wenn sie sich dann an der Westbank niedergelassen hatten, wurden sie möglicherweise bei der Besetzung dieser Gebiete durch Israel im Krieg 1967 erneut vertrieben: vielleicht nach Jordanien. Als dort 1970/71 die systematischen Massaker an Palästinensern begannen (etwa 20000 Tote) blieb oft nur die Verzweiflung – oder die Flucht nach Libanon. Die zahlreichen Massaker in Flüchtlingslagern dort (Sabra und Shatila sind nur die bekanntesten) und die

Vertreibung der PLO durch den israelischen Libanonkrieg sind Erfahrungen, die heute noch frisch sind. Unter elenden Bedingungen wächst nun die zweite palästinensische Generation in Flüchtlingslagern auf, häufig ohne Chance zur Integration in den jeweiligen Ländern und ohne politische und persönliche Perspektive. Es ist kaum überraschend, daß Verzweiflung und Haß nicht abgenommen haben, sondern zu der Haltung führen, sich nun zumindest wehren zu wollen. Daß dabei nicht immer zwischen politischem und militärischem Widerstand und terroristischen Aktionen unterschieden wird oder sogar bewußt terroristische Mittel gewählt werden, mag man bedauern – verwunderlich ist es nicht.
Auch die Entstehung einer Gewaltkultur im Libanon und die Entwicklung eines militanten schiitischen Fundamentalismus mag nicht unseren Vorstellungen friedlicher Konfliktlösung entsprechen – diese Entwicklungen sind aufgrund der historischen Erfahrungen allerdings ebenso zu begreifen wie das Entstehen des Zionismus und seiner nicht selten ebenso gewaltsamen Ausdrucksformen (man denke an den Terrorismus der IRGUN) als Reaktion auf Pogrome und Völkermord an Juden in Europa.
Dabei sollte nicht vergessen werden, daß die Frage nach den Entstehungsbedingungen terroristischer, paramilitärischer oder staatlich organisierter Gewalt keine Aussage über die Legitimität bestimmter Gewaltakte beinhaltet.

Es bleibt darauf hinzuweisen, daß mit der verwickelten Situation im Libanon und der ungelösten Palästinafrage die zahlreichen Konfliktherde des Nahen und Mittleren Ostens lange nicht erschöpft sind. Insbesondere die Frage des islamisch-schiitischen Fundamentalismus im Iran und einer Reihe weiterer Länder oder der Krieg zwischen Iran und Irak wären zu nennen.
Obwohl gerade die beiden letzten Konfliktebenen auch in den Libanon hineinwirken, muß hier eine nähere Analyse unterbleiben.

Israel und Gewalt Politik

- *Massaker von Deir Yassin*

Im April 1948 überfielen Mitglieder der israelischen Terrororganisation IRGUN (unter Leitung des späteren Premierministers von Israel, Menachem Begin) das arabische Dorf Deir Yassin am Rande von Jerusalem. Dabei starben mehr als 200 arabische Männer, Frauen und Kinder. IRGUN rechtfertige den Anschlag mit der Behauptung, Deir Yassin sei ein Zentrum arabischen Widerstandes gewesen. Es gibt jedoch Beweise dafür, daß die arabischen Dorfbewohner einige Monate vor dem Massaker ein Friedensabkommen mit Israel unterzeichnet hatten. Die brutalen Morde von Deir Yassin gehörten zu den Ereignissen, die zur Flucht von etwa 750 000 Palästinensern aus dem jetzigen Israel führten.

- *Anschlag auf den Flughafen von Beirut 1968*

Am 28. Dezember 1968 führte die israelische Anti-Terror-Einheit Sayaret Matkal einen »Vergeltungsschlag« gegen arabische Flugzeuge auf dem Flughafen von Beirut. Von einer 40 Mann starken israelischen Einheit wurden vor den Augen Hunderter von Zuschauern 13 libanesische Flugzeuge zerstört.

Frankreich strich daraufhin sämtliche Militärunterstützung für Israel und auch die USA kritisierten die Aktion.

- *Wrath of God (Zorn Gottes)-Einsatzgruppen*

Name von Mordkommandos des israelischen Geheimdienstes Mossad, die nach dem Anschlag des »Schwarzen September« auf die israelische Mannschaft während der Olympischen Spiele 1972 in München eingesetzt wurden. Von Oktober 1972 bis November 1974 sollen die WOG-Teams in verschiedenen Ländern mindestens 12 Araber (überwiegend Palästinenser) getötet haben, von denen die israelische Regierung annahm, sie seien in Terrorakte gegen Israel verwickelt gewesen.

● *Ermordung von Abu Youssef*

Abu Youssef war »Außenminister« der PLO, als er im April 1973 von einem Mordkommando der israelischen Anti-Terror-Einheit Sayaret Matkal zusammen mit seiner Frau, seinen Leibwächtern und einer völlig unbeteiligten älteren Frau in seiner Wohnung in Beirut erschossen wurde.

● *Anschlag auf das Kommando des »Schwarzen September«*

Im April 1973 verübte die israelische Anti-Terror-Einheit Sayaret Matkal einen Anschlag auf die Kommandozentrale des »Schwarzen September« in Beirut, wobei drei führende Palästinenser und einige unbeteiligte Menschen ermordet wurden.

● *Attentat in Lillehammer*

Ein Wrath of God-Team erschoß im Juli 1973 einen marokkanischen Kellner in Lillehammer/Norwegen, den es mit Ali Hassan Salameh verwechselt hatte, einen mutmaßlichen Anführer bei dem Anschlag des »Schwarzen September« während der Olympischen Spiele 1972 in München.

● *Anschlag auf die Flüchtlingslager Sabra und Shatila 1982*

(siehe Terror-Chronologie, S. 238)

● *Entführung eines Busses in den Gaza-Streifen 1984*

(siehe Terror-Chronologie, S. 239)

● *Israelis zwingen libysches Flugzeug zur Landung*

Im Februar 1986 fingen israelische Kampfflugzeuge ein libysches Verkehrsflugzeug über dem Mittelmeer ab und zwangen es zur Landung auf einem Militärflughafen im Norden Israels. Die Maschine befand sich auf dem Weg von Tripolis nach Damaskus. Die Israelis vermuteten an Bord des Flugzeugs offenbar die drei Palästinenser-Führer Habbasch, Najef Hawathmeh und Said Musa (Abu Musa). Tatsächlich handelte es sich bei den Passagieren jedoch um eine Delegation der in Syrien regierenden *Baath-Partei.* Nach einer fünf Stunden dauernden Überprüfung konnte das Flugzeug wieder starten und nach Damaskus fliegen. Der israelische Verteidigungsminister Rabin erklärte am Tag nach dem Handstreich, Israel müsse in seinem Kampf gegen den Terrorismus wagemutig sein und auch auf unkonventionelle Weise vorgehen.

- *Entführung des israelischen Atomtechnikers Vanunu*

Im Oktober 1986 wurde der israelische Atomtechniker Mordechai Vanunu vom israelischen Geheimdienst in London entführt. Angeblich hatte der ehemalige Angestellte der Atomfabrik von Dimona in Israel Staatsgeheimnisse an die Londoner *Sunday Times* verraten.

Vgl.: George Rosie: The Directory Of International Terrorism, Edinburgh, 1986, S. 69/70, 97/98, 178/179, 300, 302;
und Frankfurter Allgemeine Zeitung, 5. Februar 1986, S. 1 / 6. Februar 1986, S. 5;
und: »Der Spiegel«, Nr. 47, 17. November 1986, S. 183-186

Der nahöstliche Terrorismus aus US-Perspektive

Aus US-amerikanischer Sicht – und vor dem Hintergrund, daß Anschläge in den USA selbst relativ selten sind – stehen drei Regionen bezogen auf Aktivitäten des internationalen Terrorismus im Vordergrund: Der Nahe/Mittlere Osten, Westeuropa und Lateinamerika. Nach offiziellen Statistiken des US-Außenministeriums kam es 1984 weltweit zu 601 Anschlägen der Kategorie »internationaler Terrorismus«. Davon erfolgten mehr als 231 (38,4%) in Westeuropa, 206 oder 34,3% im Nahen und Mittleren Osten. Da allerdings mehr als 60 Anschläge in Westeuropa von Tätern aus dem Nahen/Mittleren Osten begangen wurden, läßt sich diese Region aus US-Perspektive – und auch darüber hinaus – als das geographische Zentrum und die Quelle für den relativ größten Teil des internationalen Terrorismus interpretieren. Lateinamerika folgte mit 13,5%, Afrika (südlich der Sahara) mit 8,0%. Dabei wurden weltweit 312 Menschen getötet und 967 verletzt. 11 Tote und 31 Verletzte waren amerikanische Staatsbürger. Für 1985 ergeben sich folgende Zahlen: Zahl der Anschläge weltweit: 812, davon 46,6% im Nahen und Mittleren Osten, 25,6% in Westeuropa und 16,3% in Lateinamerika. Die Zahlen der Opfer: 877 Tote weltweit (davon 28 US-Bürger) und 1300 Verwundete (davon 160 US-Bürger),[34] 1986 lagen die Zahlen der Anschläge und die der Opfer insgesamt etwas niedriger.[35]

Die US-Regierung unterteilt die terroristische Szene des Nahen und Mittleren Ostens prinzipiell in zwei Kategorien. In den Worten des früheren Direktors des Büros für Counterterrorismus im amerikanischen Außenministerium, Robert Oakley:

»1. fanatische Palästinenser, die sich von der Hauptlinie der von Arafat geführten PLO abgespalten haben und oft die direkte Unterstützung Libyens, Syriens und/oder des Iran genießen; und 2. schiitische Eiferer aus unterschiedlichen arabischen Ländern, vor allen Dingen aus dem Libanon, die vom Iran inspiriert und ausgebildet, häufig auch bewaffnet und finanziert und in unterschiedlichem Maße angeleitet werden. Zusätzlich gibt es direkte Agenten von Regierungen wie der libyschen, die häufig selbst handeln und nicht durch Stellvertreter.«[36]

Oakley erläutert auch seine Einschätzung der Zielauswahl und Strategie der Anschläge in der Region:
»Die Ziele des Terrorismus im Mittleren Osten fallen prinzipiell in drei Kategorien: Israel; westliche Regierungen und Bürger, vor allen Dingen Frankreichs und der Vereinigten Staaten; und gemäßigte arabische Regierungen und Beamte, einschließlich die Hauptlinie der PLO, ebenso wie Jordanien, Ägypten, Kuwait, Saudi Arabien und Irak [die Erwähnung des Iraks an dieser Stelle entbehrt nicht der Pikanterie, da er von den USA traditionell als »radikaler« Staat, der selbst den Terrorismus förderte, eingestuft worden war. In einer von Oakley einige Monate später gehaltenen Rede, die über Passagen mit dem zitierten Text identisch ist, wird der Irak auch nicht mehr als »gemäßigt« bezeichnet; J. H.]. Kritiker radikaler Regime, vor allen Dingen Libyer und Iraner, sind ebenfalls Ziele ihrer Regierungen. Die zugrundeliegenden Ziele sind klar: die Abschreckung und Störung von Politiken und Maßnahmen, die Mäßigung, Stabilität und Frieden in den Mittleren Osten bringen könnten und die Beschädigung der Beziehungen der Länder des Mittleren Ostens zum Westen.«[37]

Besonderes Interesse der US-Regierung richtet sich auf tatsächliche oder vermeintliche staatliche Organisierung oder Unterstützung terroristischer Akte. Dabei werden in der Regel Libyen, Syrien, der Iran und die Volksrepublik Yemen (Südyemen) in den Vordergrund gestellt. Politische Opportunitätskriterien spielen eine große Rolle, immanente Widersprüche und Beweisschwierigkeiten werden dafür notgedrungen in Kauf genommen. Eine offizielle Dokumentation des US-Außenministeriums erläuterte im November 1985 bezüglich des *Iran:*
»Iran ist gegenwärtig der wichtigste Unterstützerstaat für den Terrorismus und war im Libanon am aktivsten. Zugleich

möchte der Iran immer noch die USA für ihre Unterstützung des ehemaligen Schah und Frankreich für dessen Hilfe an den Kriegsgegner Irak bestrafen. Das fundamentalistische Regime des Iran, das letztlich darauf hofft, US-amerikanische und westliche Einflüsse aus der islamischen Welt zu verbannen, hat einige der gefährlichsten anti-westlichen Gruppen in der Region unterstützt – wie etwa Hizbollah im Libanon.«
Die Dokumentation betont den Willen des Iran, im Mittleren Osten durch terroristische Aktivitäten fundamentalistische islamische Republiken schiitischer Ausrichtung zu etablieren. Sie fährt fort:
»Zu diesem Ziel trainiert der Iran weiterhin schiitische Dissidenten und baut eine terroristische Infrastruktur in der Region auf.« Bereits im nächsten Satz folgt eine beträchtliche Überraschung:
»Trotzdem können wir für 1984 [den Untersuchungszeitraum der Dokumentation; J. H.] keine vom Iran unterstützten terroristischen Angriffe am Persischen Golf berichten.« Zugleich wird zwar von der Unterstützung des Iran für schiitische Extremistengruppen im Libanon wie Hizbollah und Islamic Jihad gesprochen, aber betont, daß diese »stark genug« [seien], um in vielen Fällen unabhängig [vom Iran] zu operieren«.[38]
(Für eine Kurzcharakterisierung der unterschiedlichen im Text erwähnten Gruppen und Organisationen siehe Dokument 14 im Materialteil)

Ein ähnliches Spannungsverhältnis zwischen einer allgemeinen Verurteilung als »den Terrorismus unterstützend« einerseits und dem Fehlen konkreter Belege direkter staatlicher Beteiligung andererseits ist auch bezüglich anderer Staaten die Regel. Bezogen auf *Syrien* wurde beispielsweise formuliert:
»Damaskus benutzt Terrorismus um den Staaten Kosten zu verursachen, deren Politiken seinen Interessen schaden. Es hat libanesische Gruppen instrumentalisiert, um den politischen Prozeß im Libanon zu beeinflussen. Außerdem wollte Syrien die politische Unterstützung für die Friedensinitiative Jordaniens und der PLO für den Nahen Osten schwächen. Aus diesem Grund benutzt Syrien verschiedene palästinensische

Gruppen und jordanische Dissidenten, um gegen die Israelis und gemäßigte arabische Staaten wie Jordanien, die zu einer Verständigung mit Tel Aviv bereit zu sein scheinen, aktiv Krieg zu führen.«[39]
Für die Jahre 1983 und 1984 (in denen sich »die syrische Unterstützung für den Terrorismus im Nahen Osten gesteigert« habe) beklagt die US-Regierung insbesondere Syriens »Tolerierung iranischer Revolutionsgarden und der Stützpunkte radikaler Schiiten im Bekaa-Tal« im Libanon. Auch die »direktere Unterstützung für die zahlreichen radikalen Palästinensergruppen« wird der syrischen Regierung vorgeworfen. »Am alarmierendsten« allerdings erscheint den USA eine Welle von Anschlägen in Jordanien oder gegen jordanische Interessen in Westeuropa – wobei bemerkenswert ist, daß hier ein Zusammenhang mit der syrischen Regierung nicht einmal behauptet, geschweige denn belegt wird. Es wird nur darauf hingewiesen, daß Syrien »und seine radikalen palästinensischen Verbündeten wie Abu Nidal« die jordanische Politik »massiv abgelehnt« haben.[40]

Libyen gegenüber ergab sich ein ähnliches Muster. Die Dokumentation identifizierte drei verschiedene Zielrichtungen, wobei der Grad der Konkretion sehr unterschiedlich ist. Anschläge libyscher Stellen oder Beauftragter gegen Dissidenten des eigenen Landes im Ausland – häufig in Westeuropa – bilden die erste Kategorie und sind in einer Reihe von Fällen tatsächlich nachweisbar. Zweitens werden der Tschad und die gegen Libyen gerichteten Gruppen dieses Landes als Ziele terroristischer Anschläge genannt. Hier mag der libyschen Regierung zwar durchaus eine militärische Interventionspolitik und die Einmischung in die Innenpolitik des Nachbarlandes anzulasten sein, Belege für eine *terroristische* Kampagne fehlen allerdings. Drittens ist die Rede von libyschem Terrorismus gegenüber »gemäßigten« arabischen Regierungen. Die Belege beschränken sich allerdings auf »anhaltende Gerüchte von Mordplänen an arabischen Führern«, ansonsten werden bloße Vermutungen präsentiert, die eine libysche Urheberschaft an bestimmten Anschlägen nahelegen sollen, ohne sie zu belegen.

Auf konkretere und aktuellere Beschuldigungen wie die Anschläge auf die Flughäfen in Rom und Wien vom Dezember 1985 und auf die Westberliner Diskothek La Belle im April 1986 wird an anderer Stelle noch ausführlicher einzugehen sein.

Schließlich bleibt noch darauf hinzuweisen, daß im Fall des *Südyemen* zwar eine Unterstützung des internationalen Terrorismus global behauptet worden ist, die US-Regierung diesen Vorwurf aber offensichtlich selbst nicht so recht ernst nimmt: Konkret ist nur davon die Rede, daß das Land »seit den späten sechziger Jahren Lager und andere Einrichtungen für eine Anzahl linker terroristischer Gruppen« bereitgestellt habe. »1984 allerdings war die Unterstützung auf die Bereitstellung eines Rückzugsgebietes für palästinensische Gruppen beschränkt.«[41] Nach diesem Kriterium würden auch Tunesien und eine ganze Reihe anderer Staaten in die terroristische Kategorie gehören.

Von bestimmten Ausnahmen abgesehen zerfallen die Vorwürfe an den Iran, an Syrien, Libyen und die Volksrepublik Yemen in zwei Bereiche: die Repression interner Oppositioneller auf brutale Weise, einschließlich durch Mordanschläge im Ausland.

Solche Verbrechen sind tatsächlich und in unterschiedlichem Ausmaß erfolgt, wobei Libyen und der Iran sich bei der Ermordung von Dissidenten im Ausland besonders hervorgetan haben – allein Libyen hat von 1980–1985 in Westeuropa 23 Dissidenten umbringen lassen –, während die syrische Regierung für besondere Brutalität bei der Unterdrückung im Inneren bekannt ist (die Aktivitäten fundamentalistischer Moslembruderschaften 1982 wurde mit Massakern an Tausenden von Menschen erfolgreich niedergeschlagen).

Solche brutalen Praktiken haben das Adjektiv »terroristisch« oft verdient. Allerdings muß darauf hingewiesen werden, daß sie im strengen Sinne nicht immer unter den Begriff des *internationalen* Terrorismus fallen, sondern eine *interne* Herrschaftstechnik sind, die nicht nur von den genannten Ländern angewandt wird. Dutzende von Staaten stehen bezüglich der Skrupellosigkeit bei der Unterdrückung ihrer innenpolitischen Gegner nicht nach – was diese Praktiken weder verharmlost noch rechtfertigt, aber davor warnt, eine handvoll Länder allein dafür verantwortlich zu machen.

Zweitens besteht eine zentrale Begründung für die Behauptung, die angesprochenen Länder würden den internationalen Terrorismus unterstützen, darin, daß sie »radikale, linke Palästinensergruppen förderten. Dieser Vorwurf hat zuerst einmal rein politischen Charakter und *auf dieser Ebene* mit der Frage des internationalen Terrorismus überhaupt nichts zu tun. Arabische und andere Staaten haben selbstverständlich das Recht, die Politik Israels, der USA, Ägyptens, Jordaniens und des Arafat-Flügels der PLO abzulehnen – genauso wie sie das Recht haben, deren Politiken zuzustimmen. Auf dieser Ebene ist nur die Frage, ob eine solche Ablehnung richtig oder falsch ist, nicht ob sie an sich terroristisch sei. Darüberhinaus haben Regierungen, die eine bestimmte Politik anderer Länder ablehnen, natürlich das Recht, dritte Staaten oder Organisationen, die dies ebenfalls tun, zu unterstützen – solange sie die Souveränität und territoriale Integrität Dritter achten. Die Unterstützung oppositioneller palästinensischer Organisationen als solche ist damit ebenfalls eine rein politische Frage, keine Frage terroristischer Politik. Wenn man dem palästinensischen Volk insgesamt und damit seinen politischen Organisationen ein legitimes – auch bewaffnetes – Widerstandsrecht zugesteht (und der Zustand der Vertreibung, der massiven Repression auf der Westbank und im Gazastreifen oder die Massaker in Flüchtlingslagern im Libanon legen das nahe), dann wäre auch die Unterstützung bewaffnet agierender Gruppen nicht illegitim – solange sie ihren bewaffneten Kampf nicht als einen tatsächlich terroristischen führen, also etwa die Zivilbevölkerung angreifen. Nur in solchen – existierenden – Fällen ist der Vorwurf berechtigt.

Und noch eine wichtige Frage sollte nicht vergessen werden: der Charakter und die Bedeutung der »Unterstützung einer radikalen Gruppe«. Zuerst einmal wird nicht selten die Tatsache einer *Tolerierung* einer Organisation im eigenen Einflußbereich als »Unterstützung« betrachtet. Auch wenn in einem

Staat wie Syrien Organisationen, die der syrischen Regierung feindlich oder ablehnend gegenüberstehen, kaum geduldet würden, wäre es falsch, umgekehrt schließen zu wollen, daß eine Organisation schon deshalb »unterstützt«, gar finanziert, angeleitet oder kontrolliert wird, weil sie nicht ausgewiesen oder zerschlagen worden ist.

Darüber hinaus stellt sich in jedem Fall die Frage, *was* genau »Unterstützung« durch einen Staat für eine tatsächliche terroristische Organisation bedeutet, ob und welcher Grad an Beeinflußung damit verbunden ist. Nehmen wir etwa die Terrororganisation von Abu Nidal. Solange sie über ein Büro im Irak verfügte, wurde sie in der Presse und in bestimmten amtlichen Verlautbarungen als Instrument dieses Staates betrachtet. Als die Meinungsverschiedenheiten Abu Nidals mit der irakischen Führung so weit eskaliert waren, daß sie unüberbrückbar wurden, verlegte Abu Nidal sein Hauptquartier nach Damaskus, womit in der Öffentlichkeit die syrische Regierung für die Terroranschläge Abu Nidals verantwortlich wurde. Da seine Organisation allerdings zugleich über ein Büro in Tripolis/Libyen verfügt, ließ sich Abu Nidal – je nach Bedarf – immer auch als libysches Terrorinstrument vorstellen. Demgegenüber erscheint es angebracht, die Eigenständigkeit solcher Organisationen zu betonen. Die Gruppe von Abu Nidal beispielsweise ist funktionsfähig genug, um ohne jede staatliche Unterstützung zuschlagen zu können. Aus eigenen legalen Wirtschaftsunternehmen, aus Erpressungen und Tributzahlungen ist sie finanziell unabhängig, sie ist technisch gut ausgerüstet und professionell geführt. Sie ist hochgefährlich, und bestimmte arabische Staaten dürften sich nur deshalb zu einer »Unterstützung« bereitfinden, um sich nicht ihre Feindschaft zuzuziehen.

Zugleich ist allerdings klar, daß solche Organisationen mit den »radikalen« arabischen Staaten eine allgemeine Ablehnung gegenüber Israel (und gegenüber den USA und den »gemäßigten« arabischen Regierungen) teilen und darüber hinaus an bestimmten Punkten Interessenübereinstimmungen bestehen können. Daraus aber schließen zu wollen, Organisationen wie die von Abu Nidal (und sie steht hier als Beispiel) seien abhängig oder gar die »willigen Werkzeuge« bestimmter arabischer oder anderer Staaten wäre unsinnig und ist nur durch politische Zwecke zu erklären.

(Siehe das ausführliche Interview mit Abu Nidal in Dokument 1.)

Es ist bezeichnend, daß auch die US-Regierung in Reden oder Dokumenten einen solchen Zusammenhang immer wieder nur behauptete, ohne ihn beweisen zu können.

Brian Jenkins brachte 1981 die offensichtlichen Schwierigkeiten der US-Regierung, auf einigermaßen seriöse Weise die »terroristischen oder den Terrorismus unterstützenden Staaten« zu identifizieren auf den Punkt. Dabei ging er so vor, die offiziell von der Regierung angegebenen Kriterien voll anzuwenden:

»Die US-Regierung hat offiziell vier Nationen identifiziert, die dem Terrorismus Unterstützung gewähren: Libyen, Syrien, den Irak und den Südyemen [nach dem Stand vom August 1981; später wurde der Irak durch den Iran ersetzt und aus politischen Gründen Kuba ergänzt; J. H.]. Auf der Grundlage öffentlicher Stellungnahmen amerikanischer Regierungsbeamter können mehrere weitere addiert werden, einschließlich des Iran, der Sowjetunion und Kubas. Wenn wir darüber hinaus diejenigen Länder einbeziehen, die Berichten zufolge ›finanzielle Unterstützung an Organisationen leisten, die häufig terroristische Taktiken anwenden‹, wie Saudi Arabien und Kuwait, die die Palästinenser finanziell unterstützen; sowie diejenigen Länder, die Training für Terroristen durchgeführt haben, wie Nordkorea; und diejenigen, die Waffen an Terroristen geliefert haben wie die Tschechoslowakei und Ostdeutschland, könnten wir leicht weitere sechs bis zehn Nationen addieren. Bei den Nationen, die Terroristen Asyl gewähren – sollen wir da Frankreich hinzurechnen, das von Spanien und Italien beschuldigt wird, baskische und italienische Terroristen zu beherbergen? Und wenn wir die Länder mitrechnen, die Berichten zufolge in den letzten Jahren Entführungs- und Mordkommandos ins Ausland geschickt haben, um ausländische oder innenpolitische Feinde zu entführen oder zu töten,

Die Entführung der Achille Lauro, Teil I

Am Montag, den 7. Oktober 1985 gegen 13.30 Uhr stürmen vier Männer auf der Höhe von Port Said die Brücke des italienischen Passagierschiffes »Achille Lauro« und erklären es für besetzt. An Bord befinden sich zu diesem Zeitpunkt 201 Passagiere: 16 Amerikaner, 11 Deutsche, 29 Österreicher, 52 Schweizer und 28 Italiener. Mit vorgehaltenen Maschinenpistolen wird der Kapitän zu einem Kurswechsel Richtung Syrien gezwungen. Vor der syrischen Hafenstadt Tartus wird der Anker geworfen. Weil die »Achille Lauro« dort nicht anlegen darf, geben die Entführer ihre Forderungen für die Freigabe der Geiseln per Funk durch: fünfzig palästinensische Gefangene sollen aus israelischen Gefängnissen freigelassen werden.

Nachdem die israelische Regierung keinerlei Reaktion auf die Forderung zeigt, erschießen die Entführer den gelähmten Amerikaner Leon Klinghoffer und werfen seine Leiche über Bord. Fünfzehn Minuten später soll offenbar die Amerikanerin Mildred Hodes sterben, doch der Kapitän redet angeblich so lange auf die Entführer ein, bis diese von ihrem Vorhaben ablassen. Am Mittwoch begeben sich die PLO-Führungsmitglieder Abu Abbas und Hani-el-Hassan im Auftrag Arafats und in Begleitung des italienischen und des bundesdeutschen Botschafters auf die »Achille Lauro« und überreden die Entführer zur Kapitulation. In Begleitung ägyptischer Soldaten verlassen diese das Schiff, und wenig später gibt die ägyptische Regierung bekannt, sie hätten das Land verlassen.

Unklar blieb, in wessen Auftrag die Entführer gehandelt hatten. Eine Theorie lautete, die »Achille Lauro« habe ursprünglich nur dazu dienen sollen, die Palästinenser nach Israel einzuschleusen, wo man Militäreinrichtungen angreifen wollte. Offenbar hätten sie sich jedoch schon auf dem Schiff entdeckt geglaubt, so daß sie früher in Aktion traten. Auf amerikanischer Seite ging man davon aus, daß Abu Abbas, als Führer der PLF, der auch die Entführer angehörten, für die Entführung der »Achille Lauro« verantwortlich war und die Aktion von Beirut aus leitete. Nach der Ermordung Klinghoffers hielt er den Plan angeblich für gescheitert und fungierte von da an als Unterhändler der PLO.

Siehe auch Kasten: Die Entführung der Achille Lauro, Teil II, S. 126
Vgl.: Werner Glinga: Die Nacht von Sigonella, in: Blätter für deutsche und internationale Politik Nr. 1, 1986, S. 62-73 und »Zur Hölle mit den Piraten in aller Welt« in: Der Spiegel, Nr. 42/1985

dann können noch mehr auf die Liste gesetzt werden, einschließlich Bulgarien, Jugoslawien, Chile, Argentinien, Israel und Südkorea. Damit erhalten wir mindestens zwanzig Nationen, und die Zahl könnte leicht verdoppelt werden. Eine breitere Terrorismusdefinition könnte zum Beispiel sogenannte nationale Befreiungskriege und andere Guerillabewegungen einbeziehen und würde weitere ein oder zwei Dutzend Länder auf die Liste derer bringen, die den Terrorismus unterstützen. Aus vielen Gründen könnten die USA nicht gegen alle die erwähnten Länder Sanktionen verhängen oder andere überreden, dies zu tun. Aber nur einzelne Länder im Gegensatz zu anderen herauszugreifen, würde die ganze Anstrengung dem Verdacht aussetzen, rein politisch motiviert und scheinheilig zu sein.:[42]

Die These von der »Moscow Connection«

Der ehemalige Leiter des Nachrichtendienstes der US-Luftwaffe, George J. Keegan, hatte bereits 1979 bei einer Konferenz über den internationalen Terrorismus in Israel erklärt, »daß die Sowjetunion letzten Endes bestrebt ist, alle, die frei sind, zu unterjochen oder zu beherrschen, daß ihre Waffen das ganze Spektrum der direkten und indirekten Mittel, die der Menschheit zur Täuschung, zum Verrat und zur Gewaltanwendung zur Verfügung stehen, umfassen, und *daß der Terrorismus – in seiner strategischen Form – im wesentlichen ein Produkt der sowjetischen Führerschaft, Leitung und Unterstützung ist.*«[43]

Diese Grundthese, daß die Sowjetunion die Hauptschuld am internationalen Terrorismus trage, daß sie vorwiegend von ihm profitiere, ihn finanziere, unterstütze und sogar selbst leite, wurde in seiner modernen Form in der zweiten Hälfte der siebziger Jahre vom harten Kern der politischen Rechten in den USA entwickelt und fand in den achtziger Jahren bis hinein ins Lager der traditionellen Konservativen zunehmend Anhänger. Wenn wir vom Wahrheitsgehalt der These hier noch abstrahieren, dann kann festgestellt werden, daß sie für die US-Innen- und Außenpolitik zusammen mit ähnlichen Behauptungen eine historisch und politisch sehr spezifische Aufgabe erfüllen sollte: die Zerstörung der noch bestehenden Reste von Entspannung zwischen den Staaten der NATO und denen des Warschauer Vertrages. Nach dem Ende der Periode des Kalten Krieges erwies es sich für die Kalten Krieger als ideologisch notwendig, über den Vorwurf, die Sowjetunion sei »kommunistisch« und man könne daher nicht mit ihr zusammenarbeiten, hinauszugehen und neue, zusätzliche Gründe vorzutragen, warum Entspannung nicht möglich oder für die USA (und die westlichen Staaten insgesamt) höchst gefährlich sei. Seit der Mitte der siebziger Jahre wurden massiv zwei neue ideologische Grundmuster entwickelt und propagiert, die die klassischen »antikommunistischen« – die sich vor allem aus inzwischen länger zurückliegenden Erfahrungen der frühen Nachkriegszeit gespeist hatten – ergänzen sollten: Gezielt an die Adresse der »liberalen« Öffentlichkeit in den USA (wobei dieses »liberal« wenig mit Vorstellungen eines europäischen Liberalismus zu tun hat) und Westeuropas wurde das Argument massiver Menschenrechtsverletzungen in Osteuropa entwickelt, das die Entspannung »moralisch« kritisieren sollte – und gerade von Leuten vorgetragen, die für ebenso oder noch massivere Menschenrechtsverletzungen in befreundeten Ländern ein völliges Desinteresse oder sogar Verständnis hatten. Diese politische Instrumentalisierung der Menschenrechtsfrage erwies sich auch deshalb als durchaus wirksam, weil der Zustand politischer Freiheitsrechte in Osteuropa tatsächlich alles andere als zufriedenstellend war.

Das zweite Argument zielte auf die gesamte Öffentlichkeit, mit seinem Schwerpunkt aber doch auf ihren besonders an »law and order« interessierten Teil. Er wies der Sowjetunion die Hauptverantwortung für den internationalen Terrorismus zu und erklärte diesen zu einer gezielten sowjetischen Strategie, im Schutze offizieller Entspannungspolitik den »Freien Westen« zu destabilisieren und quasi-militärisch anzugreifen.

Besonders schön hat der einflußreiche Direktor des Zentrums für Strategische und Internationale Studien (CSIS) in Washington, Ray S. Cline, den Zusammenhang deutlich gemacht:

»›Friedliche Koexistenz‹ ist streng genommen *ein sowjetisches Rezept für ideologische und terroristische Kriegführung.«*[44] In diesem Satz sind bereits die beiden zentralen Annahmen enthalten: der Terrorismus gehe von der Sowjetunion aus, und es handele sich bei ihm prinzipiell um Akte der Kriegführung. Solche Aussagen richteten sich in den USA gegen die Politiken der Regierungen Ford und Carter, denen von rechts eine naive oder gar sich anbiedernde Politik gegenüber der Sowjetunion vorgeworfen wurde. Jede Entspannungspolitik wäre in der Tat absurd, wenn der Entspannungspartner zugleich terroristische und kriegerische Akte unternähme. Dieses Argumentationsmuster erwies sich – insbesondere vor dem Hintergrund des

parallelen Menschenrechtsarguments – als sehr wirksam. Mit der sowjetischen Intervention in Afghanistan zum Jahresende 1979 wurde es möglich, das Argument eines »sowjetischen Imperialismus« plausibel zu ergänzen und die bald erfolgende Überleitung der Politik zu einem neuen Kalten Krieg politisch-moralisch zu begründen.*
Diese Argumentationsstruktur erwies sich als langlebiger als die Regierungen, gegen die sie gerichtet war. Noch 1986 etwa argumentierte Senator Pete Wilson, daß die gleiche Regierung, mit der man in Genf über Rüstungskontrolle verhandele – nämlich die sowjetische – eine Kampagne der Unterstützung staatlichen Terrorismus betreibe: ein subtiles Hilfsargument gegen jeden Abschluß von Rüstungskontroll- oder Abrüstungsabkommen.[45]

Der Terrorismusvorwurf an die Sowjetunion wurde – gelegentlich diplomatisch verklausuliert – zu einer grundlegenden politischen Ausgangshypothese der Reagan-Administration. Zu schön paßte sie in die Annahme des Präsidenten, die UdSSR sei das »Reich des Bösen«, das jedes Mittel der Täuschung, des Betruges und der Gewalt anwende, um die Weltherrschaft zu errichten. Die Formulierung dieser Politik erfolgte zum guten Teil durch Mitglieder des bereits erwähnten CSIS – mit dem die Regierung einen relativ engen personellen Austausch pflegte, so wurde etwa die frühere UNO-Botschafterin Jeane Kirkpatrick von dort rekrutiert –, und der rechtsradikalen und Reagan-nahen *Heritage Foundation* (»Stiftung für das Erbe«, mit der die *Hanns-Seidel-Stiftung* der bundesdeutschen CSU enge Beziehungen pflegt und in Washington sogar in deren Gebäude untergebracht ist). Nicht zufällig erschien zum Amtsantritt der Reagan-Administration 1981 eine programmatische Broschüre der *Heritage Foundation* mit dem Titel »Die sowjetische Strategie des Terrors«. Diese Schrift kann als offene

* Es sollte angemerkt werden, daß uns hier nur die politische Argumentation bestimmter Sektoren der US-amerikanischen Öffentlichkeit und der Verlauf der dortigen politischen Debatte interessiert, daß eine Analyse sowjetischer Innen- oder Außenpolitik – insbesondere deren Menschenrechtspraxis und Afghanistanpolitik – den thematischen Rahmen dieses Buches sprengen würde.

Formulierung dessen betrachtet werden, was innerhalb der Reagan-Administration zwar gedacht, oft aber aus Gründen der politischen Opportunität zurückhaltender formuliert wurde. Die Argumentation läßt sich in vier Punkte zusammenfassen, denen jeweils ein Kapitel gewidmet wurde:

1. In Lateinamerika, dem Nahen und Mittleren Osten, dem südlichen Afrika und in Westeuropa bedient sich die UdSSR terroristischer Organisationen oder Staaten, um die USA und deren Verbündete anzugreifen.
2. Sie stellt Training, Waffen und andere Hilfsmittel für den Terrorismus bereit und unterstützt ihn durch Propagandakampagnen.
3. Terrorismus und Marxismus stehen in einer engen ideologischen Beziehung, der Marxismus ist bereits »von seiner Natur ein gewalttätiges Prinzip«.[46]
4. Der Terrorismus wird von der Sowjetunion gezielt als Strategie eingesetzt, um den Westen unter Druck zu setzen und ihn durch die Kontrolle wichtiger Staaten der Dritten Welt von den für ihn notwendigen Rohstoffen und der Energieversorgung abzuschneiden. So soll der Westen eingeschnürt und schließlich der Kapitalismus gestürzt werden.

Auch Regierungsbeamte würden später bemerken, daß Terrorismus nicht nur von der Sowjetunion unterstützt werde, sondern gerade »in Gebieten mit strategischer Bedeutung für die USA und mit Wichtigkeit für die Verteidigung der NATO« auftrete, nämlich in Westeuropa, dem (Nahen und) Mittleren Osten und der Karibik.«[47]

In Bezug auf Lateinamerika sahen Yonah Alexander und Richard Kucinski bei einer 1984 von CSIS zusammen mit der *National Defense University* veranstalteten Konferenz – deren Arbeitspapiere später in einem Buch mit offiziösem Charakter veröffentlicht wurden – die Rolle der Sowjetunion folgendermaßen:

Die sowjetische Verwicklung in den Terrorismus Lateinamerikas erfolge aus ideologischen und aus praktischen Gründen. Sie folge der marxistisch-leninistischen Lehre, welche die Gewalt rechtfertige und sei darüber hinaus darauf gerichtet, den Terrorismus als eine risikolose und billige Alternative zur konventionellen Kriegführung für sich zu nutzen.

»Die terroristische Infrastruktur des Kreml beinhaltet Propaganda und politische Unterstützung, nachrichtendienstliche Unterstützung, Finanzierung, Ausbildung und die Lieferung von Waffen. [...] Um seine direkte Unterstützung des internationalen Terrorismus zu verbergen operiert Moskau auf zwei Ebenen: erstens bestreitet es jede Verbindung mit ideologisch motivierter Gewalt und verurteilt bestimmte terroristische Akte, wenn dies politisch dienlich erscheint; zweitens kanalisiert es seine Unterstützung für die Terroristen Lateinamerikas [ein Argument, das auch auf andere Regionen übertragen wird; J. H.] durch die Transmissionsriemen Osteuropa, Kuba, Nicaragua, Libyen und die PLO. Eines der breiten Ziele, das die Sowjetunion durch regionale Konflikte niedriger Intensität zu erreichen sucht, besteht in der Schaffung von Schwierigkeiten für die USA, vor allem, wenn solche Aktivitäten keine ernste finanzielle Belastung und ein nur geringes politisches Risiko darstellen.«[48]

Der Kern der These einer entscheidenden sowjetischen Rolle beim internationalen Terrorismus besteht tatsächlich nicht darin, daß die UdSSR selbst terroristische Akte beginge, sondern in der gezielten und bewußten Hilfestellung für Gruppen, Organisationen und Staaten, die dies systematisch täten. Dabei gibt es zwei verschiedene Denkrichtungen. Die eine nimmt an, daß es zwischen terroristischen Gruppen oder Staaten eine punktuelle politische Interessenidentität gäbe und die Sowjetunion an solchen Punkten eine rein taktisch begründete Unterstützung gewähre. Die andere unterstellt, daß der internationale Terrorismus – und die entsprechenden Organisationen oder Staaten – praktisch auch durch die Sowjetunion *geleitet* würden, daß es also eine umfassende und von der Sowjetunion koordinierte und verursachte, weltweite terroristische Kampagne gegen die USA und ihre Verbündeten gebe.

Vertreter dieser zweiten Richung – deren Propagandisten selbst von harten Rechten in den USA nur dann ernstgenommen werden, wenn diese von jeder Sachkenntnis ungetrübt sind

– gibt es auch in der Bundesrepublik. In einer vom Bundesministerium des Innern im Dezember 1985 herausgegebenen Broschüre hatte der damalige CSU-Bundestagsabgeordnete Hans Graf Huyn Gelegenheit erhalten, auf über 60 Seiten seine Vorstellungen von einer umfassenden Weltverschwörung auszubreiten.

»Wie in Beirut, Mexiko und anderen Hauptstädten der Welt, sitzen auch in Rom die Drahtzieher der terroristischen Szene in der sowjetischen Botschaft.«

Besonders genau kennt sich Huyn aber offensichtlich im Libanon aus: »Alle diese Aktivitäten [einer »kommunistischen Verseuchung«, in seinen Worten J. H.] gehen von der sowjetischen Botschaft in Beirut im Stadtteil Sabra aus.« Durch einen »direkten Vertreter Moskaus [...] erhalten Carlos und andere Anführer der PFLP, Mitglieder der japanischen Vereinigten Roten Armee und der deutschen Rote Armee Fraktion ihre *Einsatzbefehle.* Von dem Befehlsbunker Wadia Haddads führt ein direkter unterirdischer Gang bis in die sowjetische Botschaft. Hier residiert Botschafter und Terrorspezialist Soldatow mit seinen KGB-Mitarbeitern. Über sie läuft der *Befehlsstrang* von der KGB-Zentrale in Moskau zu den palästinensischen Terroristen.« Und zur Vermeidung aller Mißverständnisse: »PLO, PFLP und El Fatah werden von den Drahtziehern in Moskau *gelenkt und versorgt.*«[49]

So soll man sich also den internationalen Terrorismus vorstellen. Die dahinterstehende politische Absicht ist fast zu deutlich, um noch wirksam zu sein, und sogar in seiner eigenen Fraktion wurde der aufrechte Graf häufig belächelt.

Lassen wir aber nun die pathologischen Verschwörungstheoretiker beiseite und sehen uns deren respektablere Spezies etwas näher an. In diesen Fällen besteht der Kern des Terrorismusvorwurfes darin, daß die Sowjetunion »terroristische Organisationen und Staaten« *unterstützt.* Und diese Unterstützung erfolge darüber hinaus nicht offen, sondern *indirekt.* Bereits die Studie der *Heritage Foundation* brachte diese Sichtweise auf den Punkt:

»Die Sowjets haben ihre Unterstützung für den Terrorismus

überall auf der Welt prinzipiell durch die Benutzung von Satelliten und Stellvertretern bereitgestellt, [...]«. [50]

In dieser Terminologie soll »Satellit« bedeuten, daß eine scheinbar unabhängige Regierung oder Organisation »in Wirklichkeit fest von der sowjetischen Regierung kontrolliert« wird. Als Beispiele werden Kuba, die DDR, die Tschechoslowakei oder der Weltfriedensrat genannt. »Stellvertreter« sind in diesem Verständnis Organisationen oder Staaten, die *vielleicht* unabhängig von sowjetischer Kontrolle sind, aber trotzdem an deren Stelle handeln, wofür die PLO, Libyen, Nordkorea und ungenannte nicht-marxistisch-leninistische Gruppen angeführt werden.[51]

Damit hängt eine objektive Bewertung des Terrorismus-Vorwurfes von zwei Dingen ab: der Bewertung bestimmter Staaten und Organisationen als terroristisch oder nicht-terroristisch und – im positiven Fall – der Beurteilung des Verhältnisses der Sowjetunion zum entsprechenden Staat oder der entsprechenden Organisation.

Untersucht man die Beweisführung näher, dann ergibt sich im Kern nur der Vorwurf, die Sowjetunion unterstütze Organisationen wie die PLO. Die ehemalige UNO-Botschafterin der USA, Jeane Kirkpatrick, hatte bei einem Hearing des Verteidigungsausschusses des Senats nichts anderes als Beleg vorzubringen, als eben diese – von niemandem bestrittene – Zusammenarbeit. Der argumentative Trick besteht auf dieser schwachen Grundlage darin, die PLO Yassir Arafats und alle anderen palästinensischen Gruppen und Organisationen unabhängig von deren jeweiliger politischer Orientierung oder politischer Praxis als »terroristisch« zu klassifizieren, indem sie mit unbestrittenen Terrorgruppen – wie der Abu Nidal-Organisation – gleichgesetzt werden. Kirkpatrick erklärte alle Unterschiede zwischen Abu Nidal und Yassir Arafat als »nicht relevant« und formulierte: »Alle diese PLO-Fraktionen [womit sie alle palästinensischen Gruppen automatisch zu »PLO-Fraktionen« ernennt, selbst wenn sie mit der PLO verfeindet sind; J. H.] bestreiten Israels Existenzrecht, alle wenden Gewalt an, alle sind eng mit der Sowjetunion verbunden und alle unterstützen aktiv sowjetische Politiken in Afghanistan, Angola, Nicaragua und überall auf der Welt.«[52]

Die Tatsache, daß die Mehrzahl dieser Behauptungen inhaltlich falsch ist, nimmt ihnen nicht ihre propagandistische Bedeutung und Nützlichkeit.

Als sehr aufschlußreich erwies sich in dieser Sache auch ein bereits im Mai 1985 vom Auswärtigen Ausschuß des Senats durchgeführtes Hearing, bei dem auch Ray S. Cline, Terrorismusexperte von CSIS und eine der zentralen politisch-akademischen Personen, die in der Sowjetunion das Zentrum des Weltterrorismus sehen, als Sachverständiger auftrat. Von Senator Clairborne Pell – seit 1987 Vorsitzender des Auswärtigen Senatsausschusses – wurde die naheliegende Frage gestellt, welche *konkreten Beweise* aus der letzten Zeit für eine sowjetische Beteiligung am internationalen Terrorismus existierten. Als Cline daraufhin mit allgemeinen Stellungnahmen und dem Verweis auf mögliche Indizien antwortete, bohrte Pell nicht weniger als viermal nach, indem er um konkrete Beweise und konkrete Fälle bat. Der Kern der Antworten Clines bestand in der Aussage: »[...] Ich kann nur Stellungnahmen aus Moskau zitieren, daß es Befreiungsbewegungen überall auf der Welt unterstützt.« Zur Unterstützung dieses Arguments setzte er hinzu, daß »die Gruppen, die Kriege zur nationalen Befreiung führen« »dieselben terroristischen Organisationen« seien, auf die er zuvor verwiesen habe. Ein letztes Mal um konkrete Fälle und Beweise gebeten, blieb ihm nur übrig zu antworten: »Die Art der Beweise, nach denen Sie fragen, existiert nicht, und ich denke, ihre Existenz ist unwahrscheinlich.«[53]

Sieht man sich einmal die Länder an, denen hohe Beamte der Reagan-Administration gewöhnlich die Unterstützung terroristischer Praktiken oder deren eigene Durchführung vorwerfen, und achtet man zugleich darauf, welchen Ländern eine solche Kritik erspart wird, dann ergibt sich, daß die Auswahl offensichtlich nach rein *politischen* Kriterien erfolgt, nach dem Kriterium außen- (und innen-) politischer *Nützlichkeit*, während die eigenen Definitionen von Terrorismus keine wesentlichen Kriterien darstellen – außer, wenn sie den Opportunitätsgesichts-

punkten nicht entgegenstehen. Praktisch alle als terroristisch gebrandmarkten Staaten zeichnen sich dadurch aus, daß sie sich US-amerikanischer Dominanz massiv und oft lautstark widersetzen, daß sie – von unterschiedlichen ideologischen Positionen aus – gar von einem amerikanischen »Imperialismus« sprechen. Syrien, Libyen und der Iran sind die zentralen Opponenten US-amerikanischer (und israelischer) Nahostpolitik, sie haben in der Vergangenheit alles getan, um eine *Pax Americana* im Libanon, um die Annäherung Ägyptens und Jordaniens an Israel und die USA zu be- oder verhindern, und sie haben zu diesem Ziel in unterschiedlichem Maße untereinander und mit der Sowjetunion zusammengearbeitet.
In Lateinamerika sind die Staaten, denen Terrorismus vorgeworfen wurde oder wird nicht die früheren oder heutigen Militärdiktaturen Argentiniens oder Chiles, Uruguays oder Brasiliens, die die USA ja zum Teil selbst an die Macht gebracht hatten und in denen zehntausende von Menschen getötet oder »verschwinden« gelassen wurden, sondern jene, die aus einer zuvor alles beherrschenden US-Dominanz ausgebrochen sind: Kuba und Nicaragua. Unbestritten ist in diesen Fällen, daß beide Länder ein großes Ärgernis für die Außenpolitik der Reagan-Administration darstellen, und unbestritten ist, daß der Terrorismus-Vorwurf eine potentiell mächtige propagandistische Waffe darstellt. Nichtsdestoweniger ist die US-Regierung bis heute jeden Beleg terroristischer Praktiken beider Länder schuldig geblieben. In beiden Fällen ist der Kernvorwurf wieder nicht, Terrorismus zu betreiben, sondern »terroristische Organisationen« zu unterstützen. Und gemeint sind eine ganze Reihe von Organisationen. Besonders oft genannt werden die FMLN/FDR El Salvadors, die PLO und der ANC Südafrikas. Die Unterstützung dieser und ähnlicher Organisationen ist der Grund der US-Regierung, Länder wie Kuba und Nicaragua (wie auch direkt und indirekt die Sowjetunion) als terroristenfreundlich zu klassifizieren. Um es auf den Punkt zu bringen: Befreiungsbewegungen, die US-amerikanische Interessen bedrohen, sind automatisch »terroristisch«, nicht-westlich orientierte Staaten, die diesen Organisationen Unterstützung

gewähren, sind damit »terroristenfreundlich«. Der letzte Punkt wird dadurch illustriert, daß die Unterstützung der Palästinenser (bzw. palästinensischer Organisationen) durch Libyen, Syrien und die Sowjetunion, aber auch Kuba und – sehr begrenzt – Nicaragua eine Form der Unterstützung des internationalenTerrorismus darstellen soll, während der Förderung teilweise der gleichen Gruppen durch Saudi Arabien, Kuwait oder andere Staaten dieser Charakter nicht zugeschrieben wird.

Umgekehrt sind bestimmte Praktiken, auf die jede einigermaßen seriöse Terrorismusdefinition zutrifft, dann keine terroristischen Praktiken, wenn sie von Staaten oder Organisationen begangen werden, die den USA freundlich gesonnen sind. Hier können nur kurz einige Beispiele aufgezählt werden: die Versenkung des Schiffes *Rainbow Warrior* der Umweltschutzorganisation *Greenpeace* durch einen Bombenanschlag des französischen Geheimdienstes in einem neuseeländischen Hafen oder die Entführung des israelischen Atomtechnikers Vanunu aus Rom durch den israelischen Geheimdienst, die Sabotageanschläge und militärischen Überfälle Südafrikas in seinen Nachbarländern oder die Massaker der von den USA finanzierten *Contras* an Zivilisten in Nicaragua haben nicht dazu geführt, daß den dafür jeweilig verantwortlichen Staaten oder Regierungen durch die Reagan-Administration (oder die Bundesregierung in Bonn) staatlicher Terrorismus vorgeworfen worden wäre. Im Gegenteil: Terroristen, die von den USA finanziert oder bewaffnet werden, sind im eigenen Sprachgebrauch »Freiheitskämpfer«.

Es ist unabweisbar, daß das gesamte Konzept von »Terrorismus« der US-Regierung in zwei völlig getrennte Bereiche zerfällt: in eher akademisch geprägte Erörterungen dessen, was Terrorismus eigentlich genau sei, und in die damit verbundene prinzipielle Ablehnung aller Formen des Terrorismus, von wem auch immer begangen, sowie in einen praktisch und propagandistisch geprägten Bereich, wo »Terrorismus« zu einer bloßen Kampfform wird, zu einem Begriff psychologischer Kriegführung im Rahmen von »low-intensity warfare«. Das Etikett des »Terrorismus« in diesem Sinne wird nach rein politischer Opportunität verliehen oder nicht verliehen, es dient der Vorverurteilung politischer Gegner, es enthebt durch die Schwere des Vorwurfs von der Notwendigkeit jeder konkreten Beweisführung und es dient der präventiven Rechtfertigung jeder Form eigener Aggression, da gegen den »Terrorismus« jedes Mittel erlaubt sei.

Counterterrorismus als Intervention

In den achtziger Jahren hat sich im politisch-militärischen Denken US-amerikanischer Planer eine Wandlung vollzogen, die immer noch nicht abgeschlossen ist. Ihr Ausgangspunkt ist die Einschätzung, daß das Eintreten der beiden Einsatzformen, für die die US-Streitkräfte am besten ausgerüstet und vorbereitet sind – nämlich große konventionelle Auseinandersetzungen oder ein atomarer Konflikt mit der Sowjetunion – relativ unwahrscheinlich ist. Stattdessen wird mit einiger Plausibilität erwartet, daß die wahrscheinlicheren Einsatzformen des US-Militärs in begrenzten Operationen in der Dritten Welt bestehen werden, bei denen große Teile der hochentwickelten Rüstungsmaschinerie kaum sinnvoll eingesetzt werden können. Auch die traditionellen militärischen Doktrinen seien für solche Einsätze wenig tauglich.

Aus diesen Gründen bemühen sich US-Militärplaner seit einiger Zeit, zusätzlich zu den Einsatzarten »hoher« und »mittlerer Intensität« (also einem Konfliktspektrum, das vom Typus des Koreakrieges bis zum atomaren Weltkrieg reicht) verstärkt für Konflikte »niedriger Intensität« vorbereitet zu sein. Solche *low-intensity conflicts* erfordern von den US-Streitkräften verbesserte Fähigkeiten zu *low-intensity warfare* und damit auf entsprechende Konflikte abgestimmte Bewaffnung, Ausbildung und Militärdoktrinen. Die neuen Konzepte sind an anderer Stelle auführlicher dargestellt worden.[54]

Für unsere Zwecke mag an dieser Stelle der Hinweis genügen, daß *low-intensity warfare* zumindest aus folgenden Operationen bestehen kann:
1. Counterinsurgency (Aufstandsbekämpfung), 2. Contra-Operationen, 3. begrenzte und »chirurgische« konventionelle Gewaltanwendung, 4. Operationen der »Friedenssicherung« und – für uns von Interesse – 5. Counterterrorismus. Damit ist zumindest klar, daß Counterterrorismus kein isoliertes Phänomen, sondern in ein umfassenderes Konzept von *low-inten-*

sity warfare integriert ist. Dies schlägt sich im Umgang der USA mit dem Phänomen des Terrorismus deutlich nieder.

In weiten Kreisen des US-Militärs und der Regierung herrscht die Auffassung vor, den internationalen Terrorismus nicht nur für eine brutale und menschenverachtende Angelegenheit zu halten, sondern für eine direkte Herausforderung US-amerikanischer Macht, ja der eigenen Weltmachtrolle. Trotz seiner quantitativ zu vernachlässigenden Bedeutung – der mengenmäßig geringe Anteil des Terrorismus an Gewalt und Zerstörung, gemessen an anderen nationalen und internationalen Erscheinungen wird auch von US-Regierungsbeamten zugestanden – hat sich die US-Regierung zunehmend auf eine Position zubewegt, ihn rhetorisch und politisch geradezu in den Mittelpunkt ihrer Außenpolitik zu stellen. Die Frage nach den Gründen für diese Betonung wird uns später noch zu beschäftigen haben.

Die US-Regierung geht bei ihrer Einschätzung des Terrorismus so weit, ihn als *Kriegsform* begreifen zu wollen und ihre eigene Politik entsprechend anzulegen. »Terrorismusbekämpfung« wird daher ebenfalls als (defensiver) Krieg verstanden und nach diesen Vorstellungen angelegt.

Die Hauptsorge der USA bezüglich des internationalen Terrorismus formulierte der Major der US-Army, Jeffrey W. Wright:

»Terrorismus hat sich zu einer entscheidenden Waffe herausgebildet, die Nationen mit unterlegenen militärischen Kräften in die Lage versetzt, einen gewissen Grad an strategischer Ebenbürtigkeit mit den großen industriellen Mächten der Welt zu erreichen. Terrorismus ist eine Alternative zum Erwerb von atomaren Waffen. Er ist ebenso eine Alternative zur Entwicklung großer konventioneller Streitkräfte. Die entscheidende und in einigen Fällen die einzige strategische Waffe für diese Nationen ist der Terrorismus. Der Terrorismus mit der damit verbundenen Gewalt bietet den kleinen und weniger mächtigen Nationen eine Möglichkeit, die Politik und die Verhaltensweisen größerer und mächtigerer Nationen zu beeinflussen.«[55]

Selbst wenn der Terrorismus eine ausgesprochen friedlichharmlose Angelegenheit wäre, wäre er damit für die politischen und militärischen Planer in Washington ein Greuel: jedes Instrument, das kleineren und unbedeutenderen Staaten »strategische Ebenbürtigkeit« mit den USA sichern könnte, wäre natürlich in der Tat eine Bedrohung ihrer Machtposition und Weltgeltung. Eine entsprechend harte Reaktion erscheint daher erforderlich:

»Wir müssen verstehen, daß der Terrorismus eine vollkommen etablierte Art der Kriegführung darstellt. Wir müssen uns seinem Studium und seiner Abwehr mit dem gleichen Nachdruck widmen, wie anderen Arten der Kriegführung.«[56]

Brian Michael Jenkins von der *Rand Corporation* (wichtig für militärisch-strategische Zuarbeit für das US-Verteidigungsministerium) argumentiert sehr ähnlich, wobei er insbesondere den staatlichen Terrorismus betont:

»Eine wachsende Anzahl von Regierungen benutzt terroristische Taktiken, beschäftigt terroristische Gruppen oder nutzt terroristische Vorfälle als eine Art von Ersatz-Kriegführung aus. Diese Regierungen sehen im Terrorismus ein nützliches Instrument, ein »Waffensystem«, ein kostengünstiges Mittel der Kriegführung. Terroristen erfüllen ein Bedürfnis. Moderner konventioneller Krieg wird zunehmend unpraktikabel. Er ist zu zerstörerisch. Er ist zu teuer. Die Welt- und manchmal die innenpolitische Meinung sind hinderlich. Terrorismus bietet eine mögliche Alternative zu einer offenen, bewaffneten Auseinandersetzung. Für einige Nationen, die zu konventionellen militärischen Herausforderungen nicht in der Lage sind, wird der Terrorismus zu einer Kompensationsmöglichkeit.«[57]

Die US-Regierung unterscheidet zwei verwandte Begriffe, die man auf den ersten Blick beide mit dem deutschen Wort »Terrorismusbekämpfung« übersetzen würde, die aber beide nur mittelbar etwas damit zu tun haben. Diese Begriffe sind »Counterterrorism« und »Antiterrorism« und beinhalten beide – vom Wort her – gegen den Terrorismus gerichtete Maßnahmen. »Antiterrorism« bedeutet im Sprachgebrauch der US-Regierung und ihrer Streitkräfte vor allem vorbeugende Schutzmaßnahmen gegen terroristische Anschläge, wie etwa Kontrollen an Flughäfen, Personenschutz, auf vergrößerte Sicherheit zielende bauliche Veränderungen an Gebäuden und ähnliches. »Counterterrorism« ist demgegenüber ein militärisch-politisches Konzept, ein wichtiger Bestandteil von *low-intensity warfare*, von Kriegführung mit niedriger Intensität im gängigen militärischen Sprachgebrauch der USA. Counterterrorismus ist die Sammelbezeichnung für offensive militärische Schläge (und damit verbundene Maßnahmen, etwa geheimdienstlicher oder wirtschaftlicher Art) gegen Organisationen oder Staaten, denen die USA »Terrorismus« vorwerfen. Dabei kann Counterterrorismus als Antwort auf Anschläge erfolgen, als tatsächliche oder vermeintliche Präventivmaßnahme oder völlig unabhängig von konkreten Aktionen.

In einer Schrift des *U.S. Training and Doctrine Command* (TRADOC) des US-Heeres aus dem Februar 1986 wird folgendermaßen unterschieden: Antiterrorismus bezeichne »defensive Maßnahmen zur Reduzierung der Verwundbarkeit durch terroristische Angriffe,« während Counterterrorismus »offensive Maßnahmen gegen Terroristen« zum Gegenstand habe, die von »besonders trainierten Einheiten des US-Heeres« zu unternehmen seien. Die Spannweite der letzteren Kategorie wird von »polizeiartigen und nachrichtendienstlichen Operationen« gegen selbständige terroristische Gruppen bis hin zu »Maßnahmen gegen [den Terrorismus] unterstützende Staaten« angegeben.[58]

So allgemein diese Hinweise auch noch sind, so lassen sie doch bereits ahnen, was das Konzept von Counterterrorismus potentiell alles beinhaltet.

Staatssekretär Fred Ikle, neben Richard Perle einer der schärfsten Falken im US-Verteidigungsministerium, informierte im Mai 1985 einen Senatsausschuß über die unterschiedlichen Ebenen der Bekämpfung des Terrorismus. Nachdem er zuerst die beiden soeben vorgestellten Begriffe erläuterte, kam er zu folgenden drei Punkten (obwohl in seinem Manuskript von vieren die Rede ist):

»1. Wir können versuchen, *passive Verteidigungsmittel* zu nutzen: Barrieren gegen Autos, die in Gebäude einbrechen, Tore gegen Eindringlinge, Reise- und Visakontrollen, usw. Aber wir wissen alle, daß mit einiger zusätzlicher Anstrengung alle diese passiven Schutzmaßnahmen überwunden werden können. Was nützen unsere Paßkontrollen bei tausenden illegalen Grenzübertritten jede Woche?

2. Wir können *aktive Verteidigungsmittel* vorbereiten: bewaffnete Wachen, counterterroristische Einsatzgruppen, die Verhaftung von Personen, die bei der Vorbereitung eines terroristischen Angriffs gefaßt worden sind. Zu ihrem Erfolg erfordern solche Anstrengungen ein gutes Nachrichtenwesen. Die Sammlung guter nachrichtendienstlicher Erkenntnisse erfordert Disziplin und Geheimhaltung. *[Zu Organisation und Aufgaben einzelner US-Behörden im Fall terroristischer Anschläge siehe Dokument 5 der Materialsammlung]*

3. Theoretisch wünschen wir uns die Beseitigung der Wurzeln des Terrorismus: der Organisationen, die Verbrechen planen, ihrer Trainingslager, der Quellen von Unterstützung und Geld. Auf dieser Ebene riskiert man die Verletzung Unschuldiger, und gewöhnlich erfreuen sich diese Quellen der Tolerierung, wenn nicht gar des Schutzes eines fremden Landes. Daher sieht man sich all den Problemen einer US-Intervention in fremden Ländern gegenüber.«[59]

Noel Koch, bis zum Juli 1986 Abteilungsleiter im Verteidigungsministerium mit Zuständigkeit für den Terrorismus und die *Special Operations Forces* (Sondereinsatztruppen), erläuterte ein besonders wichtiges der von seinem Vorgesetzten angesprochenen Probleme:

»[...] unsere öffentliche Meinung, ein großer Teil des Kongresses und viele unserer Verbündeten werden ein solches Feuerwerk an ablehnender Meinung entfachen, daß man nur *einen* Vergeltungsschlag schafft.«[60]

In einer 1983 für das US-Heer erstellten Studie über *low-intensity conflict* wurde bereits als politische Schwierigkeit formuliert:

»Die amerikanische Öffentlichkeit wird nicht geneigt sein, irgendwelche Operationen niedriger Intensität zu unterstützen,

die als ›Interventionen im Ausland‹ erscheinen, vorallem, wenn sie mit dem Etikett ›verdeckte Operationen‹ behaftet sind. Offene oder verdeckte Aktionen zur Geiselbefreiung wären eine Ausnahme.«[61]
(Vor diesem Hintergrund war es alles andere als zufällig, daß die Besetzung der Karibikinsel Grenada durch US-Truppen im Oktober 1983 als »Aktion zur Geiselbefreiung« angeblich dort festgehaltener US-Studenten begründet wurde.)

Die potentiellen Schwierigkeiten einer voll entfalteten Counterterrorismus Politik werden deutlich, wenn man sich deren tatsächliche Implikationen einmal vor Augen führt.
Hierbei erweist sich eine Reihe von Beiträgen der halbamtlichen *Military Review* als höchst aufschlußreich. Stephen Sloan etwa begann in der Ausgabe vom Januar 1986 seinen Aufsatz mit dem Argument, daß der internationale Terrorismus »eine Form des Krieges gegen die Nationale Sicherheit der USA« darstelle. Dabei handele es sich um einen »weltweiten Abnutzungskrieg«. Er beklagt, daß der Terrorismus von den USA immer noch primär als eine bloß kriminelle Aktivität behandelt werde, »und nicht als ein Element bewaffneten Konflikts in einer Situation, die man letztlich als langanhaltende Kampagne intensiver politischer Kriegführung sehen kann.« Die Entwicklung einer militärischen Doktrin zur angemessenen Führung dieser Art des Krieges fehle allerdings noch. Sloan verlangt, daß die USA dabei die Offensive übernehmen sollten und untersucht die Punkte, die dem entgegenstehen. Dabei spielen für ihn Meinungsverschiedenheiten innerhalb der Reagan-Administration eine große Rolle – auf diese wird an anderer Stelle noch einzugehen sein.
»Die Unfähigkeit, in die Offensive überzugehen, wird letztlich durch die Tatsache weiter kompliziert, daß eine dynamischere Politik den offenen und verdeckten Einsatz militärischer Kräfte beinhalten würde, die *Erstschläge gegen Terroristen* unternehmen könnten sowie gegen *deren Infrastruktur* und *gegen die Staaten,* die sie unterstützen, und zwar, *bevor* sie angreifen können. Eine solche Politik könnte zum Verlust von Unbeteiligten und von US-Truppen führen, gleichgültig, wie präzise

der Angriff wäre. Counterterrorismus-Operationen sind ein riskantes und schmutziges Geschäft, und es ist zweifelhaft, ob die Führer der Regierung über die politische Entschlußkraft verfügen, sich ohne ein klares öffentliches Mandat in solchen Aktionen zu engagieren.«[62]
(Siehe dazu auch die Grundsatzrede US-Außenminister Shultz'. Text als Dokument 4 in der Materialsammlung.)
Anders geht Hauptmann William Burgess vom US-Heer an das Problem heran. Ihn interessiert nicht so sehr, welche innenpolitischen Schwierigkeiten sich bei der Formulierung und Umsetzung einer Counterterrorismus-Doktrin ergeben, er beginnt mit der Formulierung einer solchen, unfassenden und geschlossenen Doktrin:
»Die Elemente einer solchen Politik sollten ein nahtloses Netz der *Abschreckung* (der defensiven Verhinderung eines Angriffes), der *Zurückgewinnung* (der reaktiven Wiederinbesitznahme von Ausrüstung, besetzten Einrichtungen oder der Befreiung festgehaltener Personen), der *Präventivschläge* (der offensiven Vereitelung eines Angriffes) und der *Vergeltung* (der Bestrafung einer tatsächlichen Gewaltanwendung und der aktiven und gewaltsamen Entmutigung eines zukünftigen Angriffes) umfassen. Zu den Bestandteilen, die für die Durchführung einer solchen Politik von entscheidender Bedeutung sind, gehört die wirksame Anwendung der *U.S. Special Operations Forces (SOF).*«

Dabei legt er besondere Betonung auf die Notwendigkeit von Präventivschlägen und Vergeltungsangriffen. Die USA sollten »sich das Recht vorbehalten, alle denkbaren offenen, verdeckten und geheimen Mittel anzuwenden. Diese können militärische, diplomatische, wirtschaftliche oder politische Maßnahmen zur Prävention [im Sinne eines »vorbeugenden« Erstschlages; J. H.] gegen den transnationalen Terrorismus und verwandte Formen der Subversion umfassen – ohne sich aber darauf zu beschränken. Bei der Verfolgung des transnationalen Terrorismus durch Erstschlag und Vergeltung können die SOF (und andere Einheiten) in einem weiten Spektrum zuschreibbarer und nicht zuschreibbarer Arten eingesetzt werden, um sich Individuen, subnationale Gruppen, Einrichtungen und

Systeme vorzunehmen, einschließlich unterstützende Regierungen. Bei der Durchführung dieser Kampagne sollten die USA den grundlegenden Zielen folgen, die Fähigkeit des Feindes zur Durchführung terroristischer Operationen ebenso zu zerstören wie seinen Willen dazu.«[63]

Hier wird Counterterrorismus wirklich konsequent als Form der unkonventionellen Kriegführung aufgefaßt, bei der alle Mittel (im Original *»any and all means«)* gerechtfertigt sind. Bemerkenswert ist die Unbefangenheit, mit der Angriffshandlungen einbezogen sind, sowie die prinzipielle Gleichbehandlung von Einzelpersonen, privaten Gruppen und Staaten. Schließlich fällt auf, daß Burgess über eine rein militärische Strategie deutlich hinausgeht, indem er auch diplomatische, politische und wirtschaftliche Mittel vorschlägt. Damit befindet er sich in Übereinstimmung mit anderen Planern von *low-intensity warfare.* (Nebenbei: es werden hier oft bewußte Parallelen zum »AirLand Battle«-Konzept und FM 100-5 gezogen, bei dem es auch um die Herstellung eines integrierten Schlachtfeldes geht. Der Integrationsgedanke wird auf LIC-Situationen übertragen und ergibt dann die Integration militärischer mit nicht-militärischen Mitteln.)[64]

CIA-Verbindung zu Bombenanschlag in Beirut, der 80 Tote forderte

Bei einem Mordanschlag auf Mohammed Hussein Fadlallah, den geistlichen Führer der »Hizbollah« (Partei Gottes), wurden am 8. März 1985 in Beirut mehr als 80 unbeteiligte Personen getötet und über 200 verletzt.
Präsident Ronald Reagan hat nach Auskünften aus dem US-Senat die CIA im vorangegangenen Jahr angewiesen, counterterroristische Einheiten im Mittleren Osten, die sich aus Libanesen und anderen Ausländern zusammensetzen, zu trainieren und zu unterstützen, damit diese Schläge gegen verdächtige Terroristen führen konnten. Mitglieder einer dieser Einheiten sollen, ohne Vollmacht

der CIA, Dritte angeheuert haben, eine Autobombe vor dem Wohnsitz des militanten Schiitenführers zu plazieren, von dem amerikanische Geheimdienste annehmen, er stecke hinter Angriffen auf US-Einrichtungen im Mittleren Osten. Laut libanesischen Quellen wollte die CIA zwar nicht direkt in den Bombenanschlag verwickelt werden, wußte jedoch, daß diese Operation geplant war. Während die CIA diese Behauptung zurückwies, verlautete aus Quellen in Senat und Repräsentantenhaus immer wieder, der amerikanische Geheimdienst habe zum Zeitpunkt des Anschlages mit der libanesischen Gruppe, die die Bombenleger angeheuert hatte, zusammengearbeitet. Offizielle Regierungsvertreter vermuteten, die CIA leugne aus Angst vor Vergeltung ihre Beziehungen zu der Counterterrorismus-Einheit. Offenbar handelte es sich um einen amerikanischen Versuch, libanesische Gruppen zu benutzen, um sogenannte »präemptive« Maßnahmen gegen Terroristen unter Umgehung des amerikanischen Rechts durchführen zu können. Eine Verordnung des Präsidenten untersagt die Beteiligung amerikanischer Geheimdienste an politischen Mordanschlägen. Präsident Ronald Reagan hatte am 3. April 1984 eine Anweisung unterzeichnet, in der nach präemptiven, präventiven und vergeltenden Maßnahmen gegen Terroristen und Länder, die den Terrorismus unterstützen, verlangt wurde. Diese Politik wurde von Außenminister Shultz, Sicherheitsberater McFarlane und dem damaligen CIA-Chef William Casey unterstützt. Nachdem die Anweisung unterzeichnet worden war, sprach Shultz öffentlich von der Notwendigkeit, bei der Terrorismusbekämpfung über »rein defensive« Maßnahmen hinauszugehen. Auch nach dem Mordversuch an Fadlallah waren einige amerikanische Regierungsführer nicht bereit, von dieser Politik Abstand zu nehmen.

Vgl.: The New York Times vom 12./13./14./15./17. Mai 1985,
The Washington Post vom 13./14./ Mai 1985 und 23. Juni 1985.

Diesen Gedanken einer integrierten Anti-Terror Kriegführung erläutert er mit besonderem Nachdruck, womit er den Kern von Counterterrorismus illustriert. Burgess nennt einige von ihm als sinnvoll angesehene Einsatzmöglichkeiten der SOF: die Entführung »ideologischer Führer, militärischer Kommandanten, Planer« und anderer Personen, das »Umdrehen ausgewählter Personen in geheimdienstliche Informationsquellen und Kanäle für psychologische Operationen (PSYOP) und Desinformation«, »kreative Anstrengungen zum Aufhalten, zur Störung, Einschüchterung und *physichen Eliminierung* einzelner transnationaler Terroristen und deren Förderer.« Diese von ihm vorgeschlagene Kampagne politischer Morde widerspricht US-amerikanischem Recht. In einer Fußnocte weist er selbst darauf hin, schlägt zugleich aber einen juristischen Trick vor, wie diese Klippe zu umgehen sei. *

Weitere genannte Taktiken sind die Nutzung »bewaffneter Widerstandselemente in spezifischen, feindlichen Ländern«, das »Sähen von Zweifel und Streit in den Reihen der Terroristen und die Schaffung von Spaltungen zwischen den verschiedenen subnationalen Gruppen und deren Förderern« durch PSYOP-Maßnahmen (Psychologische Kriegführung). Schließlich schwebt ihm die Ausschaltung von Einrichtungen und Gebäuden vor, entweder durch »politische Neutralisierung« (etwa durch Enthüllungen auf internationalen Konferenzen oder durch die Medien) oder mittels »physischer Zerstörung«.[65]

»Es ist allerdings der Bereich des Angriffs auf die strategischen Systeme, die subnationale Gruppen und nationale Regierungen zur Unterstützung des transnationalen Terrorismus verwenden, bei dem SOF-Einheiten ihre größten Beiträge leisten können. Vor allem können die SOF eingesetzt werden, umdie feindlichen Systeme der politischen Unterstützung, der

* Die »physische Eliminierung« eines Menschen dürfe eben nicht als Attentat oder als politischer Mord bezeichnet werden, sondern als »militärische Operation«.

Propaganda und der Beziehungen zu den Medien, um die Sicherheits- und Nachrichtendienste, die internen Entscheidungsprozesse, die Mobilität und Logistik zu erschüttern. Durch die Anwendung von Partisanenkriegführung und PSYOP in den Gebieten von [den Terrorismus] unterstützenden Staaten können SOF-Einheiten in einer Kampagne eingesetzt werden, um die Unterstützung feindlicher Regime durch die Bevölkerung und durch politische Verbündete zu untergraben, um deren Geheimdienst- und Sicherheitswesen zu infiltrieren und zu zerstören und um den internen Entscheidungsprozeß zu erschweren.«

Doch damit noch nicht genug. Eine voll ausgebildete LIC-Kampagne läßt den Bereich von Wirtschaft und Infrastruktur nicht außer acht:

»SOF-Einheiten können auf unterschiedliche Weise eingesetzt werden, um strategische Wirtschaftsziele des Feindes anzugreifen. Sie können bei der Zerstörung entscheidender Erdöleinrichtungen in Verbindung mit einer Seeblockade und einer Bombardierung aus der Luft helfen. [...] Sie können ebenfalls als Kanal eingesetzt werden, um die feindliche Wirtschaft mit gefälschtem Geld und Rationierungskarten zu überfluten und ähnliche Operationen durchführen, die gegen die wirtschaftliche Infrastruktur des Feindes gerichtet sind.

Die USA sind in einer potentiell guten technischen Position, um durch konventionelle oder SOF-Einheiten mit großer Genauigkeit feindliche Einrichtungen der Telekommunikation, der elektrischen Energieversorgung, der Häfen und Wasserstraßen, des Luft- und Eisenbahntransportes und andere strategische Systeme anzugreifen. Durch die systematische Zerstörung solcher Systeme und anderer wichtiger Elemente der terroristischen Infrastruktur wird der Feind anfangen, einen wirklichen Preis für den transnationalen Terrorismus zu bezahlen.«[66]

Es wird deutlich, daß Counterterrorismus in dieser Spielart wenig mit »Terrorismusbekämpfung« im engeren Sinne zu tun hat, daß es sich vielmehr um Maßnahmen handelt, die bis zur Planung und Durchführung eines »totalen«, nämlich nicht nur militärischen Krieges gegen Länder der Dritten Welt reichen.

Daß diese Form der Kriegführung nur aus der Perspektive der US-Regierung über »niedrige Intensität« verfügt, aus der Sicht des Aggressionsopfers dagegen von existenzbedrohender und umfassender Intensität ist, liegt auf der Hand. Der Kern von Counterterrorismus richtet sich gegen *Staaten*, beziehungsweise gegen deren *Regierungen*. Er zielt nicht etwa defensiv auf die Erhöhung des Schutzes eigener Staatsbürger vor politisch motivierter Gewalt, sondern auf ein ganzes Bündel offensiver, sogar aggressiver Ziele: die Infiltrierung und Lahmlegung der internen politischen Struktur anderer Länder, die Zerstörung der sozialen Basis unliebsamer Regierungen, die Ermordung oder sonstige Ausschaltung wichtiger politischer Gegner, die Zerstörung der Wirtschaft und die Sabotage der Infrastruktur eines Landes und die Manipulierung der Weltöffentlichkeit und der politischen Öffentlichkeit bestimmter Länder. Terrorismusbekämpfung wird hier zur Legitimation, wird bereits Bestandteil der psychologischen Kriegführung.

Auf einem Symposium der US-Lufwaffe erläuterte der *low-intensity warfare* Spezialist James B. Motley diesen Punkt. Er betonte, daß Counterterrorismus auf Voraussetzungen innerhalb der US-Gesellschaft basiere:
»Der militärische Ansatz zur Bekämpfung des Terrorismus beinhaltet tatsächlich die Führung zweier Arten von Krieg: 1. eines politischen und psychologischen Krieges zur Gewährleistung der Zustimmung und Unterstützung der Öffentlichkeit, die die Grundlage jeder wirksamen demokratischen Regierungsform darstellt, und 2. eines offensiven militärischen Krieges, um die terroristischen Organisationen zu zerstören, zu erschüttern, in den Schranken zu halten und zu schwächen.«[67]
Der psychologische Krieg zielt also nicht nur auf den Gegner (oder die Weltöffentlichkeit), sondern maßgeblich auf die eigene Bevölkerung, um Loyalität und Unterstützung für eine Kriegsform nicht zu verlieren, die in Motleys Worten »blutig und kostspielig« sein wird.[68]

In der Reagan-Administration und bei den ihr nahestehenden politischen Kräften besteht ein Konsens in der Annahme, daß Counterterrorismus als Form von *low-intensity warfare* eine

Integration von militärischen mit nicht-militärischen (wirtschaftlichen, politischen, diplomatischen, psychologisch-propagandistischen) Instrumenten zu sein hat. Darauf wurde oben hingewiesen. Deutliche Meinungsverschiedenheiten bestehen allerdings in bestimmten Teilfragen, vor allem in bezug auf die Umstände und Arten der Anwendung von militärischer Gewalt. William O'Brien formulierte seine weitgehenden Vorstellungen in der Zeitschrift *Strategic Review:* Staaten, die Ziele von Terroranschlägen würden, sollten erkennen, daß sie sich im Kriegszustand befänden, und ihre Streitkräfte zu Kriegsmaßnahmen ermächtigen: »nicht nur gegen die Terroristen, sofern man sie auffinden kann, sondern auch gegen die Staaten und *Bevölkerungen,* die mit ihnen kollaborieren.«[69]

Und der israelische UNO-Botschafter Benjamin Netanyahu erläuterte wenige Tage vor dem US-Bombenangriff auf Libyen den Lesern eines großen amerikanischen Nachrichtenmagazins, daß eine Regierung »unter keinen Umständen« eine »militärische Antwort nur wegen des Risikos ziviler Opfer« ausschließen dürfe.[70]

Solche Auffassungen werden in der US-Regierung mit Nachdruck von Außenminister George Shultz vertreten. Ein wichtiges Beispiel war seine Rede vom 25. Oktober 1984, die im Materialteil dieses Buches ausführlich dokumentiert wird. In weitgehender Übereinstimmung mit den Counterterrorismus-Konzepten von Burgess sprach er davon, daß die US-Politik »über passive Verteidigungsmaßnahmen hinausgehen und Mittel der aktiven Prävention, der Präemption und der Vergeltung« umfassen sollte. Der Einsatz militärischer Gewalt – wobei gelegentlich die »internationalen Regeln und traditionellen Praktiken nicht angewandt werden können« – sei erforderlich, und bei solchen Kampfeinsätzen seien Opfer unter unschuldigen Zivilisten in Kauf zu nehmen.[71] *(Siehe Dokument 4.)*

Diese Position, auch unschuldige und unbeteiligte Zivilisten als Opfer eigener Militäraktionen gegen tatsächliche oder vermeintliche Terroristen in Kauf zu nehmen, hat sich in der Praxis oft durchgesetzt. Als Beispiele sind hier nur die US-

Bombenangriffe auf Libyen vom April 1986 (siehe dazu das entsprechende Kapitel in diesem Buch) oder die Explosion einer Autobombe in Beirut durch von der CIA unterstützte und trainierte Kräfte im März 1985 zu nennen, durch die der schiitische Geistliche Fadlallah ermordet werden sollte, die aber stattdessen 80 unbeteiligte Passanten tötete *(siehe dazu den Kasten auf Seite 76 und Dokument 6).*

Andererseits kann aber keine Rede davon sein, daß die konkrete Ausformung von Counterterrorismus, insbesondere die Frage der Gewaltanwendung gegen Zivilisten, in der Reagan-Administration unumstritten wäre. Im Gegenteil: gerade zu dieser Frage hat es öffentliche Auseinandersetzungen gegeben, die Verteidigungsminister Caspar Weinberger als Gegenspieler von George Shultz sahen.

Wenige Wochen nach der zitierten Rede seines Kabinettskollegen äußerte sich Weinberger mit deutlicher Vorsicht über die darin enthaltenen Ausführungen – wenn er auch eine namentliche Kritik am Außenminister vermied:

»...[Einige Theoretiker argumentieren, daß militärische Macht in jeder Krise angewandt werden könne. Einige dieser Advokaten der Gewaltanwendung verfechten sogar eifrig die begrenzte Anwendung von Gewalt – weil sie einfach glauben, amerikanische Truppen jeder Größenordnung würden das Problem irgendwie lösen, wenn sie nur anwesend wären.« Solche übertrieben militärisch orientierten Vorstellungen, so der Verteidigungsminister, würden »uns sicher kopfüber in die gleiche Art innenpolitischer Unruhe stürzen, die wir während des Vietnamkrieges erlebt haben – ohne, daß wir die Ziele erreichen würden, für die wir unsere Truppen eingesetzt hätten. Solche Politiken würden sehr wahrscheinlich den Zusammenhalt unserer Gesellschaft schwer belasten und so das entscheidende einzelne Element einer erfolgreichen Demokratie gefährden: Einen starken Konsens der Unterstützung und Übereinstimmung unserer grundlegenden Ziele.«[72]

Dabei stand Weinberger nicht allein. Bereits wenige Tage vor Shultz hatte sich Präsident Reagan öffentlich dahingehend geäußert, daß er zwar für Vergeltungsschläge eintrete – aber nur, wenn dies »das Leben unschuldiger Zivilisten nicht gefährde.« Vizepräsident Bush sekundierte am Tag nach Shultz' Rede, indem er sich von dieser offen distanzierte. *(siehe dazu Dokument 6 im Materialteil.)*

Die Konflikte beschränkten sich aber nicht auf Meinungsverschiedenheiten zwischen Kabinettsmitgliedern, sondern reichten bis in die US-Streitkräfte hinein. Dort wurde zwischen den einzelnen Waffengattungen (etwa zwischen Heer und Luftwaffe), aber selbst innerhalb dieser deutlich, daß die Umsetzung von Counterterrorismus nicht ohne Opposition vor sich ging.

Am deutlichsten von den Oppenenten innerhalb der Streitkräfte wagte sich Oberstleutnant Felix F. Moran (bei der Luftwaffe für die Terrorismusabwehr zuständig) hervor. Dabei bezog er sich explizit auf Außenminister Shultz, etwas weniger deutlich sogar auf Präsident Reagan, die beide militärische Lösungen gegen den Terrorismus empfohlen hatten. Seine Kritik war deutlich:

»Selbst wenn unser nationales Gewissen eine solche Politik erlauben würde, legt die Mehrheit der Indizien nahe, daß Präemptiv- und Vergeltungsangriffe oder Attentate wenig dazu beitragen, den Terrorismus zu verhindern oder zu schwächen. (...) Das Ergebnis könnte leicht in einer Eskalation terroristischer Vorfälle in unserem Land bestehen, die von anschließenden Gegenmaßnahmen begleitet wären, welche unsere bürgerlichen Freiheiten bedrohten. Im günstigsten Fall würde eine solche Politik mit Sicherheit wichtige globale Beziehungen mit Nationen aufs Spiel setzen, die für unsere nationalen Interessen entscheidend sind, wie etwa zu Saudi Arabien.

Da die Aussichten gering sind, verdächtige Terroristen vor oder nach einem Anschlag tatsächlich durch einen Angriff zu treffen, lenkt die ständige Wiederholung einer solchen, reaktiven Politik die Aufmerksamkeit von einer wirklichen Lösung ab und erzeugt die falsche Hoffnung, eine schnelle und einfache Lösung des Terrorismusproblems sei möglich.«[73]

Der Schluß von Morans Symposiumspapier ist eine geradezu vernichtende Kritik an den militärischen Varianten von Counterterrorismus:

»Es wird Zeit, daß wir aufhören, von Gefechtslösungen für ein Sicherheitsproblem zu träumen. Sie haben für die Israelis nicht funktioniert, und sie werden bei uns nichts nützen. Es wird Zeit, daß wir unserer Aufgabe solider, an den Realitäten orientierter Sicherheitsplanung, -praxis und -maßnahmen gerecht werden.«[74]

Als Alternative bietet Moran ein Maßnahmenbündel aus vier Bestandteilen an:

1. Eine stärkere Einbeziehung der Bevölkerung in die Terrorismusbekämpfung sei von entscheidender Bedeutung;

2. Bei allen militärischen Planungen, seien sie auf Baumaßnahmen oder konkrete Operationen bezogen, müßten Sicherheits- und Schutzgesichtspunkte systematisch auf jeder Stufe einbezogen werden.

3. Kontrollen, die entsprechende Planung von militärischen Abläufen und die umfassende Anwendung von technischen Hilfsmitteln seien systematisch zu verstärken, ohne allerdings in eine »Belagerungsmentalität« hineinzugeraten.

4. Vollkommen ausgerüstete und gut trainierte Sicherheitspolizeikräfte zur Handhabung konkreter Terrorsituationen (wie Geiselnahmen) seien unabdingbar.[75]

Insgesamt wird deutlich, daß Moran militärische Lösungen in bezug auf das Problem des Terrorismus für eher ungeeignet hält und daher stärker auf polizeiliche und organisatorische Schutzmaßnahmen orientiert.

Viele Beobachter haben der Reagan-Administration »Inkonsistenz« und Widersprüchlichkeit bezogen auf Counterterrorismus vorgeworfen. Diese Kritik läßt sich an zwei Punkten relativ leicht belegen: einmal springen natürlich die sehr unterschiedlichen Stellungnahmen verschiedener Regierungsmitglieder ins Auge und belegen, daß ein widerspruchsfreies und geschlossenes Konzept in der Tat fehlt. Insgesamt ergibt sich für die US-Politik daher ein zwar offensiver, wenn nicht aggressiver Ansatz, der aber improvisierend und auf den Einzelfall orientiert bleibt und ständig neue bürokratische Kompromisse erfordert.

Zweitens müssen sich die Vertreter einer primär militärisch

ausgerichteten Variante von Counterterrorismus häufig vorwerfen lassen, sie würden sich auf harte und militärische Rhetorik beschränken, könnten dieser aber niemals gerecht werden und würden so die US-Position auf Dauer untergraben. Selbst eine geschlossene Konzeption militärischer Schläge sei nicht konsistent umzusetzen, da die USA in den meisten Fällen terroristischer Aktionen nicht in der Lage wären, militärisch zurückzuschlagen: entweder weil die Urheber unbekannt seien, oder weil bestimmte Staaten (wie Syrien oder der Iran) nicht so problemlos anzugreifen seien wie etwa Libyen. Und wie solle man sich verhalten, wenn US-Verbündete sich terroristischer Praktiken bedienten? Schließlich sei auch die Eskalationsgefahr kaum abschätzbar, insgesamt also ein Kozept primär militärischer Reaktionen den US-Interessen nicht dienlich.

Der Kern der Widersprüchlichkeiten der US-Counterterrorismus-Politik liegt aber auf einer anderen Ebene. Die Differenzen entspringen zwei getrennten Ebenen: einmal gibt es Meinungsverschiedenheiten und Mißverständnisse bezüglich der tatsächlichen *Ziele* von Counterterrorismus. Manche US-Planer betrachten das Konzept als ernstgemeinten Beitrag zur Bekämpfung des Problems des Terrorismus und zum Schutz gegen terroristische Angriffe. Oberstleutnant Moran war unser Beispiel für diese Herangehensweise. Sie ist eigentlich kein Bestandteil der Counterterrorismus-Konzeption, sondern fällt unter den Begriff des Anti-Terrorismus und ist insofern im Prinzip kein wirklicher Widerspruch zum Counterterrorismus-Konzept, sondern komplementär. Erst wenn es bewußt – oder durch ein Mißverstehen von Counterterrorismus – in einen Gegensatz gebracht wird (wie Moran das tut), entsteht ein konzeptioneller Konflikt: Anti-Terrorismus wird dann als *Ersatz* für Counterterrorismus eingeführt, wird zu einer Form der Kritik an einem als unpraktikabel und militaristisch empfundenen Ansatz.

Counterterrorismus selbst ist in seinem Kern nämlich nicht eine Doktrin zur Schwächung, Bekämpfung oder Beseitigung des Problems des Terrorismus, sondern eine Interventionsstrategie gegen die Dritte Welt. »Terrorismus« hat nur zwei Verbindungen dazu: einmal als *Legitimationsmechanismus* gegenüber der eigenen Bevölkerung und der Weltöffentlichkeit für Interventionen, wobei die politischen Gegner der USA in der Dritten Welt praktisch immer zu »Terroristen« umdefiniert und damit zum Abschuß freigegeben werden können. Zweitens ist es möglich, daß spezielle Aktionen als *Nebenprodukt* und zur Abstützung der Legitimationsfunktion *auch* auf den tatsächlichen Terrorismus bezogen sein können. Dies ist aber sekundär.

Counterterrorismus ist – im Gegensatz zu Anti-Terrorismus – eine Form der Kriegführung mit »niedriger Intensität«, eine Form der Kriegführung in der Dritten Welt, die innenpolitische Polarisierung und internationale Proteste minimieren soll. Und er ist zugleich ein Konzept, das sich in den USA durchgesetzt hat – trotz der Differenzen in der Frage, wie schnell, wie umfangreich und wie oft in seinem Rahmen militärische Gewalt angewandt werden sollte. Sein Kern ist von diesem Streit nicht betroffen: nämlich die Integration militärischer und ziviler Instrumente für die Erreichung der eigenen außenpolitischen Ziele unterhalb der Schwelle größerer und offen geführter Kriege.

Die USA und Libyen: Counterterrorismus im Mittelmeer

Das Verhältnis zwischen den USA und Libyen war bereits in den siebziger Jahren deutlich von Konflikten gekennzeichnet, etwa im Zusammenhang mit Streitigkeiten um die Ölpreispolitik, mit der Auflösung des wichtigen US-amerikanischen Flottenstützpunktes *Wheelus* oder den Meinungsverschiedenheiten über den juristischen Status der Großen Syrte, die 1973 von Libyen als Staatsgebiet beansprucht worden war.

Mit dem Beginn der achtziger Jahre und dem Amtsantritt der Reagan-Administration in den USA entwickelten sich aber bald immer schärfere Konflikte, die in direkte militärische Auseinandersetzungen einmündeten. Bereits 1981 kam es zu Luftkämpfen zwischen US-amerikanischen und libyschen Militärflugzeugen über der Großen Syrte, die zum Abschuß zweier libyscher Maschinen führten. Diese Konflikte wurden wesentlich dadurch bedingt, daß die libysche Regierung zu einer treibenden Kraft der sogenannten Ablehnungsfront geworden war, die sich eine Behinderung des US-inspirierten Camp David-Prozesses zum Ziel gesetzt hatte und jede – insbesondere von den USA protegierte – Verständigung mit Israel ablehnte. Die offensive Politik Libyens im Tschad, die sich direkt gegen westliche Interessen richtete, und seine anti-imperialistische Rhetorik sowie die Unterstützung zahlreicher Befreiungsbewegungen der Dritten Welt (aber punktuell auch der irischen IRA) reichten zusammengenommen aus, eine prinzipielle Gegnerschaft zwischen der Reagan-Administration und der libyschen Regierung zu begründen. Großsprecherische Eigenarten von Muammar Ghaddafi luden die US-Regierung und die US-amerikanischen Medien direkt ein, Libyen aus innenpolitischen Gründen zu dämonisieren und Ghaddafi zu einem »Verrückten«, zu einem »tollwütigen Hund« (in den Worten von Reagan) zu verzeichnen, die Konflikte so ihrer politischen Substanz zu entkleiden und zu einer Frage staatlicher Kriminalität oder von Psychopathologie zu machen. In der Mitte der achtziger Jahre war Ghaddafi in der amerikanischen Innenpolitik zu einem Symbol für das »Böse« schlechthin, für eine gefährliche und gegen die USA wütende Bestie geworden – ein Platz, den er sich allerdings mit Personen wie vor allem Khomeini, aber auch Yassir Arafat und Fidel Castro teilen mußte. Auf jeden Fall entsprach es bald der allgemeinen Stimmung, daß mit einer Bestie wie Libyens Ghaddafi nicht vernünftig geredet oder gar verhandelt werden könne, daß dieser nur die Sprache der Gewalt verstehen würde. Diese Stimmung hatte die Reagan-Administration aus innenpolitischen Gründen mit geschaffen, bald würde sich aber eine Situation entwickeln, in der sie selbst dadurch unter politischen Druck geriet.

Entführung einer TWA-Maschine nach Beirut

Am 14. Juni 1985 wurde eine Maschine der Trans World Airlines (TWA) auf dem Weg von Athen nach Rom von zwei Männern entführt, die sich als Mitglieder der Gruppe »Islamic Jihad« bezeichneten. An Bord befanden sich 153 Passagiere und Besatzungsmitglieder, etwa 100 davon amerikanische Staatsbürger. Die Entführer zwangen den Piloten zunächst, nach Beirut zu fliegen. Nachdem sie dort die Freilassung aller in Israel inhaftierten Schiiten gefordert und 19 Passagiere freigelassen hatten, flogen sie weiter nach Algier, wo weitere 21 Geiseln das Flugzeug verlassen durften.

Wenige Stunden später kehrte die Maschine nach Beirut zurück und die Entführer töteten den amerikanischen Marinetaucher Robert Dean Stethem, den sie beschuldigten, an Bombenanschlägen des amerikanischen Nachrichtendienstes im Libanon beteiligt gewesen zu sein. *(Siehe Kasten »CIA-Verbindung zu Bombenanschlag in Beirut, der 80 Tote forderte«, S. 76).*

Die Maschine flog noch ein zweites Mal nach Algier

und kehrte schließlich erneut nach Beirut zurück, wo nach 17-tägigen Verhandlungen alle Passagiere und Besatzungsmitglieder freigelassen wurden.

Die Flugzeugentführung wurde in den amerikanischen Medien bald mit der Geiselaffäre in der amerikanischen Botschaft in Teheran von November 1979 bis Januar 1981 verglichen, durch die die Aussichten auf eine Wiederwahl des damaligen Präsidenten Jimmy Carter stark beeinträchtigt wurden.

Präsident Reagan hatte damals Carters Verhalten während der Krise scharf kritisiert und bei seinem Amtsantritt eine Politik versprochen, die keine Konzessionen gegenüber dem Terrorismus mache, und mit Vergeltungsmaßnahmen gedroht.

Diese Aussagen fielen nun auf ihn selbst zurück und setzten ihn politisch unter Druck.

Einer der Entführer der Maschine soll der Libanese Mohammend Ali Hamadei gewesen sein, der am 15. Januar 1987 in Frankfurt verhaftet wurde. Die Vereinigten Staaten verlangten seine Auslieferung. Wenige Tage später wurden die beiden deutschen Firmenvertreter Rudolf Cordes und Alfred Schmidt in Beirut entführt. Ihre Entführer wollten so eine Auslieferung verhindern und stattdessen Hamadei gegen Cordes und Schmidt austauschen. Die Bundesregierung entschied im Juli 1987, Hamadei nicht auszuliefern, sondern in der Bundesrepublik vor Gericht zu stellen. (Siehe auch Chronologie S. 237ff.)

Im Verlauf des Jahres 1986 vollendete sich dann eine dramatische Eskalation. In einem ersten Schritt verhängte Präsident Reagan am 7. Januar 1986 ein Bündel umfassender Wirtschaftssanktionen gegen Libyen. Diese Sanktionen beinhalteten vor allem:

*Das Verbot von Krediten oder Anleihen an die Regierung Libyens;

*Das Verbot jedweder Transanktion kommerzieller oder anderer Art, einschließlich von Reisen (mit gewissen, engen Ausnahmen);

*Das Verbot aller Importe aus und aller Exporte nach Libyen (außer im Falle weniger und streng umschriebener Ausnahmen);

*Verbot aller Transaktionen, die sich auf den Verkehr von oder nach Libyen beziehen;

*Das Verbot des Kaufs von Gütern, die von Libyen in dritte Länder exportiert wurden.[76]

Dieses Bündel von Sanktionen hatte eher symbolischen als materiellen Wert: die USA hatten bereits in der ersten Hälfte der achtziger Jahre schrittweise die Wirtschaftsbeziehungen mit Libyen eingeschränkt, insbesondere durch ein Importverbot libyschen Rohöls (*siehe Kasten*).

1985 lagen die US-Exporte in dieses Land bei nur 300 Millionen Dollar, die Importe aus Libyen gar bei bloßen 35 Millionen Dollar. 1979/80 hatten die Exporte noch bei 860 Millionen, die Importe bei 7 Milliarden Dollar gelegen.

Direkte wirtschaftliche Bedeutung konnten die Sanktionen der USA zum Jahresbeginn 1986 damit kaum haben, es handelte sich eher um eine politische Demonstration, in die man die wichtigsten Verbündeten – und Haupthandelspartner Libyens – einzubeziehen gedachte.

Eskalationsschritte im Konflikt zwischen den USA und Libyen vor 1986:

Mai 1978:	Verweigerung der Lieferung von militärisch nutzbaren Flugzeugen und von Traktoren, die zum Schleppen von Panzern geeignet sind;
Dezember 1979:	Libyen wird offiziell als Land bezeichnet, das wiederholt den internationalen Terrorismus unterstützt;

Januar 1980:	Exporte, die eine direkte und bedeutende Stärkung »des militärischen oder terroristischen Potentials« Libyens darstellen, werden generell verweigert;
Mai 1981:	Die USA schließen die diplomatische Vertretung Libyens in Washington;
August 1981:	Luftkampf über dem Golf von Syrte, zwei libysche Militärmaschinen vom Typ Su-22 werden abgeschossen;
Oktober 1981:	Die Exportverbote werden auf jede Form von Lieferungen für Luftfahrtzwecke ausgedehnt;
Dezember 1981:	Einführung von Paßbeschränkungen für Reisen nach, in oder durch Libyen;
März 1982:	Verbot des Importes libyschen Rohöls sowie Einschränkung des Exportes von Öl- und Gas-Technologie;
August 1983:	US-Militärmaschinen fangen zwei libysche MiG 23 vor der libyschen Küste ab;
März 1984:	Verbot von Exporten für die Petrochemische Anlage Ras Lanuf
November 1985:	Verbot des Importes raffinierter Produkte aus Libyen.[77]
vom Januar 1981 bis zur Jahresmitte 1986	wurden vor der libyschen Küste insgesamt 18 Seemanöver der USA durchgeführt.

Die Maßnahmen wurden offiziell auf zwei Ebenen begründet: einmal prinzipiell, indem Libyen erneut und mit besonderem Nachdruck eine Unterstützung des internationalen Terrorismus vorgeworfen wurde, der man nachdrücklich entgegentreten müsse. Das US-Außenministerium veröffentlichte pünktlich einen Tag nach Verhängung der Wirtschaftssanktionen eine Dokumentation unter dem programmatischen Titel: »Libyen unter Ghaddafi: Ein Muster der Aggression«, in der der Terrorismus als »eines der wichtigsten Instrumente« der libyschen Außenpolitik bezeichnet wurde. Aber auch darüber hinaus wurde noch einmal die prinzipielle Gegnerschaft zur libyschen Regierung begründet: Ghaddafi gehe es darum, »die libysche Gesellschaft nach seinen revolutionären Vorstellungen zu verändern«. Aber besonders aktiv sei er im Ausland. »Ghaddafis aggressive Politik hat sich im wachsenden Maße auf die Aushöhlung von amerikanischen und allgemeinen westlichen Interessen in der Dritten Welt konzentriert (. . .)«.[78]

Die konkreten Vorwürfe waren eine bunte Mischung aus Tatsachen (so etwa die Morde an libyschen Oppositionellen im Ausland oder die Erschießung einer britischen Polizistin aus dem Fenster der Botschaft in London), Behauptungen (etwa: König Hussein von Jordanien und Saddam Hussein des Irak »stehen mit ziemlicher Sicherheit« auf einer Liste von zu ermordenden Staatsmännern, »da sie ihre Beziehungen zu Kairo bzw. Washington wiederhergestellt haben«, ohne daß man sich die Mühe machte, auch nur einen fundierten Hinweis dafür zu präsentieren) und dem Beklagen, daß Libyen Befreiungsbewegungen unterstütze. Besonders übel wurde etwa vermerkt, daß die libysche Regierung das sandinistische Nicaragua mit Finanz- und Militärhilfe unterstütze und sogar Hilfe für die Guerillabewegungen in El Salvador und Guatemala leiste. Das letzte Argument läßt sich etwa damit zusammenfassen, daß Ghaddafi »die Interessen der Vereinigten Staaten« bekämpfe und »seine Philosophie der Revolution« verbreite.

Der allergrößte Teil dieser Dokumentation argumentiert interessanterweise *politisch* und beklagt vor allem, daß die libysche Politik der US-amerikanischen entgegengesetzt sei. Ansonsten werden häufig Vorwürfe erhoben, die auf die US-Politik in gleicher Weise zutreffen würden: so wird Ghaddafi etwa als besondere Bosheit angerechnet, daß er Waffen an den Iran für dessen Krieg gegen den Irak geliefert habe, also an ein Land, dem in der Dokumentation »terroristische Machenschaften« vorgeworfen werden. Daß im November 1986 umfangreiche Waffenlieferungen der USA an den Iran bekannt wurden, läßt diese Kritik in einem interessanten Licht erscheinen. Auch die allgemeine Anklage, daß Libyen Gewaltakte als Instrument der Außenpolitik einsetze, mag durchaus ihre Berechtigung haben – von Seiten gerade der Reagan-Administration erscheint dieser Vorwurf allerdings etwas scheinheilig[79] (wenn man etwa an die US-gesteuerten *Contras* in Nicaragua, die militärische Besetzung Grenadas und gerade auch die Politik der USA gegenüber Libyen denkt).

Bemerkenswert allerdings ist, daß in der gesamten Dokumentation nicht ausdrücklich der Vorwurf erhoben wird, daß die libysche Regierung die Schuld an den beiden kurz zuvor erfolgten Bombenanschlägen auf die Flughäfen in Wien und Rom habe. Im Kapitel »Die libysche Beteiligung am Terrorismus« werden beide Anschläge mit keinem Wort erwähnt, an anderer Stelle ist von einer *»angebliche[n]* Verwicklung« Libyens die Rede, was ja durchaus einige Distanz erkennen läßt. Nur an einer Stelle wird eine libysche Rolle genannt, die darüber hinaus sehr beschränkt ist und kaum als Urheberschaft gewertet werden kann: »die Mitglieder der Abu-Nidal-Gruppe (. . .), die in Wien den El Al Schalter angegriffen haben«, verfügten über tunesische Pässe, die ehemaligen tunesischen Gastarbeitern von den libyschen Behörden bei ihrer Ausweisung abgenommen worden waren.[80]

Damit ist das zweite Argument für die Verhängung der Wirtschaftssanktionen angesprochen: die Reagan-Administration machte die libysche Regierung direkt für die beiden Anschläge in Rom und Wien vom Dezember 1985 verantwortlich. Präsident Reagan formulierte bei der Begründung der Sanktionen auf einer Pressekonferenz vom gleichen Tag:

»Aber diese Mörder könnten ihre Verbrechen ohne die Rückzugsmöglichkeiten und Unterstützung nicht ausführen, die von Regimen wie dem des Oberst Ghaddafi in Libyen bereitgestellt werden. Ghaddafis seit langem bestehende Verwicklung in den Terrorismus ist gut dokumentiert und es gibt unwiderlegbare Beweise für seine Rolle bei diesen Angriffen. Die Morde von Rom und Wien sind nur die letzten einer Serie brutaler terroristische Akte, die mit Ghaddafis Unterstützung begangen wurden.«

Dann wurde der Präsident grundsätzlich und nahm Argumente auf, die in der Diskussion um Counterterrorismus bereits häufig gebraucht worden waren und die Monate später einen zentralen Stellenwert einnehmen sollten:

»Durch die materielle Unterstützung terroristischer Gruppen, die US-Bürger angreifen, hat Libyen nach den etablierten Prinzipien des Völkerrechts eine bewaffnete Aggression gegen die Vereinigten Staaten unternommen, genauso als ob es seine eigenen Streitkräfte benutzt hätte«.[81]

Auf die Frage eines Journalisten, worin die »unwiderlegbaren Beweise« für eine libysche Rolle konkret bestünden, antwortete Reagan bei derselben Pressekonferenz, »es gibt Dinge, die ich nicht bekanntgeben kann« und ergänzte zwei Punkte: »aber wir wissen – wir kennen den Ort von Trainingslagern für Terroristen« und »wir wissen ebenfalls, daß Abu Nidal sein Hauptquartier mehr oder weniger nach Libyen verlegt hat«.[82]

Diese Begründungen waren von faszinierender Schlichtheit: die Tatsache, daß Ausbildungslager für Palästinenser in Libyen existieren, war niemals ein Geheimnis, und die Information, daß Abu Nidal sein Hauptquartier »mehr oder weniger« nach Libyen verlegt habe, war ebenso falsch (es war immer noch in Syrien) wie bedeutungslos: aus der Lokalisierung des Hauptquartiers auf die Urheberschaft des entsprechenden Landes schließen zu wollen, wäre alles andere als zwingend.

Edward Schumacher bemerkte in der Zeitschrift *Foreign Affairs:*

»Westliche Geheimdienste und Palästinenser selbst stimmen darin überein, daß Ghaddafi trotz der von ihm gewährten Unterstützung nur geringe oder gar keine direkte Kontrolle über die Palästinenser und ihre Operationen hat.«[83]

Die direkte libysche Verwicklung in die beiden Anschläge wurde aber nicht nur von der eigenen Dokumentation des US-Außenministeriums nicht gedeckt, von der Regierung auch sonst nicht wirklich belegt und von den europäischen Verbündeten nicht geglaubt, auch die US-Regierung selbst hatte – inoffizielle – Zweifel. Die rechtskonservative Zeitschrift *U.S. News and World Report* berichtete:

»Ein US-Regierungsbeamter gestand zu, daß Ghaddafi von den Anschlägen in Rom und Wien im voraus nichts gewußt haben mag. Informanten berichteten, daß Washington Hinweise habe, die Abu Nidal enger mit Syrien als mit dem Iran oder Libyen in Verbindung bringen.«[84]

Bei der regierungsinternen Beratung der US-Maßnahmen gegen Libyen, die schließlich zu den Wirtschaftssanktionen vom Januar 1986 führten und vor allem auf innenpolitische Effekte und auf die Herstellung einer diplomatischen Front der Verbündeten zielten, waren bereits militärische Schläge erörtert worden. Dabei hatte man drei verschiedene Optionen diskutiert: Luftangriffe auf Libyen durch in Großbritannien stationierte FB-111 Bomber, Luftangriffe durch B-52 Bomber, die aus den USA durch Betankung in der Luft herangeführt werden müßten, und Angriffe durch FA-18 Kampfflugzeuge, die vom Flugzeugträger *Coral Sea* im Mittelmeer eingesetzt würden.[85]

Aus technischen, militärisch-taktischen und politischen Gründen wurde die militärische Option allerdings noch ausgeschlossen, wozu schwere Meinungsverschiedenheiten zwischen Außenminister Shultz und Verteidigungsminister Weinberger wesentlich beitrugen. Trotzdem wies der stellvertretende Außenminister Whitehead im Januar 1986 bei einem Besuch in Bonn und auch nach seiner Rückkehr in Washington darauf hin, daß sich die US-Regierung »das Recht vorbehalte, zur militärischen Option zurückzukehren« bzw. »militärische Maßnahmen wieder in Erwägung zu ziehen.«[86]

Bis in den Januar hinein bemühten sich die USA, eine militärische Konfrontation in Zusammenarbeit mit anderen Staaten durchzuführen. »Wir haben viele Eventualpläne geschrieben«, berichtete ein hoher CIA-Beamter dem Nachrichtenmagazin *Time*. »Darunter: eine gemeinsame US-ägyptische Operation zum Sturz Ghaddafis, einen Plan, mit den Franzosen zusammenzuarbeiten, der offensive Operationen sowohl vom Mittelmeer, als auch aus dem Tschad vorsah, und verdeckte Aktionen mit Hilfe anderer nordafrikanischer Regierungen. [Der damalige Nationale Sicherheitsberater] McFarlane entsandte seinen damaligen Stellvertreter, Poindexter, um mit

Ägypten und anderen Verbündeten im Mittleren Osten und Europa zu konferieren. ›Wir haben sogar Israel angesprochen‹, bemerkt der Geheimdienstbeamte. Aber die Antworten waren entmutigend: Geheimdienstberichte zeigten nur geringe Chancen für einen Putsch in Libyen, und keine der Ideen nahm konkrete Formen an. ›Wir haben auf die harte Art gelernt, daß, falls wir die Rechnung mit Ghaddafi begleichen wollten, wir es allein tun mußten‹.«[87]

Der Zeitpunkt dafür war bereits bald gekommen, im März 1986. Schon seit Ende Januar war eine militärische Konfrontation militärisch und politisch vorbereitet worden. Dazu gehörte, daß die Reagan-Administration einen neuen Konfliktpunkt aufbaute: den Streit um den juristischen Status des Golfs von Syrte. Die libysche Regierung hatte seit 1973 dieses Seegebiet zum eigenen staatlichen Hoheitsgebiet erklärt, da es als Bucht in libysches Territorium hineinrage und historisch immer Teil Libyens gewesen sei. Dieser Anspruch war völkerrechtlich höchst dürftig begründet, da bestimmte Kriterien des internationalen Rechts in diesem Fall nicht erfüllt waren (etwa eine maximale Breite des Buchtausgangs von 24 Meilen, im Fall der Großen Syrte lag sie bei 270). Er wurde weltweit nur von einem einzigen Land anerkannt, dem afrikanischen Binnenstaat Burkina Faso. So konnte es den USA gelingen, ihren geplanten militärischen Konflikt gegen Libyen im Namen der »Freiheit der Meere« und gegen eine juristische Anmaßung eines politisch weitgehend isolierten Landes zu führen. Der Konfliktmechanismus bestand darin, mit Marineeinheiten der USA innerhalb der Großen Syrte Seemanöver durchzuführen, und damit in einer Region, die von Libyen als eigenes Staatsgebiet betrachtet wurde. Die libysche Regierung hatte zuvor eine Linie auf der Höhe des 32°30' Breitengrades als ihre Grenze, als »Linie des Todes« bezeichnet, deren Überschreiten durch die USA libysche Vergeltungsschläge zur Folge haben würde.

In diesem Zusammenhang waren US-amerikanische Seemanöver in dem umstrittenen Gebiet offensichtlich gezielte Provokationen, die es erreichen sollten, einen militärischen Konflikt unter Bedingungen zu produzieren, die zumindest völkerrechtlich für die USA günstig waren. Dies wurde von US-Beamten auch zugegeben.[88]

Am 14. März 1986 wurde auf einer Sitzung des *Nationalen Sicherheitsrates (NSC)* das weitere Vorgehen beschlossen. Der Deckname war *Operation Präriefeuer.* Umstritten bei den Beratungen war, wogegen genau sich die militärischen Angriffe richten sollten, ob nur sehr gezielt und begrenzt gegen Ziele, die sich mit terroristischen Aktivitäten in Verbindung bringen ließen (wogegen eingewandt wurde, daß sich dies konkret kaum wirklich nachweisen ließe und günstigstenfalls einige Zelte getroffen werden könnten), oder ob auch militärische und wirtschaftliche Ziele innerhalb Libyens angegriffen werden sollten. Klar war allerdings die politische Zielrichtung. *Time* formulierte das Ergebnis der NSC-Sitzung:
»Die Gründe für eine Herausforderung Ghaddafis im Golf (von Syrte) waren klar: praktisch kein Land erkannte seinen Souveränitätsanspruch über Gewässer an, die sich bis 120 Meilen vor die libysche Küste erstrecken. Die Durchsetzung des Prinzips der Freiheit der Meere würde einen Vorwand dafür liefern, ihm eine Lektion zu erteilen (...).«[89]

Und das Nachrichtenmagazin *Newsweek* berichtete von der Sitzung: »Mitarbeiter (des NSC) bestätigen, daß Reagan eine tiefgreifende Abneigung gegen Ghaddafi hegt und ihn stürzen möchte, genauso, wie er hofft, Nicaraguas Daniel Ortega zu stürzen. ›Wir wollten Ghaddafi zu einer Antwort provozieren, damit wir ihm das anhängen konnten‹, sagt ein Teilnehmer der Sitzung vom 14. März. ›Und wir wußten, daß er uns den Gefallen erweisen würde‹.«[90]

Neben diesen politischen Vorbereitungen – denen ja bereits ökonomische Maßnahmen und diplomatische Initiativen vorangegangen waren – hatte man natürlich die erforderlichen militärischen Planungen vorangetrieben. Dazu gehörte vor allem die Bereitstellung einer umfangreichen Marinestreitmacht, die der Situation des geplanten provokativen Manövers auch bei einer möglichen Eskalation gewachsen wäre. Am 22. März 1986 befanden sich 30 US-amerikanische Kriegsschiffe direkt vor dem Eingang der Großen Syrte. Dazu gehörten drei Flugzeugträger (die *America*, die *Saratoga* und die *Coral Sea*) mit zusammen etwa 250 Kampfflugzeugen. *U.S. News and World Report* bemerkte, daß diese Flotte zu den gewaltigsten gehörte, die jemals für eine Mission in Friedenszeiten versammelt worden sei.[91]

Andere Quellen sprechen gar von 45 Kriegsschiffen. Insgesamt waren an der Operation rund 27000 Soldaten beteiligt.

In der Nacht vom 23. auf den 24. März begannen die Manöver, wobei zuerst US-Militärflugzeuge die »Todeslinie« überquerten, am nächsten Mittag folgten drei Kriegsschiffe, begleitet von etwa 100 Flugzeugen und Angriffs-U-Booten der *Los Angeles*-Klasse. Die libysche Regierung reagierte darauf zuerst nicht, so daß das Pentagon, noch mehr allerdings das Weiße Haus, bereits etwas unruhig wurden. 15 Stunden nach dem ersten Eindringen US-amerikanischer Kampfflugzeuge und zwei Stunden nach dem Eindringen der Schiffe wurden dann aber noch zwei SA-5 Raketen sowjetischer Bauart auf US-Flugzeuge abgeschossen. Im Verlauf der nächsten fünf Stunden erfolgten noch weitere vier Abschüsse von SA-5 und einiger SA-2 (kürzerer Reichweite), von denen keine irgendeinen Schaden anrichtete. Wenn dies auch alles andere als eine massive militärische Antwort Libyens war – zu der es angesichts des massiven Kräfteaufgebotes der USA auch kaum in der Lage gewesen wäre – und es sich eher um symbolische Angriffe zur eigenen Gesichtswahrung handelte, so hatten die USA damit doch ihr Ziel erreicht: sie waren angegriffen worden und fühlten sich nun zu »Vergeltungsschlägen« berechtigt. Das Argument der legitimen »Selbstverteidigung« können die US-Einheiten in diesem Zusammenhang allerdings aus zwei Gründen nicht geltend machen: sie waren nie wirklich gefährdet, da sie durch elektronische Einrichtungen die SA-5 und SA-2 von ihrem Flug in ungefährliche Bahnen ablenken konnten und dies auch taten, und da sie ihre Gegenangriffe erst Stunden später begannen, als jede auch nur hypothetische Gefährdung nicht mehr bestand, um so im Schutz der Dunkelheit zuschlagen zu können.

Ab 21.26 Uhr wurde dann zurückgeschossen. Die verschiedenen US-Angriffe wurden von den Flugzeugen vorgetragen, wobei die USA es sich nicht nehmen ließen, bestimmte neue Waffensysteme (etwa die HARM-Rakete zur Zerstörung von Radaranlagen) zum ersten Mal unter Gefechtsbedingungen zu testen. Insgesamt zerstörten die US-Flugzeuge vom Typ A-6 und A-7 mindestens zwei libysche Schiffe und setzten eine Radarstation außer Gefecht. Die Verluste an Menschen waren unbekannt, *Newsweek* schätzte etwa 150 tote Libyer (die libysche Regierung sprach später von 56 Toten), während »die Libyer die US-Flotte nicht berührt« hatten, wie *Time* feststellte. US-Verteidigungsminister Weinberger faßte zusammen: »Es war in jeder Hinsicht eine erfolgreiche Operation.«[92]

Damit war der Konflikt zwischen den USA und Libyen allerdings noch nicht beendet. Bereits drei Wochen später, in der Nacht vom 14. auf den 15. April 1986, wurde die militärische Eskalation einen Schritt weiter getrieben.

Schon am 8. April war von Präsident Reagan der Angriff beschlossen worden, am nächsten Tag wurde im Anschluß an eine Sitzung des Nationalen Sicherheitsrates von einer Gruppe militärischer und Geheimdienstoffizieren eine Liste mit fünf ausgewählten Zielen in Libyen erstellt. Am 13. April wurde vom Präsidenten der endgültige Operationsplan unter dem Decknamen *Operation El Dorado Canyon* genehmigt. Am nächsten Tag begann die Aktion.

Von den britischen Militärstützpunkten *Fairford, Mildenhall* und *Lakenheath* stiegen 24 zweisitzige F-111 Kampfflugzeuge der US-Luftwaffe auf, begleitet von 28 Tankflugzeugen sowie von 5 Flugzeugen vom Typ EF-111, die für elektronische Kriegführung ausgerüstet sind, insbesondere die Radar- und Kommunikationsfähigkeit des Gegners stören sollen. Da die Regierungen Frankreichs und Spaniens die Überflugrechte verweigert hatten, mußte diese Luftflotte – die größte über Großbritannien seit dem Ende des Zweiten Weltkrieges – statt des direkten Weges von rund 3000 km einen großen Umweg um die iberische Halbinsel nehmen und praktisch im Halbkreis fliegen: die zurückzulegende Strecke betrug daher etwa 5200 km. Aus diesem Grund mußten die angreifenden Maschinen mehrmals in der Luft aufgetankt werden und ihre Zahl war sicherheitshalber höher als nach den militärischen Planungen eigentlich erforderlich. Sechs F-111, eine EF-111 und mehrere Tankflugzeuge waren nur als Einsatzreserve mitgeflogen und kehrten über dem Golf von Biskaya um.

Zugleich nahmen die beiden US-Flugzeugträger *America* und *Coral Sea* eine Position etwa 400 km nördlich der Großen Syrte ein, um bei einer Annäherung der F-111 Maschinen etwa 100 Flugzeuge zusätzlich bereitzustellen: 18 Maschinen vom Typ A-6 und A-7, Sechs F/A-18 Kampfflugzeuge, vierzehn EA-6B zur Störung der gegnerischen Elektronik und eine Anzahl Unterstützungsflugzeuge, einschließlich E-2C Maschinen als Kommando- und Kontrolleinheiten. Die von den Flugzeugträgern gestarteten Flugzeuge sollten eine doppelte Aufgabe erfüllen: die Sicherung der Luftüberlegenheit über den vorgesehenen Kampfgebieten und die Durchführung eigener Bombardierungsaufgaben.

Wenige Minuten vor dem eigentlichen Angriff kam es bereits zu einer Operation der A-7 und F/A-18 gegen die Luftverteidigung Libyens. Während die Maschinen bis zu diesem Zeitpunkt nur in einer Höhe von etwa 70 Metern über dem Meer geflogen waren, um vom gegnerischen Radar nicht erfaßt zu werden, stiegen sie nun auf mehr als 170 Meter Höhe, um absichtlich in den Radarbereich einzudringen. Sobald die Flugzeuge erfaßt wurden, feuerten sie mit *Shrike* und HARM Raketen, die sich automatisch Radarquellen zum Ziel suchen, um auf diese Weise die libysche Luftverteidigung »blind« zu machen.

Der eigentliche Angriff bestand aus zwei zeitlich synchronisierten Elementen. Zwölf A-6 bombardierten eine Kaserne und einen militärischen Flughafen bei der libyschen Stadt Benghazi, während die 18 verbleibenden F-111 zugleich die Hauptstadt Tripoli angriffen. Sechs der Maschinen umflogen Tripoli und bombardierten von Süden kommend den militärischen Teil des internationalen Flughafens der Hauptstadt. Sechs weitere griffen weiter nördlich die Sidi Bilal Marinebasis an, und die letzte Gruppe – von der ein Flugzeug abgeschossen wurde – bombardierte die Bab al Aziziya Kaserne mit 500- und 2000-Pfund-Bomben, den Wohnort und das Hauptquartier von Oberst Ghaddafi.

Zeitgleich griffen zwölf A-6 der Marine Ziele in Benghazi an, etwa die Kaserne und den Luftwaffenstützpunkt Benina.[93]

Bei den Luftangriffen wurden insgesamt mindestens vier MiG-23, Zwei Mi-8 leichte Hubschrauber, zwei F-27 Propellerflugzeuge sowie fünf Il-76 Transportmaschinen und zahlreiche militärische und zivile Gebäude und Einrichtungen zerstört, bis zu 100 Menschen wurden getötet, darunter eine Adoptivtochter Oberst Ghaddafis.[94]

Die offizielle Begründung des Luftangriffs durch die US-Regierung wiederholte die meisten Argumente aus dem Januar und März über die allgemeine Feindlichkeit Libyens und seine prinzipielle Unterstützung des internationalen Terrorismus. Ergänzend wurde die konkrete Verantwortung der libyschen Regierung für einen Bombenanschlag in Westberlin zur Legitimation herangezogen.

Am 5. April war in der Westberliner Diskothek *La Belle* ein Sprengsatz explodiert, der zwei US-Soldaten und eine türkische Frau tötete und 230 Menschen (darunter 50 Mitglieder der US-Streitkräfte) verletzte. Da diese Diskothek als Treffpunkt US-amerikanischer Soldaten bekannt war, konnte mit einiger Plausibilität angenommen werden, daß der Anschlag auf diese zielte. In einer direkt nach der Bombardierung Libyens landesweit ausgestrahlten Fernsehansprache Präsident Reagans argumentierte er deshalb, daß Libyen nicht nur ein »Synonym für Barbarei« darstelle, sondern den Terroranschlag von Berlin selbst durchgeführt habe.

»Diese ungeheure Brutalität [des Anschlags] ist nur die [letzte] einer Reihe von Untaten in Oberst Ghaddafis Terrorherrschaft. Die Beweislage ist eindeutig, daß der terroristische Bombenangriff auf die Diskothek *La Belle* auf direkten Befehl der libyschen Regierung geplant und ausgeführt wurde.«[95] *(Siehe den Text der Rede in Dokument 7.)*

Die von Reagan und anderen Mitgliedern seiner Regierung häufig behauptete »Eindeutigkeit« der Beweislage für eine libysche Verantwortung erwies sich sehr bald als etwas brüchig. Als Belege wurden ausschließlich eigene geheimdienstliche Quellen angegeben, die Funksprüche der libyschen Botschaft in Ostberlin abgefangen haben wollten, aus denen eine libysche Urheberschaft »zweifelsfrei« hervorgehe. Diese Funksprüche wurden der Öffentlichkeit allerdings nie vorgelegt und bald kam es gar zu Widersprüchen, ob es einen, zwei oder drei abgehörte Funksprüche gegeben habe. Auch deren Beweiskraft war bei befreundeten Regierungen Westeuropas sehr umstritten: gelegentlich wurde von »Hinweisen« gesprochen, manchmal von »beweisfähigen Hinweisen« (so Bundeskanzler Kohl; wobei die Frage auftauchte, was der Unterschied dieses Begriffs zu »Beweisen« und zu »Hinweisen« eigentlich war; *zur Position von Kohl siehe Dokument 9.)* und gelegentlich wurde der Aussagewert gänzlich bezweifelt. Der stellvertretende Fraktionsvorsitzende der CDU/CSU-Fraktion im Bundestag, Rühe, ließ im Fernsehen vernehmen, er habe ernsthafte Beweise nicht zu Gesicht bekommen, aber er habe gehört, daß solche existieren sollten. Selbst innerhalb der Bundesregierung herrschten sehr unterschiedliche Auffassungen darüber, ob es denn nun wirklich Beweise gebe oder nicht. Dies lag unter anderem daran, daß der Bundesregierung (bzw. dem Bundesnachrichtendienst) von den USA nur »gekürzte und stark bearbeitete Zusammenfassungen der abgefangenen Funksprüche« übermittelt wurden.[96]

Als autoritative Quelle blieb der Bundesregierung daher nichts anderes übrig, als auf die US-Regierung zu verweisen, die über solche Beweise verfüge. Dem Autor gegenüber wiederum erklärte einige Monate nach den Bombenangriffen ein hoher Beamter des US-Verteidigungsministeriums, es gebe unwiderlegbare Beweise, die man – ausgerechnet – von der Bundesregierung in Bonn erhalten habe. Später würden auch Beamte der Reagan-Administration und europäische Regierungen die *syrische* Regierung als verantwortlich bezichtigen. Zu diesem Zeitpunkt war der US-Luftangriff auf Libyen bereits Monate vorüber und die politischen Opportunitäten hatten sich geändert.

Zusammenfassend läßt sich in aller Zurückhaltung feststellen, daß die Urheberschaft für den Anschlag auf *La Belle* zumindest ungeklärt ist, eine libysche Urheberschaft erscheint eher zweifelhaft (wie auch eine syrische Rolle eher zweckgerichtet vermutet als belegt ist).

Trotz dieser Unklarheiten hatte es sich die US-Regierung nicht nehmen lassen, Libyen offiziell *wegen* des Bombenanschlags auf die Diskothek zu bombardieren und als Begründung sogar das völkerrechtlich verbriefte Recht auf Selbstverteidigung nach Artikel 51 der UNO-Charta in Anspruch zu nehmen – eine reine Fiktion mit bloß propagandistischer Absicht.

Insgesamt stellt sich die Frage, *warum* die USA ihre Konfrontationspolitik gegen Libyen und insbesondere ihre unprovozierten Luftangriffe vom März und April 1986 eigentlich unternommen haben. Dies ist nur durch ein Bündel miteinander verbundener Faktoren ausreichend zu erklären.

Außenpolitisch läßt sich eine *prinzipielle Gegnerschaft* zwischen den USA und Libyen feststellen, zu der oben einiges gesagt wurde. Darüber hinaus existieren *politische Konflikte* erster Ordnung zwischen beiden Ländern: die Unterstützung zahlreicher Befreiungsbewegungen und anderer »anti-amerikanischer« Gruppen durch Libyen in vielen Teilen der Welt, von Mittelamerika über die arabischen Länder, Schwarzafrika, bis hin zu den Philippinen. Von besonderer Wichtigkeit in diesem Zusammenhang ist aber die intransigente libysche Haltung im Nahostkonflikt, also die kompromißlose Ablehnung US-inspirierter Lösungskonzepte (im Rahmen von Camp David oder außerhalb) und die libysche Rolle in der radikalen arabischen Ablehnungsfront. Auch die Unterstützung diverser palästinensischer Gruppen, die gegen die PLO-Führung unter Arafat opponieren, gehört in diesen Zusammenhang des Aufbaus von Hindernissen für die US-Politik in der Region. Ein Schlag gegen Libyen (und nicht etwa gegen Syrien oder den Iran, von einer erneuten Intervention im Libanon ganz zu schweigen) zielte daher gegen ein störendes, aber zugleich isoliertes und schwaches Kettenglied der arabischen Ablehnungsfront.

Nicht die »Terrorismusbekämpfung« war in diesem Kontext das Ziel der Eskalation, sondern die Destabilisierung der libyschen Regierung, möglichst deren Sturz im Zuge einer Kampagne von *low intensity warfare.* Ein Element dieser Kampagne war – auch wenn dies offiziell von der US-Regierung bestritten wurde – die geplante Tötung von Oberst Ghaddafi durch den Luftangriff: allein sechs der achtzehn F-111 mit lasergesteuerten 2000-Pfund Bomben waren auf sein Hauptquartier (zugleich sein Wohnsitz) angesetzt, um ihn im Schlaf zu überraschen. Das rechte Nachrichtenmagazin *U. S. News and World Report* berichtete, daß US-Außenminister Shultz eine »Ablösung« Ghaddafis im Zusammenhang mit der Aktion begrüßen würde, und kritisierte an der ansonsten gelobten Bombardierung: »Der einzige mögliche Fehler [war]: den USA mißlang die Tötung Ghaddafis«.[97]

Tatsächlich war die »politische Reorientierung« Libyens seit Jahren das Ziel US-amerikanischer Politik, dem wirtschaftlicher Druck, diplomatische Isolierung, psychologische Kriegführung und militärische Schläge zum Erfolg verhelfen sollten.

Der wichtigste einzelne Faktor für die Konfrontation lag allerdings in der *US-Innenpolitik.* Bereits Ende März hatten Quellen im US-Verteidigungsministerium diesen Faktor betont:

»Der Präsident braucht eine Demonstration der Stärke und zufällig ist die Marine in der Lage, diese zu liefern.«[98]

Diese Aussage bezog sich auf die innenpolitische Auseinandersetzung um die Hilfe für die nicaraguanischen *Contras*, galt aber auch in allgemeiner Form: Reagan war von rechts stärker unter Beschuß gekommen, seine proklamierte »Politik der Stärke« nicht wirklich zu praktizieren – eine Kritik, die ihn an empfindlicher Stelle traf. Insbesondere die politisch motivierte, langjährige Dämonisierung Ghaddafis brachte den Präsidenten zunehmend in Zugzwang, nicht nur »zu reden«, sondern auch »etwas tun« zu müssen. Ein Beamter des US-Außenminsteriums erklärte im Sommer 1986 gegenüber dem Verfasser, die Luftangriffe vom April seien »überflüssig« gewesen, zumindest in bezug auf die Frage des internationalen Terrorismus. Eine bloße *Androhung* von militärischen Schlägen wäre wohl nützlich gewesen, deren tatsächliche *Durchführung* aber aus Gründen amerikanischer Innenpolitik erfolgt. Diese Einschätzung erscheint durchaus zutreffend – und erwies auch den wirklichen Erfolg der Aktion, von der auch Reagan nicht behauptete, sie würde den Terrorismus eindämmen: die Bevölkerung in den USA begrüßte die militärischen Aktionen ihrer Regierung nachdrücklich – und zwar, obwohl sie diesen häufig eine bewußt provokative Absicht unterstellte. Ende März 1986 hielten 75% der Befragten in den USA die US-Manöver im Golf von Syrte und die Angriffe auf libysche Einrichtungen für »gerechtfertigt«, nur 15% lehnten sie ab. Zugleich glaubten 43%, daß die militärischen Aktivitäten der eigenen Regierung »einen Versuch« darstellten, »einen Angriff Libyens zu provozieren«.

Direkt im Anschluß an die Luftangriffe vom April wurden diese von 71% der Befragten begrüßt, von 21% abgelehnt. Diese Welle von Zustimmung kam der Regierung natürlich politisch zugute: 67% unterstützten die Art, in der Präsident Reagan sein Amt ausübte.[99]

»Terroristenbasis Syrien«

Nachdem die erste Hälfte des Jahres 1986 unter dem Zeichen der Konfrontation der USA mit Libyen gestanden hatte, verschob sich das Interesse im Sommer und Herbst auf Syrien.

Die israelische Interventionsarmee hatte im Juni 1982 den syrischen Streitkräften im Libanon praktisch ohne eigene Verluste sehr präzise und wirksame Schläge versetzen können – in nur zwei Tagen verlor Syrien über 60 Flugzeuge und seine Luftabwehrstellungen. Seitdem bemühte sich die syrische Führung massiv um die Verbesserung und Stärkung der eigenen Truppen. Präsident Assad gab das Wort einer angestrebten »Parität« mit Israel aus. Tatsächlich wurden die syrischen Streitkräfte in den Jahren 1983–85 entscheidend modernisiert, etwa durch wirksame sowjetische Luftabwehrraketen. Der Umfang der Armee wurde auf 4000 000 Mann gebracht und damit praktisch verdoppelt.[100]

Politisch profilierte sich Syrien weiterhin als konsequenter Vorreiter der arabischen »Ablehnungsfront« gegen die Camp David Verträge und bediente sich harter anti-imperialistischer und anti-zionistischer Rhetorik. (Daß es zugleich im Libanon und gegenüber der PLO eine machiavellianische Machtpolitik sondergleichen betrieb, braucht uns an dieser Stelle nicht zu beschäftigen.)

Insgesamt hatte sich Syrien damit eine Position geschaffen, in der es zwar die eigenen politischen Vorstellungen der Region nicht aufzwingen, jedoch jeden Versuch, westlich-israelische Lösungen einseitig durchzusetzen, vereiteln konnte. Syrien hatte eine Veto-Macht gegenüber der denkbaren Nahostlösung errungen, die aus seiner Stellung im arabischen Lager, aus seiner Rolle im Libanon und aus seiner Bedeutung für die Palästinenser erwuchs und die durch neue militärische Macht gedeckt war. Das Bündnis mit der Sowjetunion diente zur Absicherung dieser zentralen Konstellation. Damit war Syrien ein wichtiger Stolperstein israelisch-westlicher Lösungsstrategien im Nahen Osten geworden.

Israel hatte die Entwicklung mit ensprechendem Unbehagen verfolgt und bereits früh politische und militärische Gegenmaßnahmen durchgespielt.[101]

Im Juni 1986 berichteten amerikanische Zeitschriften von Sorgen der US-Regierung, Israel könnte Syrien militärisch angreifen:

»Der US-Angriff auf Libyen verstärkte Befürchtungen, Israel könnte einen Präventivschlag gegen Syrien führen: er schuf einen Präzedenzfall anti-terroristischer Maßnahmen, auf den die Israelis sich leicht berufen könnten. Und er schwächte Washingtons Möglichkeit, moralischen Druck auf Israel auszuüben, einen solchen Angriff zu unterlassen.«[102]

Zu dieser Zeit war von einem »israelischen Nervenkrieg« die Rede. Für jede Konfrontationspolitik gegen Syrien war es für Israel – und mit einer gewissen zeitlichen Verzögerung auch für die USA, die wegen der Bedeutung Syriens im Nahen Osten dem israelischen Drängen eine zeitlang nicht nachkamen – von entscheidender Bedeutung, international akzeptable Gründe für ein eigenes anti-syrisches Vorgehen zu haben. In diesem Zusammenhang bot sich erneut – wie im Falle Libyens – das Terrorismusargument an. Im Sommer und Herbst des Jahres 1986 kam es zu einer effektiven internationalen Medienkampagne gegen Syrien, wo man nun »den eigentlichen« Hort des internationalen Terrorismus ausgemacht zu haben glaubte.

Wie im Falle Libyens kann hier nicht das Argument sein, daß Syrien *nicht* für terroristische Akte verantwortlich gewesen sei. Wie bei sehr vielen Staaten der Welt – einschließlich den USA, Frankreich und anderen – ist eine solche Verwicklung Syriens in gewissem Maße unbestreitbar. Das Argument besteht vielmehr darin, daß:

1. aus rein politischen Gründen dieses spezielle Land nun plötzlich in den Mittelpunkt einer »anti-terroristischen« Kampagne gestellt wurde, die kaum etwas mit Terrorismus zu tun hatte, sondern auf die Isolierung und politische Schwächung eines unbequemen Opponenten zielte;
2. bestimmte »Beweise« für die Urheberschaft Syriens an konkreten terroristischen Akten gelegentlich zweifelhaft blieben;

3. andererseits Syrien auf einmal die Urheberschaft an Anschlägen zugewiesen wurde, die teilweise nur Wochen zuvor noch anderen Staaten (nämlich Libyen und dem Iran) zugeschrieben worden waren – ohne daß neue Fakten dies begründeten.

Die Zeitschrift *U. S. News and World Report* zählte im November 1986 unter der Überschrift »Blut an Syriens Händen« elf Terroranschläge (aus den Jahren 1982–86) auf, die von Syrien zu verantworten seien. Davon wurden jeweils drei der Gruppe von Abu Nidal (der noch kurz zuvor als *libyscher* Strohmann gehandelt worden war) und der Gruppe Islamic Jihad (die normalerweise als dem Iran verbunden bezeichnet wird) zugerechnet. In anderen Fällen wird lapidar bemerkt: »Die USA machen Syrien verantwortlich«, was für sich genommen kaum beweiskräftig sein dürfte.[103]

Für die anti-syrische Kampagne wurden drei Punkte besonders herausgehoben: 1. die Tatsache, daß Abu Nidal nach seiner Trennung vom Irak ein Büro – vermutlich sein Hauptquartier – nach Syrien verlegt hatte; 2. die Tatsache, daß verschiedene schiitische und palästinensische Organisationen, denen terroristische Praktiken unterstellt oder nachgewiesen wurden, im syrisch kontrollierten Bekaa-Tal im Libanon operierten; 3. die behauptete Verwicklung Syriens in zwei konkrete Bombenanschläge, nämlich einen versuchten Anschlag auf ein El Al-Flugzeug, das im April 1986 von London nach Israel fliegen sollte, und ein erfolgter Anschlag auf die Deutsch-Arabische Gesellschaft in Westberlin.

Die Logik der beiden ersten Punkte wurde an anderer Stelle bereits untersucht: aus der Vorbereitung von Anschlägen oder der Tätigkeit bestimmter Organisationen auf dem Boden eines Landes automatisch auf die Urheberschaft dieses Landes zu schließen und die jeweiligen Organisationen a priori zu Instrumenten der jeweiligen Regierung machen zu wollen, wäre unseriös. Dies gilt auch dann, wenn die konkrete Gruppe und die Regierung ihres Aufenthaltslandes politisch ähnliche Interessen verfolgen.

Erst recht gelten solche Argumente, wenn es um eine Region

geht, die von Syrien nur »kontrolliert« wird. Ob im Libanon – bzw. im Bekaa-Tal – überhaupt irgendjemand eine effektive Kontrolle ausübt, kann hier noch dahingestellt bleiben. Andersherum sind beträchtliche Zweifel daran angebracht, ob bestimmte Gruppen und Organisationen wie schiitische oder palästinensische Splittergruppen überhaupt von irgendjemand kontrollierbar sind. Es läßt sich durchaus annehmen, daß sie in hohem Maße unabhängig operieren und allenfalls *toleriert* werden. Eine Übereinstimmung in bestimmten politischen Fragen – etwa der Ablehnung der Camp David Verträge – wird damit nicht ausgeschlossen, begründet aber keinerlei instrumentelle Beziehung.

Der US-Regierung war im übrigen durchaus bekannt, daß die im Libanon entführten US-Bürger *nicht* durch syrische Stellen oder im syrischen Auftrag verschleppt worden waren, sondern von Gegnern der syrischen Regierung. Oliver North, Oberstleutnant im Nationalen Sicherheitsrat der USA, formulierte in einem internen Memorandum im Dezember 1985:

»Wir wissen ebenfalls [nämlich außer von der Ermordnung des als Geisel gehaltenen CIA-Chefs in Beirut, James Buckley, durch Islamic Jihad; J. H.], daß die fünf anderen Geiseln, Anderson, Jacobsen, Jenco, Kilburn und Sutherland noch leben. Waite [Beauftragter des Erzbischofs von Canterbury, der später selbst entführt wurde; J. H.] und andere berichten glaubwürdig, daß deren Entführer unter beträchtlichem politischem und militärischem Druck seitens der Syrer, Drusen, der Falange und der Amal stehen, und daß die klare Möglichkeit besteht, daß unsere Geiseln, wie auch die französischen und britischen in der nahen Zukunft getötet werden können.«[104]

Daraus ist nun zumindest keine syrische Verantwortung für die Entführungen von US- und westeuropäischen Bürgern im Libanon ableitbar, auch die These, Islamic Jihad arbeite im Auftrag Syriens, läßt sich so nicht bestätigen.

Komplizierter sind die Fragen, die mit den Anschlägen in Berlin und London verbunden sind. In beiden Fällen sind jordanische Staatsbürger von westeuropäischen Gerichten rechtskräftig verurteilt worden, wobei jeweils von den Gerichten eine Verwicklung Syriens festgestellt wurde. Dabei besteht an der Täterschaft der verurteilten Personen, Hasi und Salameh in Berlin und Hindawi in London, kein Zweifel. Eine tatsächliche Verantwortung der syrischen Regierung für die Anschläge scheint dagegen alles andere als wirklich belegt: zu viele Ungereimtheiten und Absurditäten lassen Zweifel an den offiziellen Versionen bestehen – auch wenn ebenfalls nicht bewiesen werden kann, daß Syrien *nicht* verantwortlich ist. Hindawi wird in beiden Fällen als der Drahtzieher betrachtet, der bereits seit längerem eine terroristische Gruppe habe gründen wollen und zu diesem Zweck nach Libyen und Syrien gereist sei. Die libysche Regierung habe die »Möchtegern-Terroristen« (ein Ausdruck der Londoner Zeitung *The Sunday Times)* nicht ernst genommen und eine Verbindung mit ihnen abgelehnt. Hindawi sei daraufhin nach Syrien weitergeflogen und dort mit Oberst Haitham Said des Luftwaffengeheimdienstes handelseinig geworden. Bereits diese Version erscheint als zumindest merkwürdig: Syrien wird von den gleichen Quellen als wesentlich »professioneller« bezüglich seiner vorgeblichen terroristischen Aktivitäten eingeschätzt als Libyen. Eine Rekrutierung unbekannter Dilettanten – und um nichts anderes handelte es sich bei Hindawi und seinen Vertrauten –, die zudem gerade von Libyen abgeschoben worden waren, erscheint als ziemlich unsinnig. Die Gefahr einer Entdeckung wäre in diesem Fall als wesentlich größer zu betrachten als bei der Benutzung eigener, professioneller und erfahrender Personen. Auch wenn die These stimmen sollte, daß Syrien hinter Gruppen wie der von Abu Nidal und schiitischen Terrorgruppen stecken würde, wäre die Rekrutierung von Hindawi absurd.

Hindawi sei dann zu seinem Bruder Hasi und einem palästinensischen Händler, Farouk Salameh, nach Westberlin geflogen und habe die beiden für einen Bombenanschlag auf die Deutsch-Arabische Gesellschaft gewonnen. Auch dabei gibt es beträchtliche Ungereimtheiten: diese Organisation war durchaus nicht anti-syrisch oder pro-israelisch, und die Angaben, die Attentäter hätten eine Kofferbombe in der syrischen Botschaft in Ostberlin abgeholt und nach Westberlin gebracht, wäre erstaunlich: die Nutzung diplomatischen Gepäcks wäre wesentlich risikoloser gewesen. (Aus diesem Grund gibt es auch verschiedene Versionen, wie die Bombe nach Westberlin gebracht worden sei.) Schließlich sei die Kofferbombe zweimal nicht explodiert und daraufhin von einem Syrer repariert worden. All dies deutet eher auf sehr amateurhaftes Verhalten hin, kaum auf die wirkliche Beteiligung einer so effizienten Organisation, wie es der syrische Geheimdienst nun einmal ist. Am 29. März 1986 schließlich wurde die Deutsch-Arabische Gesellschaft in Berlin-Kreuzberg durch einen Bombenanschlag zerstört, sieben Menschen wurden verletzt.

Am 17. April 1986 erfolgte der versuchte Anschlag auf ein El Al Flugzeug, das von London nach Israel fliegen sollte. Die amtliche britische Version lautete, daß Hindawi selbst seiner schwangeren Verlobten eine Tasche mit Plastiksprengstoff mit ins Flugzeug gegeben habe, von der diese nichts wußte. Diese Bombe sei ihm in Damaskus bereits von Said gezeigt und von einem Mitarbeiter der syrischen Fluglinie nach London gebracht worden. Israelische Sicherheitsbeamte hätten den Sprengsatz entdeckt, als Hindawis Verlobte das Flugzeug besteigen wollte.

Erneut blieben viele Fragen offen: die extrem sorgfältigen Gepäckkontrollen der israelischen Fluggesellschaft El Al sind bekannt, ein unentdecktes Einschmuggeln einer Bombe war von vornherein wenig aussichtsreich. Hindawi hat sich – offiziellen Verlautbarungen zufolge – nach der Entdeckung des Sprengsatzes sofort in die syrische Botschaft begeben und dort mit dem Botschafter gesprochen. Ein unsinnigeres Verhalten wäre kaum denkbar, falls Syrien wirklich hinter dem Anschlag gesteckt hätte. Und daß ausgerechnet der Botschafter persönlich eine Rolle spielen solle, erscheint absurd. Die Syrer hätten Hindawi einen Tag versteckt gehalten, bis dieser vor ihnen geflohen sei – was auch etwas eigenartig wirkt, nachdem er gerade in deren Botschaft gegangen sein soll. Schließlich soll Hindawi dann in britischer Haft einen Brief an seinen in Italien lebenden Neffen Awni geschrieben haben. Darin bat er angeblich, die syrische Regierung zu veranlassen, einen Austausch seiner Person gegen vier im Libanon gefangene israelische Soldaten vorzuschlagen, und formulierte:

»Sag Haitham [Said; Oberst des syrischen Luftwaffengeheimdienstes; J. H.], daß er notfalls eine Gruppe von Ausländern anbieten soll, die in Beirut festgehalten werden«.[105]

Diese Vorstellung ist nun völlig absurd: daß ein in Großbritannien inhaftierter, eines versuchten Terroranschlags Verdächtigter, aus seiner Zelle einer dritten Regierung ernsthaft vorschlagen wollte, ihn durch Gefangenenaustausch freizupressen – ohne die Selbstverständlichkeit zu beachten, daß seine Post kontrolliert wird –, dieser Gedanke ist gänzlich sinnlos. Ein solcher Brief erweckt zumindest den Anschein, daß er gerade geschrieben worden ist, um ihn finden zu lassen und gezielt eine Spur zu legen. (Dieser Gedanke drängt sich bereits bei der Vorstellung auf, an den israelischen Sicherheitsbeamten vorbei eine Bombe in ein El Al-Flugzeug schmuggeln zu wollen.)

Es ist hier nicht möglich, die tatsächlichen Abläufe und politisch Verantwortlichen der Angelegenheit aufzuklären. Es geht auch nicht darum, die syrische Regierung pauschal vom Verdacht gewaltsamer Politikformen reinwaschen zu wollen. Aber die Tatsache bleibt, daß erstens die syrische Regierung über *kein Motiv* für diese beiden konkreten Anschläge verfügte. Syriens Politik ist vielmehr grundlegend darauf gerichtet, sich bei den westeuropäischen Staaten und den USA als fest kalkulierbare und zuverlässige politische Größe zu etablieren und auf dieser Grundlage Kooperationsmuster aufzubauen. Die beiden Anschläge hätten der syrischen Regierung konkret nichts genützt, politisch aber extrem schaden können. Zweitens muß festgestellt werden, daß auch im Rahmen der offiziellen Versionen der Anschläge zumindest viele Fragen offen bleiben.

Selbst die konservative *Frankfurter Allgemeine Zeitung* konnte noch nach der Verurteilung Hindawis ihre Zweifel an einer syrischen Urheberschaft nicht verhehlen. Sie formulierte:

»[A]rabische und westliche Analytiker [hielten] eine Beteiligung offizieller syrischer Stellen für wenig wahrscheinlich. Ihre Interessenlage verbot den Syrern eine so spektakuläre Aktion, deren Gelingen einen massiven israelischen Gegenschlag wie etwa einen Luftangriff auf Damaskus mit allen denkbaren Auswirkungen nicht zuletzt für die dortigen Machthaber hervorgerufen hätte, argumentierte man. (...) Nicht weniger sicher schien, daß der syrische Staatspräsident Assad, der im Rufe eines kühlen Rechners steht, diesen Mechanismus ebenfalls vorausgesehen und niemals seine Einwilligung gegeben hätte. Den veröffentlichten Angaben des alsbald verhafteten tatverdächtigen Jordaniers Nizar Hindawi über seine syrischen Hintermänner in London und Damaskus wurde daher nicht allzu viel Glaubwürdigkeit beigemessen. Erinnerungen kamen auf an eine politisch vergleichbare Tat: den Anschlag auf den israelischen Botschafter in London Anfang Juni 1982, der den Vorwand für die lange geplante und vorbereitete israelische Invasion im Libanon geliefert hatte.«[106]

Der *Spiegel* wertete die Londoner Verurteilung Hindawis:

»Ein Sieg ist das Verdikt in jedem Fall für Israel, das bislang vergebens Beweise für syrische Unterstützung des nahöstlichen Terror-Dschungels zu beschaffen versucht hatte – um bei Bedarf eine Legitimation für einen Vergeltungsschlag zu haben.«[107]

Bei diesem Argument ist natürlich nicht unwichtig, daß der versuchte El Al-Anschlag genau zwei Tage nach dem US-Angriff auf Libyen erfolgt war, mit dem die libysche Regierung angeblich für ihre Verwicklung in verschiedene Bombenanschläge bestraft werden sollte.

Die Zweifel an der syrischen Rolle führten schließlich sogar zu diplomatischen Verwicklungen. Der französischen Premierminister Jacques Chirac erklärte einer US-Tageszeitung mit Bezug auf den bundesdeutschen Regierungschef und seinen Außenminister:

»Ich habe mit Kohl und Hans-Dietrich Genscher darüber [über den vorgeblichen Hindawi-Anschlag; J. H.] gesprochen. Ich gehe nicht so weit wie sie, aber sie nehmen an, daß die Hindawi-Verschwörung eine Provokation war, die Syrien treffen und die Regierung Assad destabilisieren sollte. Wer steckte dahinter? Wahrscheinlich Personen aus der Nähe des [israelischen Geheimdienstes; J. H.] Mossad in Verbindung mit bestimmten syrischen Elementen aus der näheren Umgebung Assads, die ihn stürzen wollen.«[108] *(Siehe den Text des Interviews mit Chirac in Dokument 2.)*

Staatsminister Mölleman aus dem Auswärtigen Amt bestritt offiziell, daß Kohl und Genscher jemals mit Chirac über das Thema gesprochen hätten, und bezichtigte ihn damit implizit, die Unwahrheit zu sagen. Die Unklarheiten der Angelegenheit wurden so auch nicht ausgeräumt.

Der Iran, »Contragate« und die Krise des Counterterrorismus

Die Amtsübernahme Präsident Reagans im Januar 1981 fiel zusammen mit der Freilassung der amerikanischen Staatsbürger, die im Zuge der Besetzung der US-Botschaft in Teheran durch schiitische Studenten als Geiseln genommen worden waren. Diese Geiselaffäre hatte sich 444 Tage hingezogen und für lange Zeit die US-Innenpolitik überschattet. Präsident Carter war durch sein Unvermögen, eine Befreiung der Geiseln zu erreichen, im Wahlkampf gegen Reagan deutlich geschwächt worden. Vor diesem Hintergrund ist es wenig erstaunlich, daß die Frage des Terrorismus und insbesondere dessen Verbindung zu offiziellen iranischen Stellen bereits zum Beginn der Amtszeit Präsident Reagans hoch emotionalisiert war und mit großer Aufmerksamkeit bedacht wurde. Darüber hinaus entwickelte die US-Regierung schrittweise Positionen, die auf eine nachdrückliche politische Verurteilung des Iran und auf dessen wirksame Isolierung zielten. Nur so sei der Ausbreitung des schiitischen Extremismus und des damit verbundenen internationalen Terrorismus entgegenzutreten. Im Bericht der vom Präsidenten eingesetzten sogenannten »Tower-Kommission« – auf die noch zurückzukommen sein wird – wurde formuliert:

»Die Reagan-Administration entwickelte eine harte Linie gegen den Terrorismus. Insbesondere widersetzten sich die USA hartnäckig allen Konzessionen gegenüber Terroristen als Gegenleistung für die Freilassung von Geiseln – gleichgültig ob durch Zahlung von Lösegeld, die Entlassung von Gefangenen, die Änderung bestimmter Politiken oder auf andere Weise. Etwa im Juli 1982 wurden den USA Hinweise bekannt, die eine Unterstützung terroristischer Gruppen durch den Iran nahelegten – einschließlich von Gruppen, zu deren Praxis Geiselnahme gehörte. Am 20. Januar 1984 erklärte der Außenminister den Iran zu einem Staat, der den internationalen

Terrorismus unterstützt. Danach setzten die USA ihre Verbündeten aktiv unter Druck, keine Waffen an den Iran zu liefern, sowohl wegen dessen Unterstützung des internationalen Terrorismus als auch wegen der Fortsetzung seines Krieges gegen den Irak.«[109]

In der Tat läßt sich für jene Jahre feststellen, daß die Reagan-Administration in zahlreichen Erklärungen des Präsidenten, des Außen- und des Verteidigungsministers eine sehr harte Position gegenüber allem einnahm, was sich als »Internationaler Terrorismus« interpretieren ließ. Diese Härte war nicht nur innenpolitisch notwendig, um sich von der Politik des als schwach und erfolglos eingeschätzten Präsidenten Carter abzusetzen, sondern zugleich die notwendige Voraussetzung der Counterterrorismus-Politik, die ja als harte Reaktion der USA gegenüber dem Terrorismus begründet werden mußte. Beispielhaft für die Betonung der Rolle Irans ist eine Aussage von Fred Ikle (Staatssekretär für Politische Fragen im US-Verteidigungsministerium) anläßlich eines Senatshearings im Mai 1985. Dort sprach er von zwei Quellen des Terrorismus:

»Heute läßt sich die Bedrohung durch den Terrorismus vor allem auf zwei Gruppen und Nationen zurückführen, die für zwei verschiedene Ideologien eintreten: den Kommunismus und den iranischen, islamischen Fundamentalismus.« An gleicher Stelle berichtet Ikle, daß 1984 insgesamt 97 Fälle staatlich unterstützten Terrorismus begangen worden seien, davon allein 66 durch den Iran. (26 Anschläge lastet er Libyen an, womit nur noch 5 für alle anderen Regierungen verblieben. Interessanterweise ist bei ihm von Syrien nicht die Rede, während er die Sowjetunion, Kuba und Nicaragua als verantwortlich erwähnt.)[110]

Nach dieser Zählung wäre die Islamische Republik Iran für rund zwei Drittel aller Akte des staatlich unterstützten internationalen Terrorismus verantwortlich gewesen. Damit wäre in der Logik US-amerikanischer Counterterrorismus-Konzeptionen praktisch jede – auch militärische – Gegenmaßnahme gerechtfertigt.

Auch Robert Oakley, der damalige Terrorismusspezialist des

US-Außenministeriums, erklärte den Iran zum »Hauptschuldigen« des internationalen Terrorismus – allerdings vergaß er nicht, Syrien zumindest zu erwähnen.[111]

Vor diesem Hintergrund erschien es als eine glatte Sensation, als sich im November 1986 herausstellte, daß die USA nicht etwa verdeckte Counterterroristische Aktionen unternommen oder sogar offene Angriffshandlungen wie gegen Libyen durchgeführt hatten, sondern in den Jahren 1985 und 1986 eine geheime Form der Zusammenarbeit mit dem Iran aufgebaut hatten, die sogar Waffenlieferungen einschloß. Besonders pikant wurden die Enthüllungen dadurch, daß sogar Lösegeldzahlungen zur Freilassung von Geiseln bekannt wurden, wie auch die Waffenlieferungen in diesem Zusammenhang standen.

Im Verlauf des Jahres 1984 und erneut im Sommer 1985 kam es innerhalb der US-Regierung zu internen Diskussionen über die zukünftige Politik gegenüber dem Iran. Mitarbeiter des Nationalen Sicherheitsrates (NSC) arbeiteten an Papieren, die auf die Vorbereitung einer politischen Annäherung und die Entwicklung von US-Einflußmöglichkeiten im Iran zielten. Anlaß waren Überlegungen im Zusammenhang mit der erwarteten unklaren Nachfolgeregelung beim Tod des greisen Ayatollah Khomeini. In der US-Regierung wurden heftige Machtkämpfe und politische Instabilität vorausgesehen und insbesondere ein dadurch ermöglichter Machtzuwachs der Sowjetunion im Iran befürchtet. Aus US-Interesse sei es daher unverzichtbar, selbst über bessere Verbindungen zu »gemäßigten« Fraktionen des iranischen Machtapparates zu verfügen – wobei es allerdings umstritten blieb, ob es solche überhaupt gäbe[112]

Ein Ergebnis dieser Überlegungen bestand in einem von NSC-Mitarbeitern erarbeiteten Entwurf für eine schriftliche Entscheidung des Präsidenten (eine sogenannte NSDD, *National Security Decision Directive)* in der unter anderem vorgesehen war, dem Iran durch indirekte Waffenlieferungen einen Anreiz zur schrittweisen Verbesserung der bilateralen Beziehungen zu bieten – und zugleich bestimmte Machtgruppen zu unterstützen.

Der damalige CIA-Direktor William Casey unterstützte

diese Vorstellungen, während sowohl das Verteidigungs- als auch das Außenministerium scharf widersprachen.[113]

Damit war der offizielle Weg, durch einen geregelten inneradministrativen Konsens zu einer neuen und grundlegend anderen Iranpolitik zu gelangen, gescheitert. Die US-Regierung bemühte sich nun weiterhin aktiv, durch Überzeugung und politischen Druck gegenüber seinen Verbündeten den Iran in der Isolation zu halten und insbesondere jede Waffenlieferung zu unterbinden. Nur wenige Wochen nach dem bürokratischen Tod des NSDD-Entwurfs kam es im Juli und August 1985 zu intensiven Kontakten zwischen der US-Regierung und der Regierung Israels. Insbesondere David Kimche, Generaldirektor des israelischen Außenministeriums, drängte die US-Seite, durch Waffenlieferungen an den Iran aktiv zu werden – wobei das israelische Interesse primär in der Schwächung des iranischen Kriegsgegners Irak gelegen haben dürfte. Der US-Regierung wurden allerdings die Bedeutung intensiverer Kontakte zum Iran und *die Möglichkeit einer vom Iran arrangierten Freilassung amerikanischer Geiseln im Libanon* als Ziele präsentiert. Dabei könnten die Waffenlieferungen entweder direkt durch die USA oder durch Israel erfolgen, falls die USA in diesem Fall Israel entsprechende neue Waffen liefern würden. Trotz der zuvor erfolgten Entscheidung der US-Regierung gegen eine solche Option stimmte Präsident Reagan im August 1985 gegen die bekannten Einwände der Minister Shultz und Weinberger Waffenlieferungen Israels an den Iran zu – auch wenn er sich im Februar 1987 vor der von ihm selbst eingesetzten Untersuchungskommission (der sogenannten Tower-Kommission) an nichts erinnerte. Die Tower-Kommission konnte diese Tatsache trotzdem nachweisen.[114]

Ende August und Mitte September lieferte Israel daraufhin insgesamt 508 TOW-Panzerabwehrraketen an den Iran, und bemerkenswerterweise wurde am Tag nach der zweiten Lieferung tatsächlich der im Libanon von Hizbollah festgehaltene US-amerikanische Geistliche Benjamin Weir freigelassen. Damit hatten beide Seiten im Rahmen dieses Geschäftes ihren »guten Willen« zu weiteren Kontakten demonstriert. Entgegen den Erwartungen der USA und Israels wurden allerdings vorerst keine weiteren Geiseln im Libanon freigelassen. Nach einer weiteren, allerdings begrenzteren Waffenlieferung Israels im November kam es zu verstärkten israelisch-amerikanischen Kontakten, bei denen Amiram Nir, der Berater des israelischen Premierministers für Counterterrorismus, eine zentrale Rolle spielte. Auf Grundlage seiner Vorschläge stimmte Präsident Reagan im Januar 1986 nach eigenen Angaben einem Plan zu, der aus vier Elementen bestand: Der Freilassung von zwanzig in Israel gefangengehaltenen Hizbollah-Mitgliedern, der Lieferung weiterer TOW-Raketen via Israel an den Iran, der Freilassung aller im Libanon gefangenen amerikanischen Geiseln und dem Ende aller Entführungen von US-Bürgern. Dieser Plan wurde später geändert, indem nämlich die TOW direkt durch die CIA – die sie vom Pentagon kaufen würde – an Iran geliefert wurden. Der Präsident erklärte der Tower-Kommission später zu seiner Rechtfertigung, daß die Raketen schließlich nicht verschenkt, sondern verkauft worden seien. Außerdem:

»Der Präsident unterschied zwischen einem Verkauf an jemanden, der Einfluß in bezug auf die Geiseln ausüben könne [den Iran; J. H.] und dem direkten Umgang mit den Entführern. Der Präsident erklärte dem Ausschuß, daß nur das Letztere Geiselnahme ›lohnend‹ machen würde.«[115]

Diese Ausführungen waren deshalb interessant, weil damit die rhetorische Grundlage der gesamten Counterterrorismus-Konzeption der US-Regierung geradezu nebenbei aufgegeben wurde: Counterterrorismus in der von den USA praktizierten Form beruhte ja gerade darauf, die verantwortlichen Gruppen oder Individuen und bestimmte mißliebige Regierungen gleichzusetzen: Libyen war bombardiert worden, weil Abu Nidal Anschläge beging, Syrien wurde aus dem gleichen Grund bedroht, Iran war immer als direkt und selbst verantwortlich für den schiitischen Terrorismus gebrandmarkt worden. Nun plötzlich unterschied Reagan sehr deutlich zwischen den Entführern und der iranischen Regierung, um Kritik an seiner Person zu entgehen.

Im Februar 1986 lieferten die USA insgesamt 1000 TOW, im Mai reisten der ehemalige Nationale Sicherheitsberater McFarlane, Oberstleutnant Oliver (»Ollie«) North und andere (darunter der Israeli Nir, der als US-Beamter ausgegeben wurde) in geheimer Mission nach Teheran, nicht ohne einige Ersatzteile für HAWK-Luftabwehrraketen mitzunehmen. Im Juli wurde daraufhin eine weitere US-Geisel im Libanon, Pater Lawrence Jenco, freigelassen, im August erfolgte eine weitere Lieferung von militärischen Ersatzteilen. Ende Oktober lieferte Israel im Auftrag der USA weitere 500 TOW an den Iran und erhielt diese aus den USA ersetzt (die CIA transportierte die 500 Raketen am 6. 11. 1986 von der *Kelly Air Force Base* in Texas zur US-Luftwaffenbasis Ramstein in die Bundesrepublik, am nächsten Tag von dort nach Israel), wenige Tage später wurde in Beirut die US-Geisel David Jacobsen freigelassen. Bereits mit der letzten israelischen Lieferung war die Aktion abrupt beendet: in Beirut publizierte eine Zeitung Informationen über die US-iranischen Geheimkontakte, am nächsten Tag – dem 4. November 1986 – ging der iranische Parlamentspräsident Rafsanjani an die Öffentlichkeit, um einer innenpolitischen Schwächung möglichst vorzubeugen. Durch das Bekanntwerden der Kontakte wurde in beiden Ländern eine Fortsetzung unmöglich gemacht.

Die gesamte Operation hatte aus US-Perspektive drei Hauptfunktionen erfüllt: den Tausch Waffen gegen Geiseln, eine versuchte Verbesserung der Beziehungen zum Iran und die indirekte Finanzierung der Kriegführung der nicaraguanischen *Contras*. Bei der Serie der Waffenverkäufe waren dem Iran deutlich überhöhte Preise berechnet worden, die Gewinnspanne (zwischen 10 und 30 Millionen Dollar bei einem Wert der Waffen von etwa 12 Millionen)[116] leitete man auf verdeckten Wegen an die *Contras* weiter. Die Affäre wurde zu einer massiven Belastung der Reagan-Administration, die bis zur Beeinträchtigung ihrer Funktionsfähigkeit anwuchs. Oberstleutnant Oliver North, der die operative Leitung zunehmend aus dem Nationalen Sicherheitsrat heraus und an anderen Regierungsinstanzen vorbei selbst übernommen und sich dabei eines privaten und halbprivaten Netzes teils dubioser Persönlichkeiten bedient hatte, wurde entlassen. Der Nationale Sicherheitsberater des Präsidenten, Admiral John Poindexter, wurde ebenso von diesem Schicksal ereilt wie der Stabschef des Weißen Hauses, Donald Regan. CIA-Chef William Casey blieb nur deshalb davon verschont, weil er aufgrund einer Gehirnoperation ohnehin zurücktreten mußte und bald starb. Damit waren vier der entscheidenden Akteure Reaganscher Außenpolitik aus ihren Ämtern gezwungen. Aber auch innerhalb der Regierung kam es zu bemerkenswerten Auseinandersetzungen, bei denen das Außenministerium sogar so weit ging, den Präsidenten direkt zu kritisieren. Reagan hatte zu seiner Entlastung formuliert, daß der Iran seine Unterstützung des Terrorismus gemildert habe. Daraufhin entsandte Außenminister Shultz seinen Stellvertreter, John Whitehead, zur Aussage vor einen Kongreßausschuß, um dort zu Protokoll zu geben:

»Ich widerspreche nicht gerne meinem Präsidenten, aber ich glaube, daß immer noch Beweise für die iranische Verwicklung in den Terrorismus existieren.«[117]

Zuvor hatte der Präsident völlig unglaubwürdige Erklärungen abgegeben. So hatte er am 13. November 1986 in einer landesweit ausgestrahlten Fernsehansprache unter anderem erklärt:

»Die Behauptung wurde aufgestellt, die Vereinigten Staaten hätten Waffen an den Iran geliefert – als Lösegeldzahlung für die Freilassung amerikanischer Geiseln im Libanon –, die Vereinigten Staaten hätten ihre Verbündeten hintergangen und heimlich die amerikanische Politik verletzt, wonach es keine Geschäftsbeziehungen zu Terroristen geben soll.

Diese Behauptungen sind vollkommen falsch.

Die Vereinigten Staaten haben keine Zugeständnisse an jene gemacht, die unsere Landsleute im Libanon gefangenhalten. Und wir werden das auch nicht tun. Die Vereinigten Staaten haben weder Schiffsladungen noch Flugzeugladungen voller amerikanischer Waffen gegen amerikanische Geiseln ausgetauscht. Und wir werden dies auch nicht tun.«[118]

Der Präsident ging in seiner Rede so weit, die geheimen

Aktivitäten unter anderem mit dem Ziel einer Beendigung des Golfkrieges zwischen Iran und Irak und mit der »Beendigung des staatlich unterstützten Terrors im Mittleren Osten« zu begründen.[119]

Im Zusammenhang mit unserer Thematik erbrachten die geheimen Waffengeschäfte der USA und Israels mit der iranischen Regierung zumindest zwei wichtige Ergebnisse:

1. Der Iran verfügt tatsächlich über einen gewissen Einfluß auf radikal-schiitische Gruppen wie Hizbollah, die im Libanon für Geiselnahmen und bewaffnete Anschläge verantwortlich sind – sonst wäre durch die Waffenlieferungen nicht die Freilassung einiger amerikanischer Geiseln bewirkt worden. Zugleich allerdings wurde deutlich, daß der Iran diese Gruppen nicht völlig kontrolliert, da die Art, der Zeitpunkt und der Umfang der Geiselbefreiungen den iranischen Vorstellungen nicht immer folgten. *(Siehe dazu auch Dokument 3.)* So formulierte der Tower-Bericht:

»Cave [ein an den Geschäften beteiligter CIA-Mitarbeiter; J. H.] lernte aus der Teheran-Reise [Ende Mai 1986; J. H.], daß die Iraner weniger Kontrolle über die Geiselnehmer hatten, als die Geheimdienste glaubten.«[120]

2. Die Rhetorik US-amerikanischer Counterterrorismus-Kampagnen ist offensichtlich nicht zum Nennwert zu akzeptieren. Counterterrorismus in diesem Sinne ist offensichtlich eben nicht eine unbeugsame und konsequente Politik gegen Terrorismus, die jeden Kontakt mit terroristischen Gruppen und Organisationen ablehnt und stattdessen mit allen, auch militärischen Mitteln diesen bekämpft. Die »Contragate«-Affäre hatte demonstriert, daß die US-Regierung auch einem Land gegenüber, das man jahrelang als Hort des internationalen Terrorismus gebrandmarkt und der direkten Verantwortung für Anschläge und Entführungen amerikanischer Bürger bezichtigt hatte, sehr kooperativ umgehen würde. Waffen gerade an eine Regierung zu liefern, die man selbst als terroristisch bezeichnete – Außenminister Shultz wiederholte diesen Vorwurf noch nach dem Bekanntwerden der Waffenlieferungen[121] –, demonstrierte sehr nachdrücklich, daß die proklamierte Anti-Terro-

rismuspolitik nur sehr selektiv angewandt wurde und daß Counterterrorismus nur bedingt etwas mit Terrorismus zu tun hat.

Die »Contragate«-Affäre (so benannt als Anspielung auf die gesetzwidrige Verschiebung von Geldern an die *Contras* durch den Waffenhandel und die *Watergate*-Affäre, die Präsident Nixon um sein Amt gebracht hatte) trug dazu bei, daß die Reagan-Administration zumindest für eine Zeit in bestimmten Bereichen bei der Umsetzung von *low-intensity warfare* behindert war. Die offizielle Unterstützung der *Contras* in Nicaragua wurde durch die illegalen Praktiken der Regierung und das Ausscheiden wichtiger Schlüsselfiguren aus der US-Regierung wesentlich erschwert, und das zur Legitimation einer interventionistischen Außenpolitik so geeignete Konzept von Counterterrorismus hatte in der US-Öffentlichkeit viel von seiner Glaubwürdigkeit verloren.

Die atlantische Allianz und der Terrorismus im Nahen Osten

So sehr die Staaten Westeuropas und die USA auch eine gemeinsame Rhetorik benutzten, die eine häufige Wiederholung der Verurteilung aller Formen des internationalen Terrorismus zum Kern hatte, so wenig konnten sie sich auf eine gemeinsame Sichtweise oder eine gemeinsame Strategie einigen. Mehr noch: hinter einer Nebelwand aus konsequenter Rhetorik entwickelten sich die Fragen des internationalen Terrorismus und der US-Counterterrorismus-Strategie zur Quelle ständiger Meinungsverschiedenheiten.

Die westeuropäischen Bündnispartner waren bereits seit dem Amtsantritt der Reagan-Administration dem immer schärfer werdenden anti-libyschen Kurs der USA nicht gefolgt. Mit besonderer Deutlichkeit zeigten sich diese Meinungsunterschiede im Januar 1986, als die USA ihr vollständiges Handelsembargo verkündeten. Obwohl ein einseitiger US-Boykott praktisch wirkungslos war – der bilaterale Handel mit Libyen war bereits gering, während die EG-Staaten beträchtliche Handelsinteressen unterhielten – und eine Beteiligung der EG die Voraussetzung für jede Wirksamkeit gewesen wäre, hielt es die US-Regierung nicht für angebracht, um eine solche ernsthaft nachzusuchen: ihre Ablehnung wäre bereits abzusehen gewesen. Die Reagan-Administration betonte daher immer, daß »die gesamte zivilisierte Welt« Libyen »exkommunizieren« solle (so der US-Botschafter in Bonn, Richard Burt), oder, daß man die Verbündeten »konsultieren« wolle. Präsident Reagan erklärte auf einer Pressekonferenz, daß man die Europäer besser nicht direkt fragen solle. »Aber wir werden sie konsultieren und feststellen, wieviel Zusammenarbeit wir bekommen können.«[122]

Dabei war besonders interessant, daß selbst diese »Konsultationen« erst *nach* dem Beschluß der US-Regierung zum Handelsembargo erwähnt wurden. Diesen Punkt erläuterte Botschafter Richard Burt:

»Ich weiß, daß es Fragen dazu gab, warum die Vereinigten Staaten vor ihrer Entscheidung keine Konsultationen anberaumten. In einigen Fällen können Konsultationen auch als Ausrede dienen, um Entscheidungen zu vermeiden. Sicher hat niemand daran gezweifelt, welche Maßnahmen in der letzten Woche in Washington in Betracht gezogen wurden und es bestand jede Gelegenheit für andere Regierungen, ihre Ansichten bekanntzugeben, wie es auch viele getan haben. Aber manchmal schließt eine Führungsposition auch ein, sich vor die Meinung der anderen zu stellen und sie anzuführen. Wir streben danach, einen neuen Konsens unter den zivilisierten Nationen voranzutreiben, um dem internationalen Terrorismus verstärkt entgegentreten zu können. Präsident Reagan hat die notwendige Entscheidung getroffen, um den Weg zu weisen.«[123]

In der Frage des Wirtschaftsboykotts gegen Libyen folgten die westeuropäischen Bündnispartner ihrer nordamerikanischen Führungsmacht nicht, und zwar mit fast demonstrativer Deutlichkeit. Die *Frankfurter Rundschau* erschien am 8. Januar 1986 mit der zutreffenden Schlagzeile »Verbündete wollen USA nicht folgen«, die *Süddeutsche Zeitung* meldete am 29. Januar: »EG hält nichts von einem Boykott Libyens«, womit die Positionen angemessen beschrieben sind. Selbst Bundeskanzler Helmut Kohl, der sich nicht selten einiges auf seine persönliche Verbindung zu Präsident Reagan zugute hält, sprach am 9. Januar von unterschiedlichen Meinungen in Bonn und Washington und erklärte: »[A]ber ich habe nach meinem Amtseid deutsche Interessen zu vertreten.« In diesem Zusammenhang verwies er insbesondere auf die bundesdeutsche Ölversorgung und auf 1500 in Libyen lebende Bundesbürger.

Der japanische Regierungssprecher Gotoda formulierte, sein Land könne selbst beurteilen, was zur Eindämmung des Terrorismus nötig sei.[124]

Insgesamt kann keine Rede davon sein, daß die Boykottmaßnahmen vom Januar 1986 auch nur ansatzweise von den US-Verbündeten übernommen worden wären. Die politischen Differenzen – so diskret sie auch ausgetragen wurden – gingen so weit, daß Robert Oakley, der Leiter des Counterterrorismus – Büros im US-Außenministerium, sich zu der Bemerkung genötigt sah, die US-Regierung führe »keine Kampagne gegen die Europäer« (und die »gemäßigten« arabischen Regierungen). Er warnte vor »Spaltungen« in der Frage des Terrorismus.[125]

Ende Januar reiste daraufhin der stellvertretende US-Außenminister John Whitehead zehn Tage lang in die Hauptstädte neun verbündeter Länder, um die US-Position weiter zu erläutern und um Unterstützung zu werben. In Bonn etwa sprach er mit vier konkreten Anliegen vor, die einen schrittweisen Verzicht auf den Import libyschen Rohöls und die Einstellung direkter Flugverbindungen seitens der Bundesrepublik einschlossen. Diese Reise konnte die grundsätzlichen Meinungsunterschiede allerdings nicht ausräumen.

Die Entführung der Achille Lauro, Teil II

Im Falle der Entführung des italienischen Passagierschiffes »Achille Lauro« (vgl. Kasten Achille Lauro I, S. 56) strebte die italienische Regierung eine friedliche Lösung an und wollte nur im äußersten Notfall zu militärischen Mitteln greifen. Die Zusammenarbeit Syriens, Ägyptens und der PLO mit Italien schaffte sehr gute Voraussetzungen dafür, was jedoch durch eigenmächtiges Handeln der USA immer wieder gefährdet wurde. Dies begann noch während der Entführung: obwohl der Krisenstab der italienischen Regierung bereits in der Nacht vom 7. auf den 8. Oktober 1985 einen militärischen Einsatzplan für den Notfall gebilligt hatte, plante die amerikanische Regierung von Anfang an ohne Absprache mit den Italienern einen eigenmächtigen militärischen Einsatz und kündigte diesen für die Nacht zum 9. Oktober 1985 an, nachdem die Ermordung eines oder mehrerer Amerikaner am Morgen des 8. Oktober verlautet war. Von der Regierung in Rom wurde seitens der USA der Abbruch jeglicher Verhandlungen mit den Entführern gefordert.

In der Nacht vom 10. auf den 11. Oktober 1985 handelten die Vereinigten Staaten dann ohne jegliche Absprache mit der italienischen Regierung, ja sogar ohne sie zu informieren und kaperten die ägyptische Linienmaschine, die die vier Schiffsentführer und die beiden PLO-Unterhändler ausfliegen sollte. Über dem Mittelmeer, unweit Kreta, flogen vier amerikanische Abfangjäger die ägyptische Maschine an und zwangen sie, auf dem NATO-Stützpunkt Sigonella, dessen Rollbahnen ausschließlich italienischer Oberhoheit unterstehen, zu landen. Erst als der Kontrollturm auf Sigonella die Landeerlaubnis für die ägyptische Maschine zunächst verweigerte, verständigte die amerikanische Regierung die italienische überhaupt von ihrem Vorhaben. Auf dem Rollfeld kam es anschließend zu einem Beinahe-Zusammenstoß zwischen amerikanischen und italienischen Soldaten, als der amerikanische Befehlshaber den Italienern erklärte, daß er die an Bord befindlichen Palästinenser in die USA bringen wolle. Nachdem die Situation sich fast bis zu einem Schußwechsel zwischen den beiden Seiten zugespitzt und Präsident Reagan einen letzten vergeblichen Versuch gemacht hatte, beim italienischen Ministerpräsidenten Craxi die Auslieferung der Palästinenser zu erreichen, erhielten die amerikanischen Soldaten aus Washington den Befehl, die Piste zu räumen.

Vgl.: Werner Glinga: Die Nacht von Sigonella, in: Blätter für deutsche und internationale Politik, 1, 1986, S. 62–73

Besonders aufschlußreich für die europäisch-amerikanischen Beziehungen waren die Entwicklungen im Zusammenhang mit dem US-Angriff auf Libyen im April 1986. Die zunehmende Gefahr einer militärischen Eskalation des Konfliktes mit Libyen durch die Reagan-Administration war in den europäischen Hauptstädten bereits seit Monaten mit einigem Unwohlsein beobachtet worden: Whitehead hatte etwa bereits im Januar mehrfach darauf hingewiesen, daß die US-Regierung sich »das Recht vorbehalte«, auch militärisch gegen Libyen vorzugehen.[126]

Entsprechende Maßnahmen waren auch in gutinformierten US-Zeitschriften bereits diskutiert worden. Als dann die US-Militärmanöver vom März 1986 zu einzelnen Luftangriffen durch US-Flugzeuge führten und US-Sonderbotschafter Vernon Walters bei einer eilig angesetzten Rundreise durch Europa militärische Maßnahmen der USA in Aussicht stellte – ohne deren genauen Charakter und Zeitpunkt bereits zu nennen –, entfalteten einige westeuropäische Regierungen hektische diplomatische Aktivitäten. Am 14. April 1986 trafen sich die zwölf Außenminister der EG in Den Haag, um sich für eine Entschärfung der drohenden Krise einzusetzen. Die dabei verabschiedete Erklärung war in kunstvoller diplomatischer Sprache so abgefaßt, daß zwar Libyen deutlicher kritisiert wurde als zuvor, andererseits aber den USA deutlich zu verstehen gegeben wurde, daß die EG keine militärische Konfrontation an ihrer Südflanke wünschte. *(Wortlaut in Dokument 12.)*

Die elf Punkte dieses Dokumentes sind einen näheren Blick wert. Der erste Punkt wendet sich zugleich gegen »die Zunahme der Spannungen im Mittelmeerraum« und die »jüngsten terroristischen Gewalttaten«, gegen die ein abgestimmtes Verhalten nötig sei. Die Punkte zwei bis vier verurteilen nachdrücklich den Terrorismus und bringen Libyen damit in Verbindung, ohne allerdings eine libysche Verwicklung in bestimmte Anschläge konkret zu behaupten. Insofern wird der US-Position zwar etwas entgegengekommen, ihr aber nicht vollkommen gefolgt. Die Punkte fünf bis zehn formulieren die geplanten Maßnahmen der EG. Dabei handelt es sich praktisch ausschließlich um eher symbolische Vorhaben (etwa die Beschränkung der Freizügigkeit libyscher Diplomaten und die Verringerung des Personals an libyschen Volksbüros, den Botschaften). Auch ein verspäteter Anschluß an die US-Wirtschaftssanktionen wird in wohlgesetzten Worten abgelehnt. Zwar wolle die EG keine Waffen oder andere Rüstungsgüter mehr an Libyen liefern – eine Praxis, an die sich die meisten

Mitgliedstaaten bereits seit geraumer Zeit hielten – weitergehende Sanktionen kamen aber nicht in Betracht:

»Sie [die EG-Staaten; J. H.] werden auch weiterhin alles in ihren Kräften stehende tun, um sicherzustellen, daß ihre Staatsangehörigen und Unternehmen keinen wirtschaftlichen Vorteil aus Maßnahmen ziehen, die als Reaktion auf terroristische Gewalttaten und sonstige terroristische Aktivitäten getroffen werden. Sie behalten sich das Recht vor, zu prüfen, ob weitere Maßnahmen ergriffen werden müssen.«[127]

Außer der unverbindlichen Zusage, US-Sanktionen nicht gezielt zu unterlaufen, enthielt diese Kernpassage nichts Greifbares. Eine Formulierung wie »sich das Recht vorbehalten, zu prüfen« – also nicht einmal die Prüfung selbst zu beschließen – kann nicht eben als harte Sanktionsmaßnahme bezeichnet werden.

Nach einer Reihe weiterer harmloser aber wohlklingender Maßnahmen (etwa: »Verbesserung der Sicherheitsmaßnahmen« etwa der Zivilluftfahrt), »Zusammenarbeit mit anderen Staaten« (etwa mit der Arabischen Liga), wird dann im elften und letzten Punkt der EG-Deklaration noch einmal die Hauptsorge deutlich formuliert: die Spannungen sollen durch eine »politische Lösung« beseitigt und eine »weitere Eskalation der militärischen Spannungen« vermieden werden. Schließlich erklären die EG-Außenminister, »daß *alle* Beteiligten [also auch die US-Regierung; J. H.] Zurückhaltung üben müssen.«[128]

Insgesamt kann festgestellt werden, daß es sich bei der Deklaration vom 14. April um eine diplomatisch geschickt verpackte Aufforderung an die Adresse der USA handelt, an der Südflanke der EG auf jede militärische Provokation gegenüber dritten Staaten zu verzichten. *(Text der Erklärung in Dokument 12.)*

Mit dieser Erklärung im Gepäck bestieg Bundesaußenminister Genscher sofort ein Flugzeug nach Washington, um den Einfluß der EG entsprechend geltend zu machen. Noch bevor er landete, wurde der US-Angriff auf Libyen bereits durchgeführt. Diese offene Brüskierung der EG, der Bundesregierung und des Bundesaußenministers unterstrich noch einmal die tiefen Differenzen innerhalb der NATO in der Counterterrorismus-Frage und bezüglich Libyens und verdeutlichte den Stellenwert von »Konsultationen zwischen den Bündnispartnern«, wenn diese Bündnispartner als Störenfriede empfunden wurden.

Die Reaktion auf diese Brüskierung in Westeuropa war differenziert. Bundesaußenminister Genscher und das Auswärtige Amt bemühten sich, in vorsichtiger Form ihre Verärgerung spüren zu lassen, zugleich aber Schadensbegrenzung zu betreiben. In einer Presseerklärung vom 16. April druckte das Auswärtige Amt ungewöhnlicherweise zu Beginn eines Interviewtextes mit Genscher die redaktionelle Ansage eines Fernsehjournalisten ab:

»Keinen Anlaß zum Jubeln sah Außenminister Hans-Dietrich Genscher. Er hatte auf dem Flug nach Washington von der US-Attacke erfahren. Sichtlich betroffen und von den Ereignissen überrollt, begann er seine zweitägigen Gespräche. Erst gestern hatten sich die EG-Außenminister in Den Haag gegen die militärische Operation ausgesprochen.«[129]

Auf diese Weise konnte die eigene Verärgerung betont werden, ohne sie selbst formulieren zu müssen. In einer Erklärung im Anschluß an ein Gespräch mit US-Außenminister Shultz sprach Genscher unter Berufung auf Bundeskanzler Kohl vom »Verständnis für die Gefühle der amerikanischen Bürger« (nicht für die Aktion der US-Regierung), verwies in der Sache aber erneut auf die EG-Entschließung und betonte zweimal, daß die EG »politische Aktivitäten« (in offensichtlichem Gegensatz zu militärischen Maßnahmen) bevorzuge.[130]

Am folgenden Tag erklärte er: »Die Einheit des westlichen Bündnisses in allen Fragen ist ein zu wichtiges Gut, als daß wir es aufs Spiel setzen. Deshalb ist jetzt der Blick nach vorn zu richten.«[131]

Die Botschaft war deutlich und aus der Perspektive der Bundesregierung nachvollziehbar: der US-Angriff auf Libyen mag ärgerlich und schädlich gewesen sein und einer Brüskierung der EG gleichkommen – eine Krise der NATO wegen einer solchen letztlich zweitrangigen Angelegenheit wäre aus

Sicht der Regierung allerdings weit schlimmer als die Sache selbst und müsse deshalb vermieden werden. An dieser Linie orientierte sich auch der Bundeskanzler in seiner Regierungserklärung vom 16. April 1986. Der erste Teil seiner Rede zeichnete sich dadurch aus, US-amtliche Begründungen für den Bombenangriff auf Tripoli und Bengazi fast wörtlich zu übernehmen und diesen damit implizit zu rechtfertigen. Im zweiten Teil – und nicht, ohne sich zuvor von »primitivem Antiamerikanismus« abgegrenzt zu haben – besann er sich auf die offizielle EG-Position:

»Herr Präsident, meine Damen und Herren, was wir nicht wollen, ist eine Eskalation militärischer Gewalt und Gegengewalt. (. . .) Die Gefahr der Eskalation ist deshalb so groß und die Lage deshalb so gefährlich, weil die Erfahrung gelehrt hat, daß sich Terroristen rationalen Argumenten verschließen. (. . .) Mit militärischen Mitteln wird man die Hydra des Terrorismus auf die Dauer nicht beseitigen können. (. . .) [Außerdem] – dies füge ich genauso deutlich hinzu – können wir nicht akzeptieren, wenn der amerikanische Regierungssprecher kurz und bündig erklärt, die Erklärung der EG-Außenminister in Den Haag habe bei den Entscheidungen der USA keine Rolle gespielt.«[132]

Wenn die beiden Redeteile des Kanzlers logisch auch in einem gewissen Spannungsverhältnis standen, so erfüllten sie politisch doch ihren Zweck: begrenzte Kritik am Bombenangriff mit prinzipiellem Verständnis und Bekenntnissen zur Bündnistreue zu verbinden. *(Eine kurze schriftliche Erklärung des Bundeskanzlers in Dokument 9. Die schärfste Gegenposition in der Debatte erfolgte durch die damalige GRÜNE Fraktionssprecherin, Annemarie Borgmann; Text der Rede in Dokument 11.)*

Innerhalb der EG blieb der US-Angriff auf Libyen nicht ohne politische Erschütterungen. Während Frankreich und Spanien den USA für ihren Luftangriff die Überflugrechte über ihr Territorium verweigerten, war das Großbritannien Margaret Thatchers bereit, als Ausgangsbasis zu dienen. Dabei spielte nicht nur die oft proklamierte Sonderbeziehung beider Staaten *(special relationship)* eine Rolle, deren Substanz nicht immer klar ist, sondern auch noch eine offenstehende Schuld: ohne die logistische und begrenzte militärische Unterstützung der USA hätte Großbritannien keine Chance gehabt, den Krieg um die weit entfernten Malvinas/Falkland-Inseln gegen Argentinien vom April/Mai 1982 erfolgreich zu führen. Trotz dieser Ausgangslage zögerte die britische Regierung noch einen Moment: sie bestand darauf, daß der US-Angriff als »Selbstverteidigung« nach Artikel 51 der UNO-Charta gerechtfertigt sein müsse – eine juristische Fiktion, die die Völkerrechtler im US-Außenministerium gern nachlieferten. Auch bestand die britische Regierung darauf, daß die Benutzung ihrer Basen »notwendig« sein müsse, um Opfer unter der libyschen Zivilbevölkerung zu minimieren. So geriet die britische Unterstützung schließlich zu einem defensiven und fast humanitären Akt – eine Einschätzung, der sich die anderen EG-Partner und die Mehrheit der britischen Bevölkerung nicht so recht anschließen wollten. Insbesondere Italien und Griechenland hielten mit ihrer Unzufriedenheit nicht hinter dem Berg. Besondere Irritationen in EG-Kreisen entstanden zusätzlich durch den Verdacht, von der britischen Regierung hintergangen worden zu sein: schließlich war deren Einverständnis mit der Benutzung ihrer Basen bereits erfolgt, als der britische Außenminister Howe mit seinen Kollegen in Den Haag an der Erklärung der Zwölf arbeitete, die diesen Angriff ablehnte.

Am 17. und am 21. April 1986 trafen die EG-Außenminister zu einer außerordentlichen bzw. ordentlichen Sitzung des Ministerrates in Paris und in Luxemburg zusammen. Dabei ging es fast ausschließlich um die US-Angriffe auf Libyen vom 15. April und um deren politische Folgen. Die Beschlüsse vom 14. April wurden noch einmal bekräftigt, einige zusätzliche Maßnahmen gegen Libyen begrenzter Natur (besonders zur Einschränkung der Tätigkeiten der libyschen Botschaften in Westeuropa) ergänzt.[133] *(Dokumente 12, 13.)*

Anfang Mai 1986 trafen sich in Tokyo die Staats- und Regierungschefs der sieben wichtigsten westlichen Industriestaaten und der Präsident der EG-Kommission zu ihrem traditionellen Weltwirtschaftsgipfel. Dabei wurde auch eine Erklärung zum internationalen Terrorismus verabschiedet. Nur drei Wochen nach dem US-Angriff auf Libyen war die allgemeine Frage, ob sich beim Gipfel die USA mit ihrer Libyen-Politik durchsetzen, oder ob sich die Kritik der EG im Dokument niederschlagen würde.

Das Dilemma wurde gelöst, indem der US-Angriff mit keinem Wort erwähnt, damit also direkt weder begrüßt noch verurteilt wurde.

Weiterhin wurden Formulierungen gefunden, die den Terrorismus und ihn unterstützende Regierungen mit scharfen Worten verurteilten und seine schonungslose und kompromißlose Bekämpfung versprachen. In diesem Zusammenhang wurde Libyen explizit – wenn auch in allgemeiner Form – der »Komplizenschaft mit dem Terrorismus« bezichtigt. Diese Aspekte der Erklärung wurden von der US-Regierung später so interpretiert, als hätten die Teilnehmer des Weltwirtschaftsgipfels doch die US-Position geteilt. Gleichzeitig war die Erklärung aber so abgefaßt, daß die zuvor getroffenen EG-Positionen sich deutlich niederschlugen: ein konkreter Aktionskatalog folgte im wesentlichen der Erklärung von Den Haag. Gewisse Vorbehalte an der US-Aktion ließen sich sogar aus der vorsichtigen Formulierung herauslesen, daß die gemeinsam zu treffenden Maßnahmen »im Rahmen des Völkerrechts und innerhalb unseres eigenen Hoheitsbereichs« zu erfolgen hätten, zwei Kriterien, die auf den Angriff offensichtlich nicht zutrafen. Schließlich fand sich die Formulierung, daß »nationales Vorgehen und internationale Zusammenarbeit Hand in Hand gehen müssen«, was angesichts des einseitigen Charakters der US-Maßnahmen als eine höfliche Form der Kritik interpretiert werden konnte.[134] *(Dokument 13.)*

Insgesamt kann festgestellt werden, daß die Terrorismus-Erklärung des Weltwirtschaftsgipfels einen kunstvollen Kompromiß zwischen den USA und ihren Verbündeten darstellte, der beiden Seiten erlaubte ihr Gesicht zu wahren und einen Erfolg zu reklamieren. Die inhaltlichen Differenzen wurden so geschickt diplomatisch überspielt. Nebenbei: die Interpretationsmöglichkeiten des Papiers gingen so weit, daß die US- und die Bundesregierung unterschiedliche deutsche Übersetzungen verbreiteten, die in einigen interessanten Punkten inhaltlich verschiedene Akzente setzten.

Meinungsumfragen zur US-Politik gegenüber Libyen[135]

»Sind die Militäraktionen der USA gegen Libyen von dieser Woche richtig oder falsch?«

Umfragen in:	USA	Großbritannien	BRD	Frankreich
Antworten				
richtig	71%	30%	25%	61%
falsch	21%	66%	75%	32%
weiß nicht	8%	4%	0%	7%

Die heikle Situation innerhalb der Atlantischen Allianz war auf militärischer Ebene bereits bei der Planung und Durchführung des Angriffs auf Libyen offenbar geworden. Schließlich wurde er von militärischen Einheiten durchgeführt, die in Europa für NATO-Aufgaben bestimmt sind: in Großbritannien stationierte F-111 Flugzeuge und die 6. Flotte im Mittelmeer. Der damalige NATO-Oberbefehlshaber General Rogers erklärte bundesdeutschen Journalisten wörtlich: »Ich habe den Bombenangriff auf Libyen geplant«[136] – wenn auch nicht in seiner Eigenschaft als NATO-Oberbefehlshaber, sondern in seiner Doppelfunktion als Oberkommandierender der US-Truppen in Europa. Tatsächlich war USEUCOM, das US-Oberkommando für Europa, den Nahen Osten und fast ganz Afrika mit Sitz in Stuttgart-Vaihingen, an der Planung beteiligt, wenn ihre Hauptarbeit auch in Washington durchgeführt wurde. Die F-111 wurden durch das Oberkommando der US-Luftwaffe in Europa, USAFE, mit Sitz in Ramstein/Pfalz eingesetzt. Damit ergab sich die Situation, daß die USA *formell* nur ihre eigenen, nationalen Militärmittel einsetzten und die NATO als Bündnis *formell* mit dem Angriff nichts zu tun hatte. So wurde auch begründet, daß Konsultationen mit den Bündnispartnern nicht erforderlich gewesen seien – was juristisch zweifellos zutrifft. Andererseits war diese Trennung von US-Militäraktionen und NATO zum Teil bloßer Formalismus: General Rogers war eben zugleich auch NATO-Kommandierender, das Mittelmeer ist eben Teil des NATO-Geltungsbereichs, und ohne eine Nutzung militärischer Anlagen auf dem Gebiet der NATO-Partner Großbritannien und Bundesrepublik (vermutlich auch Italien) wäre der Angriff undenkbar gewesen. Rogers bemühte sich sogar zusätzlich, eine solche Verbindung politisch herzustellen. Er formulierte: »Die Alliierten sind vor der Operation informiert worden.« Es sei interessant zu hören, daß Regierungen dies nun anders darstellen würden.[137]

Dies war zwar im strengen Wortsinne unwahr, da der genaue Zeitpunkt und Charakter des US-Angriffs außer der britischen Regierung keiner anderen NATO-Regierung bekannt war – lediglich, daß überhaupt eine Aktion bevorstand, war bekannt –, nur erfüllte diese Aussage den poltischen Zweck, die NATO politisch für etwas mitverantwortlich machen zu wollen, über das sie nicht hatte mitentscheiden können, ja nicht einmal informiert worden war.

Schließlich war die NATO vom Angriff auf Libyen schon allein deshalb potentiell mitbetroffen, da die Gefahr einer militärischen Eskalation bis hin zu einer Konfrontation mit der Sowjetunion nicht prinzipiell auszuschließen war. Mehrere tausend sowjetische Militärberater befanden sich zum Zeitpunkt der US-Angriffe in Libyen, in der Regel vermutlich auf militärischen Stützpunkten, sowjetische Schiffe operierten im Mittelmeer, auch in der Nähe der libyschen Küste. Entsprechend reagierte der damalige Staatsminister im Auswärtigen Amt, Jürgen Möllemann, am Tage des US-Angriffs auf eine Frage: »Haben Sie die Sorge einer Eskalation im Nahen Osten?« mit der knappen Antwort »Ich kann mir kaum einen Menschen vorstellen, der im Moment diese Sorge nicht hat.«[138]

Diese Möglichkeiten wurden von Robert Oakley, dem Leiter des damaligen Counterterrorismus-Büros im US-Außenministerium, Mitte Mai 1986 offen formuliert.

»Wie Sie aus den Ereignissen der vergangenen Monate ersehen können, kann sich der Terrorismus auf die Mitgliedstaaten der NATO auswirken, vielleicht indirekt auf die NATO selbst. Es bestand immer die geringe Möglichkeit irgendeiner Art von Konfrontation mit den Sowjets im Mittelmeerraum. Wir hielten das nicht für wahrscheinlich, weil wir glaubten, daß die Sowjets das tun würden, was sie auch in der Vergangenheit getan haben, als es eine größere Konfrontation im Mittleren Osten gab: sie hielten sich so gut wie möglich davon fern. Jetzt aber haben sie sich noch mehr davon ferngehalten als jemals zuvor. Aber das existiert immer als Möglichkeit, die in Betracht gezogen werden muß. Auf der anderen Seite findet alles außerhalb der NATO statt und stellt somit offiziell keine Angelegenheit der NATO dar.«[139]

Oakley ließ damit erkennen, daß die USA eine Konfrontation mit der Sowjetunion als Folge der Angriffe auf Libyen für nicht ausgeschlossen hielten – und daß die europäischen NATO-Staaten in eine solche Konfrontation natürlich hineingezogen worden wären. Zugleich war deutlich, daß die US-Regierung trotzdem überhaupt nicht daran dachte, ihre riskante Strategie mit den betroffenen Bündnispartnern abzusprechen, und daß ein Konflikt nur vermieden werden konnte, wenn die Sowjetunion sich im Gegensatz zu den USA im hohen Maße zurückhalten würde. Unter friedenspolitischen Gesichtspunkten war ein solches Szenario kaum etwas anderes als eine Katastrophe, aber zumindest verdeutlichte es bestimmte Aspekte des Atlantischen Bündnisses: die US-Regierung und ihr Militär nutzten die militärische Infrastruktur, die in Zusammenhang mit der NATO in Westeuropa bestand, aber sie betrieben eine Politik, die auf die Interessen Westeuropas keinerlei Rücksichten nahm und sogar die Risiken eines Konfliktes mit der Sowjetunion einbezog. Vor diesem Hintergrund war nicht so sehr erstaunlich, daß fast alle westeuropäischen Verbündeten Kritik an der US-Politik übten, sondern vielmehr das sehr begrenzte Ausmaß dieser Kritik, deren begrenzte Folgen und das fast reflexartige, sofortige Bemühen, »Schadensbegrenzung« zu betreiben und die bündnisinternen Konflikte zu verschleiern. Letztlich bemühten sich die westeuropäischen Länder nicht um konkrete praktische Schlußfolgerungen für ihr Verhältnis zu den USA – um ähnliche Erfahrungen in Zukunft auszuschließen –, sondern hielten ihre Reaktionen auf dem Niveau diplomatischer Verstimmtheit.

Mit ein Grund für diese unzureichende Reaktion dürfte darin gelegen haben, daß die verschiedenen Regierungen der EG selbst weit davon entfernt waren, sich auf gemeinsame Positionen einigen zu können – nicht gegenüber den USA und nicht einmal gegenüber der Frage des nahöstlichen Terrorismus und bestimmten Ländern der Region.

So existierten nicht nur im Zusammenhang mit dem Libyen-Angriff Differenzen innerhalb der EG – vor allem zwischen Großbritannien und den Mittelmeeranrainern –, sondern auch in anderen Fragen. Die britische Regierung brach im Oktober 1986 die diplomatischen Beziehungen zu Syrien ab, da ein jordanischer Staatsbürger von einem Londoner Gericht verurteilt worden war, im April einen Anschlag auf eine israelische Verkehrsmaschine versucht zu haben – im Auftrag Syriens. Sie bat die anderen EG-Länder, zumindest begrenzte Sanktionen gegen Syrien zu verhängen, wie eine Verminderung der Flugverbindungen nach Damaskus und eine Reduzierung des syrischen Botschaftspersonals. Darauf erfolgte keinerlei positive Reaktion, was eine begrenzte Verstimmung der britischen Regierung zur Folge hatte.[140]

Andere EG-Regierungen – allen voran Frankreich – dachten nicht daran, ihre Beziehungen zu Syrien zu belasten, zu wichtig erschien seine Kooperation für jede Friedenslösung im Nahen Osten und bei Verhandlungen über die Freilassung westeuropäischer Geiseln. Der französische Ministerpräsident Jacques Chirac argumentierte nicht nur politisch für gute Beziehungen der europäischen Staaten zu Syrien, sondern ging so weit, die Urheberschaft der syrischen Geheimdienste am versuchten Bombenanschlag zu bestreiten. Chirac brachte

– wie erwähnt – den israelischen Geheimdienst als Verantwortlichen ins Spiel und vermutete einen vorgetäuschten Anschlag, um auf diese Weise Syrien international zu isolieren.[141] *(Text in Dokument 2.)*

Unabhängig von der tatsächlichen Faktenlage war deutlich, daß die Frage des nahöstlichen Terrorismus auch an diesem Punkt jede einheitliche Position der EG sehr erschwerte. Im übrigen gibt es auch keinerlei Anzeichen, daß die Meinungsverschiedenheiten zwischen den westeuropäischen und nordamerikanischen NATO-Verbündeten in der Frage des Counterterrorismus bis heute geringer geworden wären: im Februar 1987 beispielsweise kam eine Konferenz der sieben wichtigsten Industrieländer zum Terrorismus nicht zustande. Die US-Regierung hatte angeregt, eine solche in Rom durchzuführen, um dort Informationsaustausch und Kooperationsabsprachen zu treffen. Frankreich, die Bundesrepublik und sogar Großbritannien widersetzten sich allerdings einer Teilnahme, da sie fürchteten, »daß Militäraktionen zur Befreiung von Geiseln [im Libanon]« diskutiert werden sollten.[142]

Insgesamt läßt sich daher feststellen, daß die US-amerikanische Strategie des Counterterrorismus als Bestandteil von *low-intensity warfare* zwar primär als Interventionskonzept auf unliebsame Regierungen und Organisationen der Dritten Welt zielt, daß ihre Rückwirkungen auf das atlantische Verhältnis dabei allerdings nicht vernachläßigt werden dürfen.

Anmerkungen

1 William R. Farrell, Responding to Terrorism; What, Why and When; in: Naval War College Review, Vol. 39, No. 1, Jan./Feb. 1986, S. 49

2 Antwort der Bundesregierung auf die Kleine Anfrage der Abgeordneten Frau Borgmann und der Fraktion DIE GRÜNEN – Staatsterrorismus, Bundestagsdrucksache 10/5855, 16. 7. 1986, Fragen 1, 2, 26–29

3 U.S. Policy Information and Texts, 6. 3. 1986, S. 18

4 Kurt Rebmann, Probleme und Möglichkeiten der Bekämpfung des internationalen Terrorismus, in: NJW, Heft 30/1985, S. 1736

5 ebenda, S. 1735 f.

6 Thomas Oppermann, Der Beitrag des Internationalen Rechts zur Bekämpfung des internationalen Terrorismus, in: Staatsrecht, Völkerrecht, Europarecht – Festschrift für Hans-Jürgen Schlochauer, herausgegeben von Ingo von Münch, Berlin 1981, S. 498, 499

7 ebenda, S. 500; Hervorhebung J. H.

8 Karl Markus Kreis, Der Internationale Terrorismus, in: Karl Kaiser/Karl Markus Kreis (Hrsg.), Sicherheitspolitik vor neuen Aufgaben, Schriften des Forschungsinstituts der Deutschen Gesellschaft für Auswärtige Politik – Reihe: Rüstungsbeschränkung und Sicherheit, Band 13, Frankfurt 1977, S. 390

9 ebenda

10 William R. Farell, Responding to Terrorism; What, Why and When, in: Naval War College Review, Vol. 39, Nr. 1, Jan./Febr. 1986, S. 47, 48

11 zitiert nach Major Jeffrey W. Wright, Terrorism: A Mode of Warfare, in: Defense Force Journal, Nr. 54, Sept./Oct. 1985, S. 46

12 Responses by the Department of State to Additional Questions Submitted Following the Subcommittee Hearing, in: Legislation to Combat International Terrorism: 98th Congress, Hearings and Markup Before the Committee on Foreign Affairs, U. S. House of Representatives, Nov. 1983, Juni und Sept. 1984, Washington 1984, S. 248

13 ebenda

14 Public Report of the Vice President's Task Force on Combatting Terrorism, Washington, February 1986, S. 1

15 zitiert nach: L. John Martin, The Media's Role in International Terrorism, in: Terrorism, Vol. 8, No. 2, 1985, S. 128

16 Walter Laqueur, Reflections on Terrorism, in: Foreign Affairs, Fall 1986, S. 88 f.

17 J. Kurt Klein, Die geistigen und die politisch-sozialen Ursachen des deutschen Terrorismus, in: Der Terrorismus – Eine akute Bedrohung der Menschenrechte, herausgegeben vom Bundesminister des Inneren, Bonn, Dezember 1985, S. 142

18 John Bunzl, Israel und die Palästinenser – die Entwicklung eines Gegensatzes, Forschungsberichte des österreichischen Institutes für Internationale Politik, Wien 1982, S. 17; Shamil Sharaf, Die Palästinenser – Geschichte der Entstehung eines Nationalen Bewußtseins, Forschungsberichte des österreichischen Institutes für Internationale Politik, Wien 1983, S. 19

19 zit. nach Bunzl, a.a.O., S. 20

20 zit. nach: ebenda, S. 45

21 zit. nach: ebenda, S. 33

22 in: ebenda, S. 73

23 James A. Reilly, Israel in Lebanon, 1975–1982, in: MERIP-Reports, Nr. 108/109, September/October 1982, S. 14 f.

24 ebenda

25 ebenda

26 Joe Stork / Jim Paul, The War in Lebanon, in: MERIP (= Middle East Research and Information Project) Report, Sept./Oct. 1982, S. 4

27 beispielhaft für diese These die Broschüre des israelischen Außenministeriums: Die Bedrohung durch den PLO-Terrorismus, Botschaft des Staates Israel, November 1985

28 Omar M. Kader, Ethnonationalists or Ideologues: The Case of Terrorism in the Israeli/PLO Conflict, in: Air University – Air Power Syamposium, 11–13 March 1985, The Role of Air Power in Low-Intensity Conflict, Appendix 1, Symposium Papers, S. 3 ff.

29 William V. O'Brien, Counterterrorism: Lessons from Israel, in: Strategic Review, Fall 1985, S. 36

30 Samir Kassir, The Resistance Front in South Lebanon, in: MERIP-Reports, Vol. 133, June 1985, S. 23 f; und: Joe Stork, Report from Lebanon, in: MERIP-Reports, Nr. 118, October 1983, S. 11, 13

31 John Creed, United States Interests in Lebanon, Congressional Research Service, 85-873, 29. 7. 1985, S. 5 f

32 Jeffrey W. Wright, Terrorism; A Mode of Warfare, in: Defense Force Journal (Australien), No. 54, Sept./Oct. 1985, S. 42, 44; Christopher Dobson/Ronald Payne, War Without End – The Terrorists; An Intelligence Dossier, London 1986, S. 36 ff

33 DPA-Meldung vom 13. 5. 1987

34 berechnet nach den Statistiken eines unveröffentlichten Papiers des U.S. Department of State, Office for Counter-Terrorism and Emergency Planning

35 International Terrorism, Text: State Department GIST Article, in: U.S. Policy Information and Texts, 14. 5. 1987, S. 25

36 Robert B. Oakley, Combating International Terrorism, in: Department of State Bulletin, Juni 1985, S. 74

37 ebenda

38 U.S. Department of State, Patterns of Global Terrorism: 1984, Washington, November 1985, S. 4, 9 f

39 ebenda, S. 4

40 ebenda, S. 11

41 ebenda, S. 4

42 Brian M. Jenkins, Combating Terrorism, Some Policy Implications, Manuskript, August 1981, in: Legislation to Combat International Terrorism: 98th Congress, Hearings and Markup before the Committee on Foreign Affairs, U.S. House of Representatives, 9. 11. 1983, 7., 13., 19. Juni und 26. September 1984, Washington 1984, S. 429 f

43 George J. Keegan, Der bevorzugte Weg, in: Jonathan Institut, Die Konferenz von Jerusalem über den internationalen Terrorismus (2.–5. Juli 1979), S. 18; Hervorhebung J. H.

44 Ray S. Cline, Der strategische Rahmen, in: ebenda, S. 11

45 in: State-Sponsored Terrorism, Hearing Before the Committee on Armed Services, U.S. Senate, January 28, 1986, S. 20

46 Samuel T. Francis, The Soviet Strategy of Terror, The Heritage Foundation, Washington 1981, S. 45

47 Robert M. Sayre, International Terrorism; A Long Twilight Struggle, in: Department of State Bulletin, October 1984, S. 48

48 Yonah Alexander / Richard Kucinski, The International Terrorist Network, in: Latin American Insurgencies, Edited by Georges Fauriol, CSIS & National Defense University, Washington 1985, S. 44

49 Hans Graf Huyn, Moskau und der internationale Terrorismus, in: Der Terrorismus – Eine akute Bedrohung der Menschenrechte, herausgegeben vom Bundesminister des Innern (Texte zur Inneren Sicherheit), Bonn 1985, S. 83, 72, 73, 74; Hervorhebung J. H.

50 Samuel T. Francis, a.a.O., S. 6

51 ebenda, S. 5

52 State-Sponsored Terrorism, Hearing Before the Committee on Armed Services, U.S. Senate, 28. 1. 1986, S. 23, 17

53 International Terrorism, Insurgency, and Drug Trafficking, Present Trends in Terrorist Activity, Joint Hearings Before the Committee on Foreign Relations and the Committee on the Judiciary, U.S. Senate, 13–15, Mai 1985, S. 37 f

54 Jochen Hippler, Krieg im Frieden – Amerikanische Strategien für die Dritte Welt: Counterinsurgency und Low-Intensity Warfare, Köln 1986, S. 38 ff; auch: Jochen Hippler, Low-Intensity Warfare – Key Strategy for the Third World Theater, in: MERIP – Middle East Report, Vol. 17, No. 1, January/ Febr. 1987, S. 32–38

55 Jeffrey W. Wright, Terrorism; A Mode of Warfare, in: Defense Force Journal, No. 54, Sept./Oct. 1985, S. 44

56 ebenda, S. 47

57 Brian Michael Jenkins, The US Response to Terrorism: A Policy Dilemma, in: Armed Forces Journal International, April 1985, S. 40

58 Military Operations – U.S. Army Operational Concept for Low Intensity Conflict, TRADOC PAM 525-44, 10. Febr. 1986, S. 18

59 International Terrorism, Insurgency, and Drug Trafficking, Present Trends in Terrorist Activity, Joint Hearing Before the Committee on Foreign Relations and the Committee on the Judiciary, U.S. Senate, 13.–15. Mai 1985, S. 257

60 ebenda, S. 261

61 Low-Intensity Conflict – Volume I: Main Report, Prepared for U.S. TRADOC by Kupperman Ass., July 30, 1983, S. 7

62 Stephen Sloan, In Search of a Counterterrorism Doctrine, in: Military Review, Vol. 66, No. 1, January 1986, S. 45, 47, 46

63 William H. Burgess, Countering Global Terrorism, in: Military Review, Vol. 66, No. 6, June 1986, S. 73

64 vergl. dazu: Jochen Hippler, Krieg im Frieden – Amerikanische Strategien für die Dritte Welt: Counterinsurgency und Low-Intensity Warfare, Köln 1986, S. 48 f

65 William H. Burgess, Countering Global Terrorism, in: Military Review, Vol. 66, No. 6, June 1986, S. 74; Hervorhebung: J. H.

66 ebenda, S. 75 f; zu den Special Operations Forces siehe: Jochen Hippler, Krieg im Frieden, a.a.O., S. 84–97 und die dort angegebene Literatur

67 James B. Motley, Low-Intensity Conflict; The Terrorist Dimension, in: Air University, Air Power Symposium, 11–13 March 1985, The Role of Air Power in Low Intensity Conflict, Appendix 1, Symposium Papers, S. 52

68 ebenda, S. 57

69 William V. O'Brien, Counterterrorism: Lessons from Israel, in: Strategic Review, Fall 1985, S. 41; Hervorhebung: J. H.

70 Benjamin Netanyahu, Terrorism – How the West can Win, in: Time, 14. 4. 1986, S. 30; der Aufsatz erschien in einer gekürzten Fassung auf deutsch in: Dieter Schröder (Hrsg.), Terrorismus – Gewalt mit politischem Motiv, München 1986, S. 183 ff

71 George Shultz, Terrorism and the Modern World, Address before the Park Avenue Synagogue in New York City on October 25, 1984, in: Department of State Bulletin, Dezember 1984, S. 16

72 zit. nach: U.S. News and World Report, 24. 12. 1984, S. 21

73 Felix F. Moran, Security Foresight: A Rational Defense against Terrorism, in: Air University, Air Power Symposium, 11–13 March 1985, The Role of Air Power in Low Intensity Conflict, Appendix 1, Symposium Papers, S. 30, 31

74 ebenda, S. 35

75 ebenda, S. 32–34

76 Executive Order on Measures Against Libya, in: U.S. Information and Texts, 8. 1. 1986, S. 1 f

77 Fact Sheet on Reagan's Executive Order on Libya, in: U.S. Policy Information and Texts, 8. 1. 1986, S. 10 und: E. P. Thompson, et al, Mad Dogs – The US Raids on Libya, London 1986, S. 58 f

78 Gadhafi unterstützt radikale Regime und hilft Terroristen – Dokumentation des amerikanischen Außenministeriums über Libyen unter Gadhafi, in: Amerikadienst, 15. 1. 1986, S. 2

79 ebenda, S. 3, 9, 7, 4

80 ebenda, S. 5, 4

81 Text: Reagan's January 7 News Conference, in: U.S. Policy Information and Texts, 8. 1. 1986, S. 13

82 ebenda, S. 16

83 Edward Schumacher, The United States and Libya, in: Foreign Affairs, Winter 1986/87, S. 343

84 A Warning to Libya, in: U.S. News and World Report, 13. 1. 1986, S. 9

85 ebenda S. 9 f

86 Besuch des Stellvertretenden US-Außenministers John C. Whitehead in Bonn, Pressekonferenz vom 21. 1. 1986, in: Amerikadienst, Sonderdienst, 22. 1. 1986, S. 7; und: U.S. Reserves the Right to Use Military Against Libya, in: U.S. Policy Information and Texts, 29. 1. 1986, S. 13

87 Sailing in Harm's Way, in: Time, 7. 4. 1986, S. 8

88 Edward Schumacher, a.a.O., S. 335

89 Time, 7. 4. 1986. S. 10

90 Kaddafi's Crusade, in: Newsweek, 7. 4. 1986, S. 12

91 O. K., Muammar, Your Move, in: U.S. News and World Report, 7. 4. 1986, S. 24

92 Newsweek, 7. 4. 1986, S. 12, Time, 7. 4. 1986, S. 13

93 A New War – And New Risks, in: News and World Report, 28. 4. 1986, S. 20 ff; In the Dead of the Night, in: Time, 28. 4. 1986, S. 18 ff; Reagan's Raiders, in: Newsweek, 28. 4. 1986, S. 16 ff

94 zu den Vorbereitungen und der Durchfürhung der US-Militäroperationen vom März und April 1986 siehe auch: Friedrich Korkisch, US Air Strikes against Targets in Libya, in: Military Technology, 13/1086, S. 46 ff

95 Amerikanische Streitkräfte in Libyen erfolgreich – Präsident Reagans Fernsehansprache an die Nation, in: Amerikadienst, 16. 4. 1986, S. 2;

96 Seeking the Smoking Fuse, in: Time, 21. 4. 1986, S. 10

97 A New War – And New Risks, in: U.S. News and World Report, 28. 4. 1986, S. 22; siehe auch: Time, 28. 4. 1986, S. 8, und: Newsweek, 7. 4. 1986, S. 12, 28. 4. 1986, S. 10, 12

98 Crossing the Line of Death, in: Newsweek, 31. 3. 1986, S. 31

99 Newsweek, 7. 4. 1986, S. 11 und 28. 4. 1986, S. 14

100 Joe Stork/Jim Paul, The War in Libanon, in: MERIP Report, September/October 1982, S. 3

101 When terror sets the agenda, in: U.S. News and World Report, 13. 1. 1986, S.29

102 Israel's War of Nerves – Concerns About Syria, in: Newsweek, 2. 6. 1986, S. 25

103 The Unmasking of Assad, in: U.S. News and World Report, 10. 11. 1986, S. 26f
104 [Oliver North], Special Project Re Iran, 5. 12. 1985, in: The Tower Commission Report, New York 1987, S. 178f
105 Assad's Assassins, in: The Sunday Times, 26. 10. 1986
106 Hat Assad die vier Geheimdienste seines Landes noch unter Kontrolle?, in: FAZ, 28. 10. 1986
107 Schlecht inszeniert, in: Der Spiegel, 27. 10. 1986
108 Text of Chirac's Interview with the Washington Times, in: Washington Times, 10. 11. 1986
109 The Tower Commission Report, New York 1987, S. 19f
110 Prepared Statement of Fred C. Ikle, in: International Terrorism, Insurgency, and Drug Trafficking: Present Trends in Terrorist Activity, Joint Hearings Before the Committee on Foreign Relations and the Committee on the Judiciary, U.S. Senate, 13.–15. Mai 1985, S. 242, 244
111 Prepared Statement of Ambassadort Robert B. Oakley – International Terrorism, in: International Terrorism, Insurgency, and Drug Trafficking: Present Trends in Terrorist Activity, Joint Hearings Before the Committee on Foreign Relations and the Committee on the Judiciary, U.S. Senate, 13.–15. Mai 1985, S. 301
112 dazu: Eric Hooglund, The Search for Iran's Moderates, in: MERIP Middle East Report, January/February 1987, S. 5f
113 The Tower Commission Report, New York 1987, S. 20–22; für eine nützliche Chronologie der Ereignisse siehe außerdem: U.S. Senate Select Committee on Intelligence, Report on Preliminary Inquiry, February 29, 1987 (Manuskript)
114 The Tower Report, New York 1987, S. 22–29
115 ebenda, S. 39
116 Who Was Betrayed? – While his aides were out of control, Reagan was out of touch, in: Time, 8. 12. 1986, S. 9
117 The Tower of Babel – Frow the Iran Arms Deal: Much Talk but little Coherence, in: Time, 1. 12. 1986, S. 8; und: Who Was Betrayed? – While his aides were out of control, Reagan was out of touch, in: Time, 8. 12. 1986, S. 8; siehe auch: U.S. Cannot Ignore Iranians Who Are Willing to Change – Text: Whitehead Congressional Testimony, in: U.S. Policy Information and Texts, 25. 11. 1986, S. 1–4
118 Reagan enthüllt geheime diplomatische Initiative im Iran – Präsident Reagans Ansprache an die Nation, in: Amerikadienst/Dokumentation, 20. 11. 196, S. 2
119 ebenda, S. 5
120 Tower Report, a.a.O., S. 237; siehe auch Seite 381f
121 Weiterhin feste Haltung der Vereinigten Staaten gegen Terrorismus – Shultz-Aussage vor Auswärtigem Ausschuß, in: Amerikadienst, 10. 12. 1986, S. 4
122 Richard Burt, zit. nach U.S. Policy Information and Texts, 10. 1. 1986, S. 2; Präsident Reagan zit. nach; ebenda, 8. 1. 1986, S. 19
123 Erklärung des Amerikanischen Botschafters in Bonn zu den Maßnahmen der Vereinigten Staaten gegen Libyen, in: Amerikadienst – Dokumentation, 15. 1. 1986
124 Archiv der Gegenwart, 7. Januar 1986, S. 29502
125 Abu Nidal Seen Clearly Linked to Airport Attacks – Transcript: Oakley Briefing on Terrorism, in: U.S. Policy Information and Texts, 10. 1. 1986, S. 21
126 Besuch des Stellvertretenden US-Außenministers John C. Whitehead in Bonn, in: Amerikadienst – Sonderdienst, 22. 1. 1986, S. 7; und: U.S. Reserves Right to Use Military Against Libya, in: U.S. Policy Information and Texts, 29. 1. 1986, S. 13
127 Erklärung der Außenminister der Zwölf zum Internationalen Terrorismus und zur Krise im Mittelmeerraum, Den Haag, 14. 4. 1986, Übersetzung 105 – 86/1294, Punkt 6

128 ebenda, Punkt 11

129 Der Bundesminister des Auswärtigen informiert, Pressemitteilung 1084/86, 16. 4. 1986

130 ebenda, Pressemitteilung 1083/86 vom 16. 4. 1986

131 ebenda, Pressemitteilung 1087/86 vom 17. 4. 1986

132 Deutscher Bundestag, 10. Wahlperiode, 209. Sitzung, 16. 4. 1986, S. 16023

133 Bulletin der Europäischen Gemeinschaften – Kommission, Nr. 4, 1986, S. 118 f

134 Erklärung des Tokyo-Gipfels zum internationalen Terrorismus, Text in: Amerikadienst, 7. 5. 1986

135 Newsweek, 28. 4. 1986, S. 14

136 Ein faszinierender Mann mit zwei Hüten – Wie der NATO-Chef vor sich selbst Geheimnisse hat, in: Aachener Volkszeitung, 22. 4. 1986

137 ebenda

138 Interview im Deutschlandfunk, 14. 4. 1986, zit. nach: Bundespresseamt, Kü II, 15. 4. 1986

139 Verbündete erkennen Notwendigkeit der Zusammenarbeit gegen Terrorismus – Pressegespräch mit Sonderbotschafter Oakley, in: Amerikadienst – Dokumentation, 21. 5. 1986, S. 5

140 Thatcher fury at French arms sales to Syria, in: The Sunday Times, 26. 10. 1986

141 Text of Chirac's Interview with The Washington Times, in: Washington Times, 10. 11. 1986

142 In Collapse Of Terror Talks, Jittery Allies, in: International Herald Tribune, 7./8. Februar 1987

Materialien

Dokument 1:

»Friedliche Lösungen gibt es auf der ganzen Welt nicht« – Interview mit Abu Nidal, dem Führer einer nahöstlichen Terrororganisation, Oktober 1985

Abu Nidal wurde nach dem 6-Tage-Krieg 1967 Mitglied von Yassir Arafats Fatah-Bewegung und stieg in der Hierarchie rasch auf. Anfang der 70er Jahre kam es zum Bruch zwischen der PLO und ihm. Abu Nidal wurde aus der PLO ausgeschlossen und wegen eines Mordanschlags auf Arafat zum Tode verurteilt.

Er gründete die »Fatah – Revolutionärer Rat«, die am äußersten radikalen Rand des palästinensischen Widerstandes steht und für zahlreiche blutige Terrorakte verantwortlich ist.

Etwa seit 1986 scheint sich eine Entwicklung abzuzeichnen, nach der Abu Nidal und seine Organisation terroristische Aktionen weniger und diplomatische Aktivitäten stärker betonen wollen. Es kam sogar zu erneuten (erfolglosen) Gesprächen mit der PLO.

In dem Interview geht Abu Nidal auf einige Terrorakte, die ihm angelastet werden, ein, unter anderem auf die Ermordung des israelischen Botschafters in Großbritannien, Shlomo Argov, im Juni 1982.

Dieser Anschlag wurde von Israel als Vorwand für die Invasion in den Libanon im Juni 1982 genutzt.

SPIEGEL: Sind Sie Abu Nidal? Oder geben Sie sich als Abu Nidal aus?

ABU NIDAL: Seien Sie sicher, vor Ihnen befindet sich Abu Nidal, Sie sprechen mit ihm.

SPIEGEL: Wie können wir sicher sein? Ihre Identität läßt sich weder anhand eines Bildes noch eines Tondokuments überprüfen. Von Ihnen existiert nur ein viele Jahre altes Photo, das Sie mit einer syrischen Militärmütze zeigt.

ABU NIDAL: Die Informationen, die ich Ihnen gebe, werden Sie überzeugen, daß ich Abu Nidal bin.

SPIEGEL: Nach einer Meldung des britischen Fernsehens vom Ende vergangenen Jahres ist Abu Nidal tot.

ABU NIDAL: Da wollten einige Geheimdienste mich mal ans Tageslicht locken. Denn Abu Nidal, dieser böse Geist, der nur bei Nacht umgeht, verursacht ihnen dauerndes Alpdrükken. Die Meldung über meinen Tod, die vom jordanischen Geheimdienst zusammen mit den Diensten einiger Golfstaaten und dem britischen Geheimdienst fabriziert wurde, beweist nur deren Unvermögen, die wahre Situation zu erkennen, die durch die imperialistischen Umtriebe in der arabischen Welt entstanden ist. Diese Kreise stellen mich so gefährlich dar wie eine Atombombe.

Wie Sie sehen, bin ich aber weder ein Geist noch ein Phantom, ich bin Abu Nidal aus Fleisch und Blut.

SPIEGEL: Geben Sie uns bitte einen Beweis für Ihre Identität.

ABU NIDAL: Schaut mal her (*knöpft sein Hemd auf*), das sind die Narben meiner Operation.

SPIEGEL: Einer Herzoperation?

ABU NIDAL: Ja.

SPIEGEL: Wo wurde diese Operation ausgeführt?

ABU NIDAL: In den USA.

SPIEGEL: Unter Ihrem Namen Abu Nidal?

ABU NIDAL: Natürlich nicht, sondern unter dem Namen eines prominenten Saudi, selbstverständlich mit falschem Paß.

SPIEGEL: Wann war das?

ABU NIDAL: Ende 1977.

SPIEGEL: Stimmt die Meldung nicht, daß Sie sich in einem Londoner Krankenhaus aufhielten, von 25 Leibwächtern beschützt?

ABU NIDAL: Das ist absolut falsch.

SPIEGEL: Nach England würden Sie nicht gehen?

ABU NIDAL: Margaret Thatcher steht vollkommen auf der Seite der zionistischen Bewegung. Sie mischt sich direkt und dreist in arabische und vor allem palästinensische Angelegenheiten ein. Und das, obwohl ein großer Teil der britischen Wirtschaft von arabischem Kapital abhängig ist. Der britische Geheimdienst ist eine Informationszentrale für den israelischen Geheimdienst Mossad, der Hunderte von Agenten mit britischen Pässen in zahlreiche arabische Länder eingeschleust hat. Es ist daher kein Wunder, daß wir gegen die Regierung Thatcher große Feindschaft hegen.

SPIEGEL: Welche Konsequenzen ziehen Sie daraus?

ABU NIDAL: Daß wir mit allen gegen die Thatcher gerichteten Kräften zusammenarbeiten, zum Beispiel mit der IRA. Beim letzten Attentat in Brighton ist sie zwar davongekommen, aber ich kann versichern: Den nächsten Anschlägen wird sie nicht mehr entgehen. Mehr will ich über dieses streitsüchtige Weib nicht sagen.

SPIEGEL: Wen betrachten Sie sonst als Ihren Feind?

ABU NIDAL: Mein Feind ist die zionistische Besatzung meiner Heimat Palästina. Mein Feind ist der Imperialismus in allen seinen Formen. Meine Feinde sind die Zerstückelung und Zerrissenheit meiner arabischen Nation. Meine Feinde sind ferner der Schlendrian und die chaotischen Zustände in unserer arabischen Gesellschaft sowie die Unterdrückung und die Verführung unserer jungen Generation.

Ich will Ihnen aber auch sagen, wovon ich träume: von einer vereinigten arabischen Nation, die in Freiheit, Gerechtigkeit und Gleichheit lebt.

SPIEGEL: Sind Sprengstoffanschläge und politischer Mord legitime Mittel, diesen Traum zu verwirklichen?

ABU NIDAL: Durchaus – sehr legitime sogar. Daß die Zionisten einen Teil meiner arabischen Heimat mit Gewalt an sich gerissen haben, ist in meinen Augen noch nicht einmal *das* Verbrechen. Für mich wäre es aber *das* Verbrechen, wenn wir es zuließen, daß diese Zionisten unsere Heimat lebend wieder verlassen. Das ist meine Philosophie. Ich, Abu Nidal, betrachte mich als Antwort auf die Mißgeschicke der Araber.

SPIEGEL: Warum hassen Sie die Amerikaner so?

ABU NIDAL: Wenn es überhaupt etwas Absolutes auf dieser Welt gibt, dann ist es unsere Feindschaft gegen den amerikanischen Imperialismus. Denn ohne amerikanische Hilfe wäre das zionistische Gebilde nicht mehr am Leben. Die Amerikaner schüren den Golfkrieg und den Zwist zwischen den Arabern. Sollte der arabische Kampf eines Tages siegreich zu Ende gegangen sein, werden wir keinem einzigen Amerikaner erlauben, unser Territorium zu betreten.

Eines kann ich Ihnen versichern: Wenn wir die Chance haben, den Amerikanern auch nur den geringsten Schaden zuzufügen, zögern wir nicht, es zu tun. Zwischen den Amerikanern und uns gibt es Krieg auf Leben und Tod. In den nächsten Monaten und Jahren werden die Amerikaner an uns denken.

SPIEGEL: Was wollen Sie mit Ihren dunklen Drohungen eigentlich bezwecken?

ABU NIDAL: Wir wollen nur, daß sie aus unserem Land verschwinden. Sie können zum Präsidenten wählen, wen sie wollen: einen Ballettänzer, einen Cowboy, einen Schauspieler. Aber wenn die amerikanischen Flugzeuge über unseren Häusern Bomben abwerfen, dann ist das Terrorismus und Verbrechen, und dementsprechend wird geantwortet.

SPIEGEL: Haben Sie Präsident Reagan auf Ihre Todesliste gesetzt?

ABU NIDAL: Natürlich. Wenn wir ihn erwischen, dann sorgen wir dafür, daß ihm endlich die Nachwelt seinen Ehrenplatz in der Geschichte zuweisen kann. Reagan hat Hunderte Millionen Dollar ausgegeben, um sein Weißes Haus zu sichern. Es gefällt uns, daß er so ängstlich ist, so soll er bleiben.

SPIEGEL: Vielen Arabern ist die US-Präsenz hochwillkommen.

ABU NIDAL: Leider. Ich fordere jeden König, jeden Emir oder Scheich in unserer Region auf, ehrlich zu bekennen, ob er es wagt, mit seiner Frau zu schlafen, ohne vorher die Amerikaner um Erlaubnis zu fragen. Wer kann sich eigentlich vorstellen, daß sogar ein Winzling wie Katar seine eigene Armee, Flagge und Nationalhymne besitzt, wenn nicht die Amerikaner geholfen hätten, ein solches Gebilde zu schaffen?

SPIEGEL: Nicht nur die Amerikaner, auch die Sowjets

verfolgen ihre eigenen Interessen. Sie kritisieren aber nur die Amerikaner. Ist in Ihren Augen alles gerechtfertigt, was die Sowjets tun?

ABU NIDAL: Die Sowjet-Union ist ein wahrer Freund der Araber. Aber natürlich verfolgt auch sie ihre eigenen Interessen. So bejaht sie die Existenz des zionistischen Gebildes in Palästina. Damit können wir nicht einverstanden sein.

SPIEGEL: Daß Sie ein unversöhnlicher Feind von Imperialismus und Zionismus sind, haben Sie hinlänglich klargemacht. Aber warum greifen Sie jüdische Schulkinder an, Synagogen, Restaurants?

ABU NIDAL: Die Frage ist nicht, ob Zivilisten oder zivile jüdische Einrichtungen getroffen werden, sondern daß viele solcher Einrichtungen, die nach außen unschuldig aussehen, in Wahrheit dem zionistischen Geheimdienst Mossad dienen.

SPIEGEL: Sie haben den Vorwurf erhoben, englische, französische und auch deutsche Botschaften seien zu Spionagezentren umfunktioniert worden. Wollen Sie diesen Botschaften mit Anschlägen drohen?

ABU NIDAL: Unsere Methode ist es nicht, bloß zu drohen. Im französischen Geheimdienst stritten zwei Flügel um die Oberhand. Der eine wollte zwischen Arabern und Zionisten neutral bleiben, der andere schwenkte unter amerikanischem Druck total auf die Seite der Zionisten.

Wenn ich den Deutschen raten darf, empfehle ich ihnen: Verlaßt euch nie auf die Franzosen. Ich richte meine Warnung an die Franzosen: Innerhalb der nächsten zwei Monate werden wir euch eine Ohrfeige verabreichen, die ihr nie vergessen werdet.

SPIEGEL: Und was ist mit den Deutschen?

ABU NIDAL: Wir meinen, daß der BND allein für die Interessen und den Schutz des deutschen Volkes arbeiten und nicht als Angestellter der CIA fungieren sollte. Wo ist das deutsche Genie hingekommen, wo ist das deutsche Bewußtsein geblieben?

SPIEGEL: Was unternimmt denn der BND wohl gegen die Araber?

ABU NIDAL: Vieles. Wenn die Verantwortlichen des BND dieses Gespräch lesen, wissen sie genau, was ich meine.

Was hat die Bundesrepublik Deutschland eigentlich für ein Interesse daran, die reaktionäre Bewegung der Moslembruderschaft zu unterstützen und ihr Asyl auf ihrem Territorium zu gewähren? Weiß die deutsche Regierung nicht, welcher Gefahr sie sich dadurch aussetzt?

SPIEGEL: Unseres Wissens ist den Moslembrüdern nur Asyl gewährt worden.

ABU NIDAL: Das ist nicht wahr. Wir sitzen hier in einem Raum mit einem Telephon. Von hier aus kann ich mich direkt mit den Zentren der Moslembruderschaft in Stuttgart und anderswo in Verbindung setzen. Diese Zentren in Deutschland habe ich selbst gesehen.

SPIEGEL: Wollen Sie damit sagen, daß Sie oft in Deutschland sind?

ABU NIDAL: Ja, Deutschland habe ich des öfteren besucht und werde dies auch demnächst wieder tun. Ich kenne Deutschland von Land zu Land und von Stadt zu Stadt.

SPIEGEL: Sie gelten als einer der gefährlichsten Männer der Welt. Viele Anschläge werden Ihnen und Ihrer Organisation zugeschrieben, unter anderem das Attentat auf Schlomo Argov, den israelischen Botschafter in London, im Jahre 1982. War das Ihr Werk?

ABU NIDAL: Richtig.

SPIEGEL: Damit hatten Sie den Israelis den Vorwand geliefert, im Libanon einzumarschieren. Warum haben Sie diesen Anschlag mit so verheerenden Folgen für die Palästinenser verübt?

ABU NIDAL: Der zionistische Botschafter in London war ein führendes Mitglied und Mitbegründer des zionistischen Geheimdienstes Mossad. Wir haben den Botschafter zu einer Zeit angegriffen, als er eine führende Rolle für den Mossad in Europa übernahm. Unsere Kämpfer haben sich an meine strikte Anweisung gehalten, außer ihm keinen Diplomaten zu verletzen.

SPIEGEL: Sie mußten doch wissen, daß die Israelis Soldaten

an der nördlichsten Grenze massiert hatten und nur auf einen geeigneten Vorwand warteten, um loszuschlagen. Den lieferten Sie mit dem Attentat.

ABU NIDAL: Angenommen, Sie hätten recht, was waren denn die Ergebnisse der Invasion? Den zionistischen Streitkräften wurde im Libanon eine fürchterliche Niederlage beigebracht, ebenso der sogenannten multinationalen Friedenstruppe, bestehend aus Amerikanern, Franzosen, Briten und Italienern.

SPIEGEL: Haben Sie gewußt, daß Israel Pläne zur Invasion des Libanon hatte?

ABU NIDAL: Jeder Blinde konnte die zionistischen Pläne zur Invasion des Libanon erkennen. Daß aber der Mordanschlag auf den Botschafter der Zündfunke gewesen sein soll, der den Krieg entflammte, ist für mich weder stichhaltig noch erwiesen.

SPIEGEL: Arafat wirft Ihnen vor, durch das kriegsauslösende Attentat hätten Sie bewiesen, daß Sie in Wahrheit Agent der Israelis seien.

ABU NIDAL: Ach, wissen Sie, was Arafat über mich sagt, läßt mich kalt. Nicht nur er, sondern eine Reihe von arabischen und internationalen Politikern behaupten, ich stünde in Diensten der Zionisten und der CIA. Andere wiederum erzählen, ich würde vom französischen Geheimdienst und vom KGB bezahlt. Das neueste Gerücht besagt, daß ich Agent Chomeinis sei. Meine Organisation und ich sollen zu gewissen Zeiten sogar Spione des irakischen Regimes gewesen sein; jetzt heißt es, wir seien Agenten der Syrer. Vielleicht wird auch noch gesagt, daß wir vom BND und von König Fahd besoldet würden.

SPIEGEL: In wessen Diensten stehen Sie denn wirklich?

ABU NIDAL: Ich möchte Ihnen etwas anvertrauen. Viele Soziologen und Psychologen in den Ostblockstaaten haben versucht, den Menschen Abu Nidal auszuforschen. Sie wollten einen schwachen Punkt in meiner Persönlichkeit finden. Das Ergebnis war Null. Nun haben sie es endlich aufgegeben. Ich fordere jeden Geheimdienst der Welt auf, mir zu beweisen, daß er in der Lage ist, auch nur ein einziges Kadermitglied unserer »Fatah-Bewegung – Revolutionärer Rat« abzuwerben.

SPIEGEL: Wie viele Leute haben Sie, einige Dutzend oder einige hundert?

ABU NIDAL: Glauben Sie im Ernst, daß ich Ihnen darauf eine Antwort gebe?

SPIEGEL: Wie sind Sie organisiert, wie operieren Ihre Kommandos?

ABU NIDAL: Ich kann Ihnen doch hier meine Pläne nicht offenlegen. Mein Erfolg hängt von absoluter Geheimhaltung ab. Noch nicht einmal meine achtjährige Tochter Bissan weiß, wer ich in Wirklichkeit bin.

SPIEGEL: Wo kriegen Sie das Geld her?

ABU NIDAL: Ein Teil kommt aus freiwilligen Beiträgen unserer Mitglieder und Sympathisanten. Wir sind keine Söldner. Zur Zeit aber haben wir einen arabischen Golfstaat aufgefordert, den uns zustehenden Anteil an seinen Öleinnahmen an uns zu zahlen.

SPIEGEL: Nach außen gelten Sie als der alleinige Führer Ihrer Organisation. Haben Sie auch die alleinige Entscheidungsbefugnis?

ABU NIDAL: Sie müssen sich selber die Frage stellen: Wäre es möglich, daß ein Mann wie ich, der solch unmöglichen Situationen ausgesetzt ist, so lange an der Spitze dieser Organisation bliebe, wenn er keine demokratische Zustimmung hätte? Ich besitze kein Territorium, verfüge über keine Polizei. Ich gehe und komme ohne Leibwächter. Sie sehen ja, ich trage keine Pistole . . .

SPIEGEL: . . . nicht wie Arafat . . .

ABU NIDAL (lacht): Ich kann in jedes arabische und europäische Land reisen, wie ich will. Kein arabisches Regime ist darüber informiert, wo Abu Nidal oder die Mitglieder seiner Führung sich aufhalten.

SPIEGEL: Sie werden von vielen Geheimdiensten auf der ganzen Welt gesucht. Können Sie uns sagen, welche arabischen und außerarabischen Länder Sie besucht haben?

ABU NIDAL: Ich habe die ganze Welt gesehen außer zwei afrikanischen Staaten.

SPIEGEL: Waren Sie in Israel?

ABU NIDAL: Palästina ist mein Land. 1967 war ich sogar noch in Nablus. Nach 1967 war ich in Jordanien. Noch einmal nach Israel zu kommen, ist mir nicht gelungen.

SPIEGEL: Wie schafften Sie es, Ihre Bewegungen geheimzuhalten, in einer Region, in der sich jede Nachricht, jedes Gerücht blitzschnell verbreiten?

ABU NIDAL: Ich werde niemals öffentlich auftreten, es sei denn, wenn ich einmal zu Grabe getragen werde. Ich hege keine besonderen Wünsche und pflege keine Ambitionen. Ich bin auch nicht gewöhnt, meine politischen Ansichten zum besten zu geben. Ich bin ein Mann der Prinzipien, der Tat, der Organisation und des Handelns.

SPIEGEL: Sie suchen nicht die öffentliche Aufmerksamkeit, wie Arafat?

ABU NIDAL: Ich muß feststellen, daß das Gespräch, das ich mit Ihnen führe, erst das dritte Interview meines Lebens ist, obwohl ich nicht mehr der Jüngste bin.

SPIEGEL: Sie wurden von Yassir Arafat in Abwesenheit zum Tode verurteilt. Wie kam es zu dem Zerwürfnis?

ABU NIDAL: Seit September 1970 liegen wir im Streit miteinander. Wir haben uns nie richtig verstanden. Am Anfang hatten wir versucht, unseren Zwist innerhalb der Fatah gütlich beizulegen, aber diese demokratische Phase endete im März 1974. Arafat und seine Clique entfachten eine Kampagne gegen uns, wobei es zu Blutvergießen kam. Wir haben uns von der Fatah abgespalten.

Dafür mußten mehr als 150 unserer Männer ihr Leben lassen, von den Arafat-Leuten kaltblütig ermordet. Als dieser Terror nicht den gewünschten Erfolg hatte, veranstaltete Arafat einen Schauprozeß in unserer Abwesenheit. Meine Kampfgenossen und ich wurden teils zum Tode, teils zu langer Haft verurteilt.

Arafats Leute haben mehrmals versucht, mich zu ermorden. Dabei ist wichtig zu erwähnen, daß mich kein einziges arabisches Regime in Schutz genommen hat. Wir standen allein gegen die Wut Arafats.

SPIEGEL: Wie beurteilen Sie Arafat heute?

ABU NIDAL: Die Puppe Arafat tanzt auf Kommando der Zionisten und der Amerikaner. Zwar glaubt er, die Fäden in der Hand zu haben, aber in Wahrheit zappelt er selber an den Fäden. Arafat ist eine Marionette, die von der Fatah-Bewegung und von bestimmten arabischen Regimen gelenkt wird.

SPIEGEL: Es gab Zeiten, wo Sie mit den Irakern zusammenarbeiteten. Warum hat Ihre Organisation schließlich mit dem Irak gebrochen?

ABU NIDAL: Unsere Allianz mit dem Irak ist durch die Machenschaften des Vatikan zu Fall gebracht worden. Wir betrachten den Vatikan als Agentennest und größte Nachrichtenzentrale in unserer Region. Aus taktischen Gründen weigere ich mich, detailliert auf dieses Thema einzugehen. Hören Sie aber auf zu glauben, daß der Vatikan eine christlich-religiöse Bastion ist.

SPIEGEL: Sie sehen überall Verschwörer und Agenten am Werk. Können Sie uns Ihre Sympathien für Syrien begründen?

ABU NIDAL: Ich bin ein überzeugter Anhänger des Großreichs Syrien, zu dem als Teil auch der Irak gehört. Der Irak hat uns sehr weh getan. Ein Militärlager, das wir dort mit Blut und Schweiß aufgebaut hatten, wurde vernichtet. Unsere damalige Zusammenarbeit mit dem Irak sollte unsere strategische Tiefe vergrößern. Das war wichtig für uns, denn wir wollten den Irak auf unserer Seite im Kampf gegen den Zionismus haben.

SPIEGEL: Fühlen Sie sich denn als Syrer, obschon Sie Palästinenser sind?

ABU NIDAL: Wir sind syrische Staatsbürger. Syrien ist für uns die Mutternation, Syrien ist für uns Geschichte, Gesellschaft, Gemeinschaft, Geographie. Bis vor kurzem war die Hälfte des Libanon eine Region von Syrien. Wie Sie sehen, sind wir echte syrische Bürger. Ich selbst habe syrische Eltern, ein Elternteil kommt aus dem heutigen Syrien, der andere aus Palästina.

SPIEGEL: Sie sprachen vom Großreich Syrien. Ist Jordanien ein Teil dieses Großreich?

ABU NIDAL: Großsyrien besteht aus Palästina, dem Irak, Jordanien, Syrien. Einen Staat wie Jordanien gab es in der arabischen Geschichte vor den zwanziger Jahren nicht. Geographisch gesehen umfaßt Großsyrien das Territorium von der türkischen Grenze im Norden bis einschließlich Palästina im Süden.

SPIEGEL: Die Wiederherstellung Großsyriens würde also unter anderem auch die Auslöschung des Staates Israel bedeuten.

ABU NIDAL: Je näher wir der arabischen Einheit kommen, desto größer wird auch die Chance, das zionistische Gebilde zu beseitigen.

Um dies zu verdeutlichen, möchte ich Sie auf Sultan Saladin und die Kreuzzüge hinweisen. Durch jeden Sieg, den Saladins Soldaten über ein christliches Fürstentum errangen, kamen die Araber ihrer Einheit einen Schritt näher. Als Saladin die arabische Einheit verwirklicht hatte, konnte er die Kreuzfahrer wieder vertreiben. Das war damals ein richtiger Weg, und er ist es auch heute für uns.

SPIEGEL: Friedliche Verhandlungen zur Lösung der Palästina-Frage schließen Sie völlig aus?

ABU NIDAL: Friedliche Lösungen gibt es auf der ganzen Welt nicht. Wenn Sie die arabische Geschichte lesen, werden Sie sehen, daß kein einziger Friedensweg zur Lösung unseres Problems geführt hat.

SPIEGEL: Glauben Sie denn wirklich, daß der bewaffnete Kampf zum Ziel führt?

ABU NIDAL: Ich gebe zu, daß die Existenz der Zionisten in Palästina noch eine gewisse Zeit dauern wird, da geben wir uns keinen Träumereien hin. Zur Zeit ist die ganze zionistische Gesellschaft mobilisiert, und dennoch gelingt es unseren Kindern, die Besatzer mit Steinen und Messern zu bekämpfen.

Das Friedensabkommen von Camp David wurde seinerzeit mit Sadat abgeschlossen und ist mit ihm untergegangen. Es ist nur noch eine Frage der Zeit, wann auch Sadat-Nachfolger Husni Mubarak teuer bezahlen wird für seinen Verrat an der arabischen Geschichte.

SPIEGEL: Vor kurzem wurde ein Mitglied der israelischen Botschaft in Kairo ermordet. Haben Sie das veranlaßt?

ABU NIDAL: Diese Ehre können wir leider nicht für uns in Anspruch nehmen. Sie gehört einer Organisation »Revolutionäre Ägyptens«.

SPIEGEL: Können Sie uns Näheres über Ihren Lebenslauf erzählen?

ABU NIDAL: Die Geschichte meines Lebens ist nicht sehr wichtig. Aber ich will sie zum ersten Mal erzählen. Ich entstamme einer bürgerlichen Familie, bin 1937 geboren. Mein Vater war ein prominenter Mann in der Wirtschaft Palästinas. Er war sehr reich. Er heiratete 13 Frauen. Ich bin der Sohn der achten Frau. Mein Vater zeugte mit den 13 Frauen noch 16 Brüder und acht Schwestern. Dadurch bin ich nun Onkel von mehr als 300 Jungen und Mädchen. Ich habe drei Klassen der französischen Missionsschule Frères in Jaffa besucht, aus der ich, zusammen mit zwei christlichen arabischen Schülern dann rausgeschmissen wurde.

Eine islamische Schule in Jerusalem nahm mich auf. Nach zwei Jahren brach der Kampf zwischen den Arabern und den Zionisten aus. Als die ägyptische Armee sich aus Palästina zurückzog, schlossen wir uns ihr an. Meine Familie wurde in alle Welt zerstreut.

SPIEGEL: Was geschah mit Ihnen?

ABU NIDAL: Wir mußten neun Monate lang im Lager El-Bureidsch im Gaza-Streifen verbringen. Später war ich gezwungen, Arbeiter bei der saudiarabischen Gesellschaft Aramco zu werden. In Saudi-Arabien wurde ich verhaftet, gefoltert und dann des Landes verwiesen.

SPIEGEL: Sind Sie verheiratet? Haben Sie Kinder?

ABU NIDAL: Ja, ich habe drei Kinder.

SPIEGEL: Haben Sie wie Ihr Vater mehrere Frauen oder nur eine?

ABU NIDAL: Um Gottes willen, nur eine. Das reicht vollkommen.

SPIEGEL: Welcher Politiker ist Ihr Vorbild?

ABU NIDAL: Unter den modernen Politikern bewundere ich die Disziplin und das organisatorische Talent Tschu En-lais stark.

SPIEGEL: Welche Revolution hat Sie am meisten beeindruckt, die französische, die russische oder die islamische Chomeinis?

ABU NIDAL: Die technische und organisatorische Vorbereitung in der Anfangsphase der sowjetischen Revolution hat mich am meisten beeindruckt. Denn ausschlaggebend für eine erfolgreiche Revolution ist eine gute Organisation. Der politische Inhalt der Französischen Revolution ist überwältigend schön: Freiheit, Gleichheit, Brüderlichkeit. Uns als unterdrückten Menschen imponieren diese Maximen.

SPIEGEL: Und die Iranische Revolution?

ABU NIDAL (lacht).

SPIEGEL: Wie heißen Sie eigentlich wirklich?

ABU NIDAL: Sabri Chalil el-Banna.

SPIEGEL: In der Presse stehen immer wieder Listen Ihrer Terrortaten. Demnach haben Sie unter anderem die Palästinenser Saïd Hamami, Iss el-Din el-Kalak und Naïm Chudr umbringen lassen.

ABU NIDAL: Sie bringen da eine bescheidene Liste, eine sehr bescheidene. Ich sage Ihnen ganz klar: Jeder Araber oder Palästinenser, der Kontakt oder irgendwelche Beziehungen zum Mossad aufnimmt, wird enden wie die drei – Liquidation. Wir haben fast hundert solcher Aktionen ausgeführt, ohne daß wir sie groß herausgestellt hätten. Der Grund war immer der gleiche: Kontakt zum Mossad.

SPIEGEL: Sie haben sich niemals geirrt und einen Unschuldigen getötet?

ABU NIDAL: Sicher nicht. Jeden Beschuldigten stellten wir vorher zur Rede. Wenn er nicht auf uns hörte, haben wir ihn getötet. Saïd Hamami war übrigens mein Neffe.

SPIEGEL: Was haben Sie mit den Morden erreicht? Sind Sie Ihrem Ziel etwa nähergekommen?

ABU NIDAL: Das ist für mich nicht die Frage. Wenn jemand sein Land, sein Volk, seine Nation verrät, erhält er die entsprechende Antwort. So haben alle Widerstandskämpfer gehandelt. Was hat die französische Résistance mit ihren Verrätern getan? Wir haben nie auf Unschuldige und Journalisten geschossen.

SPIEGEL: Das stimmt nicht. Sie haben 1978 den bekannten ägyptischen Journalisten Sibaï auf Zypern erschießen lassen.

ABU NIDAL: Sie veranlassen mich, zum ersten Mal über diese Aktion zu reden. Sie galt nicht nur Sibaï, sondern in erster Linie seinem intimen Freund Präsident Sadat.

SPIEGEL: Wieso?

ABU NIDAL: Wir hatten einen Plan entworfen, um den ägyptischen Geheimdienst nach Zypern zu locken. Major Nabil war der Chef der sogenannten Republikanischen Sicherheit, einer Geheimdienstorganisation, die ausschließlich dem persönlichen Befehl Sadats unterstand. Ihre Hauptaufgabe war, das Leben des Präsidenten um jeden Preis zu schützen.

Also erschossen wir Sibaï auf Zypern, und Sadat reagierte genau, wie wir erwartet hatten. Er schickte Sondertruppen mit Militärmaschinen nach Zypern, geführt von Major Nabil. Sie sollten eine Strafexpedition auf Zypern gegen uns durchführen.

Damit war Sadat daheim schutzlos. Der weitere Plan der Aktion sah vor, dies auszunutzen und Sadat mit seinen Vertrauten zu töten. Aus bestimmten Gründen konnte die zweite Stufe unseres Plans nicht ausgeführt werden. Auf jeden Fall gab es Schießereien auf dem Flughafen von Zypern, bei denen Major Nabil und die Hälfte seiner Elitetruppe ums Leben kamen. Beim Staatsbegräbnis von Nabil und seinen Leuten wagte Sadat es entgegen den Ankündigungen nicht, sich zu zeigen.

SPIEGEL: Machen Sie so etwas auch heute noch?

ABU NIDAL: Ja, zum Beispiel mit Ahmed Dscharallah, dem Chefredakteur der kuweitischen Zeitung »El-Sijassa«. Wir haben nichts gegen seine Kommentare und Analysen. Aber sein Verlagshaus in Kuweit ist kein Pressehaus, sondern ein Hurenhaus. Wir haben ihn öfter schriftlich und mündlich aufgefordert, seine dreiste, dem Mossad entgegengestreckte Hand zurückzuziehen. Doch dieser Korrupte hat sich entschlossen, eine Einladung ins besetzte Palästina anzunehmen. Jeder Araber soll wissen: Verrat wird mit Tod bestraft. Das Regime in Kuweit soll nicht vergessen, daß Kuweit ein arabisches Land und sein Öl arabisches Öl ist, nicht etwa zionistisch-amerikanisches Öl. Wir haben auf Dscharallah geschossen, er kam dieses Mal davon. Hoffentlich hat er die Botschaft verstanden.

SPIEGEL: Was hilft es Ihnen, Leute wie Dscharallah zu hetzen? Es gibt arabische Führer, die ständig Kontakt mit den Israelis haben, zum Beispiel König Hussein und Präsident Mubarak.

ABU NIDAL: Wer behauptet denn, daß Mubarak und Hussein sicher und sorglos leben können? Fast täglich entdeckt der ägyptische Geheimdienst Attentatspläne gegen Mubarak. Unsere Organisation hat den Beschluß gefaßt, König Hussein zu liquidieren, einige Attentatsversuche sind gescheitert.

Es gab schon einmal Arrogante, die sich als unsterblich betrachteten – Sadat und Arafats Freund Issam el-Sartawi. Wo sind sie heute? Wer möchte da noch behaupten, daß Husni Mubarak und König Hussein ein langes Leben beschieden sei?

SPIEGEL: Sie haben zwar nicht Sadat, aber Sartawi liquidiert. Was soll sein Verbrechen gewesen sein?

ABU NIDAL: Sein Fall liegt sonnenklar: Er bildete ein Friedenskomitee mit den Zionisten. Ein Mitglied dieses Komitees war der frühere zionistische Polizeigeneral Peled. Wir besitzen einwandfreie Dokumente, die beweisen, daß Sartawi ein Agent der CIA war. Er war die rechte Hand von Arafat, mithin haben wir Arafats rechte Hand abgehackt.

SPIEGEL: Ist eigentlich jeder Jude und Israeli Ihr Feind?

ABU NIDAL: Jeder Zionist ist mein Feind. Ich mache aber einen Unterschied zwischen Zionisten und Juden. Es ist nicht so, daß auch jeder Jude mein Feind ist.

SPIEGEL: Sehen Sie nicht, daß es in Israel auch Kräfte gibt, die den Frieden mit den Arabern wollen?

ABU NIDAL: Die sogenannte Frieden-jetzt-Bewegung ist nichts als Augenwischerei, wir glauben ihr nicht. Uri Avnery etwa ist ein zionistischer Einwanderer; er soll dorthin zurückgehen, wo er herkam: nach Deutschland, in die Gegend von Hannover. Wenn er es ehrlich meint, dann soll er sich von der zionistischen Ideologie deutlich distanzieren, dann glauben wir ihm, was er sagt.

SPIEGEL: Arbeiten Sie auch mit europäischen Untergrundorganisationen zusammen?

ABU NIDAL: Sicher. Mit der französischen Action directe, den belgischen kämpfenden kommunistischen Zellen, der irischen IRA, der baskischen Eta, der deutschen Rote Armee Fraktion und so weiter. Warum denn nicht, was ist denn schon dabei? Die Imperialisten haben sich geeinigt und bekämpfen uns überall. So haben auch wir uns geeinigt unter dem Motto: »Unterdrückte, vereinigt euch!«

SPIEGEL: Wo liegt in Ihren Augen der Unterschied zwischen gerechtem Kampf und Terrorismus?

ABU NIDAL: Gerechter Kampf bedeutet das Recht eines Volkes, alle verfügbaren Mittel gegen die Usurpatoren seines Landes zu ergreifen. Terrorismus ist das Liquidieren unschuldiger Menschen ohne Grund durch eine Gruppe oder Organisation oder staatliche Gewalt, etwa in den Palästinenserlagern Sabra und Schatila.

SPIEGEL: Wie werden Sie damit fertig, daß durch Attentate mehr Araber von anderen Arabern umgebracht worden sind als durch die Zionisten?

ABU NIDAL: Diese Araber, die Sie meinen, sind nichts weiter als Instrumente in den Händen der Zionisten und Imperialisten. Die Staaten auf der arabischen Halbinsel werden wir noch lehren, daß unsere Kinder in Syrien, im Libanon, in Jordanien und Palästina genausoviel wert sind wie ihre Kinder in Saudi-Arabien, Katar, Bahrein, Kuweit und Oman.

SPIEGEL: Die PLO ist nun gespalten. Hat sie nach Ihrer Meinung überhaupt eine Chance, Israel militärisch zu besiegen?

ABU NIDAL: Weder die Palästinenser noch die PLO werden jemals in der Lage sein, einen militärischen Sieg über die Zionisten zu erzielen. Der Sieg über die Zionisten kann nur durch eine gesamtarabische Strategie erreicht werden; da müssen alle Araber teilnehmen. Solange das zionistische Gebilde in Palästina besteht, werden die Araber gezwungen, sich zu einigen, um dieser Gefahr zu begegnen.

Wir Palästinenser und Libanesen werden Zünder für den Kampf aller Araber gegen die Zionisten sein. Wir werden den großen Brand im Nahen Osten entfachen.

SPIEGEL: Glauben Sie im Ernst, daß Syrien Ihnen erlaubt, von seinem Territorium aus gegen Israel zu kämpfen?

ABU NIDAL: Das ist nicht die Frage, sondern vielmehr: Wie wird sich der Konflikt zwischen Arabern und Zionisten in den nächsten Jahren entwickeln? Wie wird das syrische Regime seine Beziehungen zu den anderen Kräften dieser Region entwickeln? Wichtig ist auch: Wie wird sich Syrien entwickeln, zu einer Basis unserer Revolution oder nicht?

SPIEGEL: Was halten Sie von Gaddafi und seinem Libyen?

ABU NIDAL: Bruder Muammar ist ein aufrichtiger Mann. Uns verbindet eine tiefe und starke Freundschaft. Unsere Beziehungen basieren auf gegenseitigem Respekt. Wir träumen denselben Traum: Er ist ein einsamer Vogel, der abseits vom Schwarm der anderen sein Lied singt. Aber irgendwann werden die Vögel zu ihm fliegen und mit ihm seine Lieder singen. Sein Land ist eine feste Basis gegen Imperialismus und Zionismus. Er haßt den amerikanischen Imperialismus aus tiefem Herzen. Für uns ist er eine große Hilfe.

SPIEGEL: Welchen Teil seiner Politik lehnen Sie ab?

ABU NIDAL: Seine politischen Gedanken stoßen bei uns auf keine Einwände. Manche seiner Formulierungen und Definitionen würden wir anders ausdrücken. Seine Grundprinzipien decken sich aber völlig mit unseren.

SPIEGEL: Abu Nidal, wir danken Ihnen für dieses Gespräch.

Quelle: »Der Spiegel«, Nr. 42, 14. Oktober 1985, S. 182–205

Dokument 2

»Unsere Geheimdienste sind wertlos . . .« – Interview mit dem französischen Premierminister Jacques Chirac zur Nahostpolitik und dem Terrorismusproblem, November 1986

Das nachfolgende Interview des französischen Premierministers

Jacques Chirac mit der »Washington Times«, das zunächst nicht zur wörtlichen Wiedergabe gedacht war, sondern als Grundlage für einen Artikel diente, der am 7. November 1986 veröffentlicht wurde, erregte einiges Aufsehen. In dem Artikel hieß es, Chirac zweifle an den von Großbritannien vorgelegten Beweisen für die Urheberschaft Syriens an dem versuchten Bombenanschlag auf eine El-Al-Maschine vom 17. April 1986 in London. Bundeskanzler Kohl und Außenminister Genscher hätten ihm gegenüber Informationen erwähnt, wonach der israelische Geheimdienst Mossad und syrische, regimefeindliche Kräfte dahintersteckten. Nachdem Chirac diese Behauptungen dementiert hatte, druckte die »Washington Times« das auf Tonband aufgezeichnete Interview am 10. November 1986 im Wortlaut ab. Chirac übt darin scharfe Kritik an der amerikanischen Politik im Mittleren Osten, die er offensichtlich für kurzsichtig und wenig erfolgreich hält. Er betont die eigenständige Position seines Landes in der Region, das starke Interesse Frankreichs an der Wiedererlangung libanesischer Unabhängigkeit und die Bedeutung Syriens für eine Lösung der Konflikte.

Die »Washington Times« ist eine Washingtoner Tageszeitung, die sich indirekt im Besitz der Moon-Sekte befindet und als reaktionäre Gegenposition zur liberalen »Washington Post« gegründet wurde.

WASHINGTON TIMES: Wenige Tage nach den Explosionen der beiden Lastwagenbomben in Beirut am 23. Oktober 1983, bei denen 319 amerikanische und französische Soldaten getötet wurden, warteten einige westliche Nachrichtendienste mit den Namen dreier Offiziere des syrischen Geheimdienstes auf, die direkt in diesen terroristischen Anschlag verwickelt waren – was nicht nur die Auflösung der gesamten Position des Westens im Libanon auslöste, sondern geradezu den Lauf der Geschichte änderte. Nun hat ein britisches Gericht ohne den Schatten eines juristischen Zweifels eine direkte Verbindung zwischen syrischen Nachrichtendiensten und der fehlgeschlagenen Flugzeugbombe, die das Leben von 376 Menschen gekostet haben könnte, festgestellt.

Die Untersuchung hat außerdem nachgewiesen, daß sowohl Syrer als auch Libyer in den Bombenanschlag auf die Diskothek in West-Berlin verwickelt waren, der einen Vergeltungsschlag der Vereinigten Staaten gegen Libyen am 14. April (1986) auslöste. Meine Frage ist also, warum spielt die französische Regierung weiterhin eine Scharade, die durch vorgebliche Zweifel Syrien nutzen soll?

CHIRAC: Ich muß Ihnen offen sagen, daß die amerikanischen Reaktionen manchmal ein bißchen primitiv sind. Ich habe beobachtet, daß Libyen über eine lange Zeit und bis vor kurzem einen großen Teil seines Öl-Einkommens aus Geschäften mit amerikanischen Ölgesellschaften erhielt, während gleichzeitig, auf der politischen Ebene, Libyen Gegenstand erbitterter Kritik, ja sogar Ziel amerikanischer Aggression war. Ich kann nicht sagen, daß die amerikanische Politik gegenüber Libyen von Erfolg gekrönt war. Auf der anderen Seite habe ich beobachtet, daß die öffentliche Meinung im Mittleren Osten – in gemäßigten Ländern, die unsere Freunde sind und die mit zunehmend schwierigeren Problemen, ob es sich dabei um die Verschlechterung des Lebensstandards oder die Ausbreitung des islamischen Fundamentalismus handelt, konfrontiert werden und deshalb geschützt werden sollten – von amerikanischen Initiativen systematisch angestachelt wurde, anti-amerikanische und anti-westliche Einstellungen einzunehmen und deshalb auch ihre eigenen moderaten Regierungen anzuzweifeln.

Ich frage mich also, ob bestimmte amerikanische Initiativen über ihre erste Wirkung hinaus verstanden werden. Während dieser Periode habe ich eine US-Regierung gesehen, die eine völlig normale, offene Politik gegenüber Syrien verfolgte – normaler Handel, normale Gespräche und Beziehungen. Dann plötzlich sehe ich eine US-Regierung, die, in enger Verbindung mit der britischen Regierung, eine erbitterte Beschuldigungskampagne gegen die syrischen Behörden startet. Man kann mich nicht verdächtigen, dem Terrorismus zu helfen, aber all das verlangt nach einigen Bemerkungen von meiner Seite, die man nicht automatisch zurückweisen sollte.

Lassen Sie mich zunächst erklären, warum Frankreich so stark an dem, was im Mittleren Osten geschieht, interessiert ist. Frankreich ist in diesem Gebiet weit länger präsent als die Amerikaner – und über materielle Erwägungen hinaus ist Frankreich im Zentrum der Schwierigkeiten dieses Gebietes, im Libanon, engagiert. Wir haben außerdem sehr gute Verbindungen zu allen libanesischen Gruppen. Also sind auch wir ein prinzipielles Ziel derjenigen, die den Westen vertreiben wollen, egal ob sie der Region nah oder fern sind. Es bestehen sieben Jahrhunderte gemeinsamer Zivilisation. Wir haben deshalb ein starkes Interesse daran, den Libanon seine Unabhängigkeit in einer multireligiösen Gesellschaft wiedererlangen zu sehen. Wir müssen außerdem erkennen, daß es keine libanesische Lösung gibt, die Syrien und seine Interessen ignoriert. Bevor wir also weiter voranpreschen wie Don Quichote im Kampf gegen die Windmühlen, sollten wir der unbestreitbaren Tatsache ins Auge sehen, daß es im Libanon keine friedliche Lösung ohne Gespräche mit Syrien gibt. Alle libanesischen Gruppen sind zu ähnlichen Schlußfolgerungen gekommen – Christen, Drusen, Schiiten (Amal natürlich, nicht Hizbollah) – Sunniten – und alle möchten, daß Frankreich ordentliche Beziehungen zu Syrien unterhält. Ich stimme der Notwendigkeit, die westliche Solidarität, genauer gesagt die Solidarität innerhalb der Europäischen Gemeinschaft, zu unterstützen, vollkommen zu. Aber diejenigen, die glauben, daß Frankreich seine Politik gegenüber dem Mittleren Osten aufgrund der Initiative eines Mitgliedslandes (z. B. Großbritannien) plötzlich ändern wird, ohne dies zu überdenken, der macht einen ernsten Fehler.

Man sagt, Syrien sei in eine terroristische Affäre verstrickt. Ich verfüge nicht über die Mittel, die Berechtigung einer solchen Anschuldigung zu überprüfen. Wenn der Beweis unwiderlegbar ist, wird Frankreich selbstverständlich seine Solidarität mit Großbritannien zum Ausdruck bringen, und das wird, so oder so, auf dem nächsten Treffen der [Europäischen; A. L.] Gemeinschaft am 10. November [1986; A. L.] entschieden werden. Ich stelle jedoch fest, daß trotz der Beschuldigungen gegen Syrien die Verhandlungen mit diesem Land weitergehen.

Eine weitere Geisel ist freigelassen worden und ich bin froh darüber. Aber meine eigenen Motivationen gehen über die Befreiung von Geiseln hinaus und sind erfüllt von der dringenden Notwendigkeit, den Frieden in diesem Gebiet, besonders im Libanon, wiederherzustellen.

WASHINGTON TIMES: Ihre eigenen Nachrichtendienste wußten eine lange Zeit, was es mit dem staatlich unterstützten Terrorismus auf sich hat. 1978 hat man mir im Hauptquartier Ihres Auslandsnachrichtendienstes eine große Wandkarte gezeigt, die mit vielfarbigen Stecknadeln übersät war, welche bekannte Kontakte zwischen Mitgliedern internationaler terroristischer Zellen und bekannten Agenten östlicher Geheimdienste darstellten. Ich las außerdem einen Bericht Ihres Nachrichtendienstes, der detailliert erklärte, wie der Ostblock in Havanna im Januar 1966 auf der ersten Trikontinentalen Solidaritätskonferenz entschied, verschiedene internationale terroristische Gruppen zu organisieren, zu trainieren und finanziell zu unterstützen, um westliche Demokratien zu destabilisieren, während man zur gleichen Zeit »friedliche Koexistenz« auf Regierungsebene praktizierte. Warum also fahren Regierungen fort, all das unter den Teppich zu kehren, während sie wissen, daß bestimmte Staaten einen Krieg führen, wenn auch mit indirekten, terroristischen Mitteln?

CHIRAC: Wenn Sie mir erzählen wollen, daß wir einer Anzahl von Ländern den Krieg erklären und sie in die Knie zwingen werden, so wäre das eine Strategie über die man diskutieren könnte, obwohl ich niemanden einen solchen Kurs vorschlagen höre.

Aber wenn es sich nur um einen Krieg der Worte handelt, sage ich Ihnen: Seien Sie vorsichtig. Wir sehen uns in jenem Teil der Erde einer Situation gegenüber, die zunehmend heikler und explosiver wird und die ein wenig Psychologie, weitsichtige Überlegung und Planung erfordert. Es ist der Mangel an Frieden, der uns den Terrorismus bringt. Die Stadt Paris, deren Bürgermeister ich immer noch bin, hat kürzlich mit schweren terroristischen Anschlägen einen hohen Preis bezahlt, so daß meine Motive in dieser Hinsicht offensichtlich nicht angezweifelt werden können.

WASHINGTON TIMES: Sie meinen also, daß Beschwichtigungspolitik und Anpassung der einzige Weg sind, um dem internationalen Terror-Netz zu begegnen, das, wie unsere letzten beiden Außenminister und Ihr eigener Nachrichtendienst sagen, mit östlichen Geheimdiensten verbunden ist?

CHIRAC: Entweder spreche ich jetzt meine eigene Ansicht aus, und Sie dürfen mich nicht zitieren, oder ich spreche offiziell und werde dann meine eigene Meinung nicht aussprechen. Was wollen Sie?

WASHINGTON TIMES: Ich werde Sie nicht zitieren, aber ich muß in der Lage sein, Ihre Gedanken wiederzugeben, besonders im Licht der erbitterten Kritik, die von beiden Seiten des Atlantik gegen Sie erhoben wurde.

CHIRAC: Sie können schreiben, was ich glaube, aber ich wünsche nicht zitiert zu werden. Und jeder wird wissen, daß das, was Sie nach einem solchen Interview schreiben, zuverlässig ist.

WASHINGTON TIMES: Nun, Sie wissen, was unsere eigenen Nachrichtendienste über die Verbindungen zwischen den Staaten, die den Terrorismus unterstützen, und denjenigen, die ihn ausüben, denken.

Zum ersten Mal zeigte mir Alexander de Marenches 1978 sehr überzeugende Beweise, und er hat Ihren Nachrichtendienst elf Jahre lang geleitet.

CHIRAC: Ihre Geheimdienste und unsere eigenen sind wertlos. Darüberhinaus sind alle unterwandert.

WASHINGTON TIMES: Ich rede von 1978. Der Zeit von Marenches und Roussin, der einmal Marenches' Stabschef war und jetzt Ihnen in derselben Stellung dient.

CHIRAC: Das macht keinen Unterschied. Sie waren immer unterwandert.

WASHINGTON TIMES: Sagen Sie das nicht nur, weil sie Ihnen Dinge erzählen, die Sie nicht hören wollen?

CHIRAC: Ich glaube wirklich nicht an ihre Effektivität – sei es nun die CIA oder unser eigener Geheimdienst –, wenn ein Land sich nicht im Krieg befindet. Nicht in Friedenszeiten. Heutzutage sind die Israelis gut. Ebenso die Südafrikaner und die Iraker.

WASHINGTON TIMES: Der Mossad bestätigt sicherlich die Existenz eines Terror-Netzes und dessen internationale Verbindungen.

CHIRAC: Ja, aber wir wissen, daß die Israelis besondere Beweggründe dafür haben.

WASHINGTON TIMES: Dr. Andrej Sacharow selbst hat uns in einem politischen Testament, das Anfang der 80er Jahre in den Westen geschmuggelt wurde, gemahnt, die Behauptungen über Verbindungen zwischen dem KGB und seinen Stellvertretern auf der einen Seite und internationalen Terrorgruppen auf der anderen Seite ernstzunehmen.

CHIRAC: Das ist selbstverständlich. Aber nehmen wir die syrische Affäre. Ich habe sowohl mit (Bundeskanzler) Kohl, als auch mit (Außenminister) Hans-Dietrich Genscher darüber gesprochen. Ich gehe nicht soweit wie sie, aber ihre These ist, daß der Fall Hindawi eine Provokation war, die dazu dienen sollte, Syrien zu schaden und die Regierung Assad zu destabilisieren. Wer steckte dahinter? Wahrscheinlich Personen aus der Umgebung des israelischen (Geheimdienstes) Mossad in Verbindung mit bestimmten syrischen Elementen aus der näheren Umgebung (des syrischen Präsidenten) Assad, die seinen Sturz wollen. Dinge dieser Art können unendlich komplex sein.

WASHINGTON TIMES: Aber Assad hat seine eigenen Geheimdienste vollständig unter Kontrolle.

CHIRAC: Ja, aber es ist auch ein wahres Schlangennest. Niemand weiß wirklich, was für eine Rolle sein Bruder Rifaat spielt. Manipuliert Rifaat Assad? Und wer manipuliert Rifaat? Experten, die den syrischen Botschafter kennen, der ein Teil der Verschwörung gewesen sein soll und aus Großbritannien ausgewiesen wurde, halten es für äußerst unwahrscheinlich, wenn nicht sogar unmöglich, daß er Kontakt zu Hindawi hatte. Daß Hindawi Kontakte zu bestimmten Mitgliedern eines syrischen Geheimdienstes hatte, ist eine andere Sache.

WASHINGTON TIMES: Aber die Briten sind ziemlich gut

in elektronischer Überwachung und sie wissen, was zwischen Hindawi und dem syrischen Botschafter geschah.

CHIRAC: Nichts ist einfacher, als solche Art Beweise zu fälschen, ohne daß die Regierungsführer etwas davon ahnen.

WASHINGTON TIMES: Ich kenne den Chef des britischen Nachrichtendienstes. Er ist ein aufrichtiger Mann und solche teuflischen Pläne zur Täuschung seiner eigenen Premierministerin sind sicher nicht seine Angelegenheit.

CHIRAC: Wie dem auch sei, ich bin immer mißtrauisch gegenüber solchen Affären, besonders, wenn sie in eine bestimmte Politik passen. Erst war es Libyen und nun ist es Syrien. Syrien war mit Sicherheit entweder direkt oder indirekt in eine Anzahl terroristischer Aktionen verstrickt. Das bezweifle ich nicht.

Aber wenn man dann eine Konfrontationshaltung einnimmt, die zu viel Bellen aber keiner Aktion führt, ermutigt man sie nur, solche terroristischen Politiken zu verfolgen. Ich bin für Aktionen, die sich bezahlt machen. Aber wenn sie ungeschickt oder rein verbal sind, halte ich sie für schädlich.

WASHINGTON TIMES: Würden Sie so die amerikanischen Luftangriffe gegen Libyen vom 14. April [1986; A. L.] charakterisieren?

CHIRAC: Absolut, vollkommen kontraproduktiv.

WASHINGTON TIMES: Hat (der libysche Führer) Oberst (Muammar) Ghaddafi nicht für einige Monate am Boden gelegen?

CHIRAC: Wenn Ghaddafi sich für einige Zeit beruhigte, so hatte das mit dem amerikanischen Angriff überhaupt nichts zu tun. Er hatte Schwierigkeiten mit seiner Armee. Das war vor den Luftangriffen und so ernst, daß sich Ghaddafi genötigt sah, Oberst Hassan Ishkal ermorden zu lassen, der sein eigener Vetter war, der Führer seiner Sippe, ein enger Vertrauter und Waffenkamerad seit dem ersten Tag der Revolution. Von diesem Mann hofften wir, daß er Ghaddafis Stelle eines Tages einnehmen würde. Die Armee war durch das andauernde unglückliche militärische Abenteuer Libyens im Tschad, wo Ghaddafis Truppen mit entsetzlichen Bedingungen fertig werden mußten, bis in die Grundfesten erschüttert. Die Wirtschaft war in einem furchtbaren Zustand. Es waren all diese Faktoren, die Ghaddafi destabilisierten, nicht die amerikanischen Bomben. Ich werde mich immer an den Augenblick erinnern, in dem ich zum ersten Mal hörte, daß Saddam Hussein vom Irak plante, den Iran anzugreifen. Weil ich ihn persönlich kannte, sandte ich ihm eine Botschaft, um ihm mitzuteilen, daß ich das für reinen Wahnsinn hielt. Er antwortete mir, daß ich Unrecht hätte, denn er wisse von seinen Geheimdiensten, daß die iranische Armee völlig demoralisiert sei, daß sich die arabische Minderheit im Iran erheben und die irakische Armee mit offenen Armen begrüßen werde, und daß alles innerhalb einer Woche vorbei wäre.

Er ignorierte auch meine weiteren Bitten, seine militärischen Pläne nicht weiterzuführen, denn er war von den Nachrichten, die ihm sein Geheimdienst übermittelt hatte, berauscht. Und was geschah? Hussein hat seinem Feind Khomeini einen wunderbaren Dienst erwiesen, indem er dessen Regime festigte, eine Art regionaler Destabilisierung schaffte, die den Sowjets dient und die Ausbreitung des Fundamentalismus vom Golf zum Atlantik radikalisierte.

Unter denselben Vorzeichen haben die Amerikaner mit ihrem possenhaften Luftangriff lediglich die Destabilisierung von Ghaddafis Regime verzögert und dem Oberst die Möglichkeit gegeben, sein ruheloses Volk gegen den »Großen Satan«, wie man Amerika in diesen Kreisen kennt, aufzubringen. Wenn der Luftangriff ihn wenigstens getötet hätte.

WASHINGTON TIMES: Sie meinen, wenn die Vereinigten Staaten Ihnen einen Plan zum Sturz Ghaddafis übermittelt hätten, hätten Sie anders über die Verweigerung der Überflugrechte für die in Großbritannien stationierten F-111 entschieden?

CHIRAC: Diese Frage werde ich nicht beantworten. Was ich zu erklären versuche, ist, daß die Durchführung eines Angriffs ohne die Mittel, ihn auch erfolgreich abzuschließen, die Mobilisierung der öffentlichen Meinung gegen einen selbst bedeutet. Ihr Ansehen in gemäßigten, pro-westlichen Ländern wie Tunesien und im gesamten Mittleren Osten und damit das westliche Ansehen als Ganzes würde getrübt und beschädigt werden. Das bedeutet, daß moderate, pro-westliche Staaten, die unsere Verbündeten in diesem Gebiet sind, angreifbarer werden. Es ist eine oberflächliche, kurzfristige Politik, ein Hochgefühl, auf das ein Tief folgt. Ich kann verstehen, daß man so etwas innerhalb einer Wahlkampagne macht, trotzdem nennt man das immer noch Demagogie.

WASHINGTON TIMES: Aber die Staaten, die den Terrorismus gegen westliche Demokratien unterstützen, schätzen es auch selbst so ein, daß sie sich im Kriegszustand befinden, wenn auch in einem unerklärten und mit verdeckten Mitteln geführten.

CHIRAC: Werden Sie konkreter.

WASHINGTON TIMES: (Der italienische) Premierminister Craxi gab im Februar 1985 bekannt, daß 44 von Italiens gefährlichsten Terroristen der Roten Brigaden in Nicaragua ihren Stützpunkt haben. Es wurde ferner aufgedeckt, daß fünf von ihnen als Unteroffiziere in der sandinistischen Armee dienen.

Ist dies nicht ein weiterer Ausdruck der stillschweigenden Allianz zwischen gleichgesinnten radikalen Staaten, die Terrorismus gegen die westlichen Demokratien praktizieren?

CHIRAC: Ich habe es fertiggebracht, Frankreichs Politik gegenüber Mittelamerika zu ändern, und ich habe gegenüber (US-) Außenminister Shultz erklärt, daß Mittelamerika für die Vereinigten Staaten von lebenswichtiger Bedeutung ist und daß Amerikas Politik deshalb die westliche Solidarität erfahren sollte, die sie verdient.

WASHINGTON TIMES: Genauso, wie die Vereinigten Staaten Frankreich während der elf militärischen Interventionen unterstützt haben, die es seit 1962 in Afrika durchführte, um das zu verteidigen, was Frankreich als seine lebenswichtigen Interessen betrachtet?

CHIRAC: Mit einigen Ausnahmen. Dem Tschad, zum Beispiel.

WASHINGTON TIMES: Ich dachte, wir hätten Sie während der letzten beiden Operationen, um Ghaddafis islamische Legionen abzublocken, vollkommen unterstützt.

CHIRAC: Nein, nicht wirklich. Es war nicht sehr klug von Ihnen, (den Präsidenten des Tschad) Hissene Habre zur Überschreitung des 16. Breitengrades zu ermutigen, der nach unseren Vereinbarungen die Demarkationslinie zwischen dem von Libyen besetzten nördlichen Tschad und dem restlichen Land sein sollte.

WASHINGTON TIMES: Ich bin mir nicht ganz sicher, ob ich verstehe, warum es für Frankreich in Ordnung ist, militärisch zu intervenieren, um seine Interessen zu verteidigen, aber für die Vereinigten Staaten nicht.

CHIRAC: Meiner Meinung nach lautet die Frage, ob die Vereinigten Staaten die Fähigkeiten und den Willen haben, Libyen und Syrien zu bezwingen. Wenn die USA den Willen haben, diese Staaten an einen Punkt zu bringen, an dem sie nicht mehr in der Lage sein werden, zu tun, was sie als ihre Ziele verkünden, dann obliegt es den Vereinigten Staaten, das offen zu sagen und zu handeln. Aber wenn die Vereinigten Staaten nur bellen können, dann sollten sie besser still sein, damit man sie nicht der Demagogie beschuldigt.

WASHINGTON TIMES: Wollen Sie damit sagen, die USA hätten nicht den Willen zu handeln?

CHIRAC: Das ist völlig offensichtlich. Die erste Frage, die wir uns stellen müssen, lautet: Was ist das Ziel?

Zunächst einmal wünschen wir uns im Idealfall eine Situation im Mittleren Osten, die dazu führt, den Frieden wiederherzustellen – innerhalb der vorhandenen Grenzen natürlich.

Das ist ein Ziel. Mit anderen Worten, daß der Libanon wieder eine unabhängige, friedliche Nation wird, offensichtlich in enger Partnerschaft mit Syrien; zweitens, eine Beendigung des arabisch-israelischen Konfliktes, was eine Lösung für die Palästinenser voraussetzt und zugegebenermaßen nicht leicht zu erreichen ist. Drittens wollen wir eindeutig, daß die arabischen Regierungen, die Freunde und Verbündete der westlichen Welt sind, laut Definition die gemäßigten Regierungen, die extrem unstabil sind, unterstützt und beschützt werden

– also Ägypten, Jordanien, Saudi-Arabien, der Libanon, die Golf-Emirate etc. Das ist, insgesamt, Ihre Politik genauso wie unsere und das ist der Grund, warum Sie Ägypten wesentliche Hilfe leisten.

Und all das beruht natürlich im Moment auf den zerbrechlichen Fundamenten der arabischen öffentlichen Meinung, die nur zu bereit ist, sich fanatisieren zu lassen, und empfänglich für Xenophobie und einen Heiligen Krieg ist und von der fortwährend verlangt wird, die Lasten eines sinkenden Lebensstandards, fallender Ölpreise und einer explodierenden Geburtenrate zu tragen. All dies ist natürlich schon definitionsgemäß destabilisierend und für Außenstehende ein weiterer Grund, nicht noch Öl ins Feuer zu gießen.

Dies ist alles eingebettet in das schwierige Problem des islamischen Fundamentalismus. Die einzige Schlußfolgerung, die man ziehen kann, ist, daß der Westen diese schwere Krise mit einem hohen Maß an Vorsicht bewältigen muß und sich nicht durch die Explosionen einiger Bomben in den Straßen ihrer Hauptstädte ablenken lassen darf. Die große Bombe ist nicht die, die in der Rue de Rennes (in Paris) explodiert, sondern die, die über der gesamten arabischen Welt explodieren könnte, wenn die arabische öffentliche Meinung in die Ecke gedrängt wird. Das ist die wahre Bombe. Und das sollte nicht mit Ghaddafis jeweils neuester Übertreibung verwechselt werden. Eine besondere Gefahr kommt für uns alle aus dem Iran. Der Iran ist seit dem 6. Jahrhundert v. Chr. immer zwei Schritte vorwärts und einen Schritt zurück gegangen. Wir sehen den Iran jetzt einen Schritt zurück in die Vergangenheit gehen. Ich erinnere mich daran, wie ich als Premierminister im Jahre 1974 meinen amerikanischen Kollegen sagte, daß sie den Schah und den Iran zu schnell in eine moderne Ära trieben. Sie haben einfach nicht die Fähigkeit, eine so rapide Entwicklung zu verkraften. Unser gemeinsames Ziel sollte sein, die weitere rasche Ausbreitung des Fundamentalismus in der Region zu verhindern. Frankreich tut dabei seinen Teil, indem es dem Irak hilft, den Fundamentalismus in Schach zu halten. Aber Großbritannien verkauft weiterhin Waffen an den Iran, und wie wir jetzt gehört haben, tun die USA das auch, und sie versuchen es nicht einmal zu verbergen. Soviel zur westlichen Solidarität. Und was die Israelis betrifft? Sie verkaufen auch weiterhin Waffen an den Iran, trotz all der anderslautenden Beteuerungen, die wir gehört haben. Wenn ich also in Bezug auf das letzte Ereignis in London mangelnder Solidarität beschuldigt werde, so erlauben Sie mir zu sagen, daß es da viel wichtigere Dinge zu tun gibt. Und die wichtigste Aufgabe liegt darin, zu verhindern, daß dieser religiöse, anti-westliche Fanatismus die gesamte Region verschlingt. Und das, lassen Sie es mich wiederholen, ist von weitaus größerer Bedeutung, als die Beziehungen zu Syrien abzubrechen oder irgendein Anschlag in London oder eine Bombe, die in irgendeiner Straße hochgeht. Was diese Art terroristischer Akte betrifft, so habe ich alles getan, was getan werden konnte, wie die striktere Kontrolle unserer Grenzen und den verstärkten Einsatz von Sicherheitskräften. Aber ich verliere die Tatsache nicht aus den Augen, daß sogar die Terrorwelle, die uns im September widerfahren ist, ein kleiner Fisch im Vergleich zu dem Hauptproblem ist, über das wir hier und heute sprechen. Und wer in Europa versucht, die Flutwelle des Fundamentalismus einzudämmen? Ich muß davon ausgehen, daß Frankreich in dieser Hinsicht allein ist. Ich sehe niemanden, der uns dabei unterstützt.

Wir sollten uns zurückhalten, um die gemäßigten Staaten der arabischen Welt nicht zu destabilisieren. Ich meine diejenigen, die auf unserer Seite sind: (der ägyptische Präsident Hosni) Mubarak, (der jordanische König) Hussein und unsere anderen Freunde.

WASHINGTON TIMES: Aber die würden Ghaddafi doch auch liebend gern loswerden.

CHIRAC: Ja, natürlich, aber sie würden das niemals öffentlich sagen und das ist vollkommen verständlich. Was tut man also? Man hält sich zurück, um keine anti-westlichen Gefühle zu schüren. Denken Sie daran, daß sich immer, wenn ein Araber irgendwo angegriffen wird, alle Araber genötigt sehen werden, Solidarität mit demjenigen zu zeigen, den sie als Opfer betrachten. Selbst wenn der Irak ganz eindeutig der Aggressor gegenüber dem Iran war, stehen alle anderen Araber geschlossen hinter dem Irak. Ich bin also wirklich erstaunt darüber, daß ein Land wie die Vereinigten Staaten das alles nicht versteht und immer nur schnelle Scheinlösungen bevorzugt.

Das ist unverantwortlich. Oder daß ein Land wie Großbritannien von uns allen verlangt, die Beziehungen zu Syrien wegen eines obskuren Bombenanschlages, der fehlschlug, abzubrechen. Glauben Sie wirklich, daß die Leute dann sagen »Bravo, die haben Mumm«? Wichtiger ist die Reaktion in den Souks von Tunis. Der kleine Mann dort wird es so sehen, daß wieder einmal die Araber vom Westen zum Opfer gemacht werden. Ihre Wahrnehmung von Ereignissen ist einfach nicht dieselbe wie unsere. Glauben Sie wirklich, daß ein durchschnittlicher Libanese sich darum schert, wenn in Paris eine Bombe hochgeht? Zwei Tage, nachdem die Bombe in der Rue de Rennes explodiert war, besuchte ich einige der Opfer im Hospital. Zwei von ihnen waren junge libanesische Mädchen, Teenager. Der einen war ein Fuß amputiert worden, und die andere hatte beide Beine mehrfach gebrochen. Sie waren fröhlich und hatten die Bewunderung des gesamten Krankenhauspersonals gewonnen und hoben die Moral der anderen 35, die in dem Hospital waren. Ich fragte die libanesischen Mädchen, wie lange sie in Frankreich gewesen waren. Sie erzählten mir, daß sie zwei Tage zuvor angekommen waren, also fragte ich sie, warum sie nach Frankreich gekommen waren. Sie antworteten: »Oh, unsere Eltern meinten, es sei an der Zeit, eine Pause von all diesen Bomben, die in Beirut hochgehen, zu haben und arrangierten einen ruhigen Monat mit Freunden in Paris für uns.« Sie sind an solche Dinge gewöhnt. Sie sind zur Routine für die Libanesen geworden. Die Israelis regen sich auf, wenn eine Bombe an der Klagemauer explodiert, aber sie scheinen zu vergessen, daß die Araber sehen, wie die Israelis palästinensische Lager bombardieren und alle möglichen unschuldigen Menschen töten und verstümmeln. Das nennt man Vergeltung. Ich nehme an, das sorgt dafür, daß sie sich besser fühlen. Wenn sie also sehen, wie westliche Länder sich an Libyen oder Syrien

– zwei Ländern, die sie aus einer Unzahl von Gründen nicht mögen – wegen terroristischer Akte rächen, mißtrauen sie den westlichen Motiven, weil sie selbst während vieler Jahre im großen Maßstab Opfer des Terrorismus waren. Ihre Wahrnehmung ist, daß die westlichen Länder ihre Kritikfähigkeit verlieren. Jede Handlung, die als Aggression gegen die Araber wahrgenommen werden kann, trägt nur dazu bei, den Druck für die wirklich große Explosion zu vergrößern. Und das spielt nur in die Hände derjenigen Leute, die versuchen, die arabische Welt zu radikalisieren. Es gibt andere Wege, den Terrorismus zu bekämpfen als Selbstbefriedigung. Wir beschwören Unheil herauf, wenn wir fortfahren, die gemäßigten Staaten zu schwächen, indem wir Initiativen ergreifen, die in der arabischen Welt vollkommen anders wahrgenommen werden als im Westen. Wir machen sie damit nur verletzlicher.

Die gequälten Menschen im Libanon verdienen unsere Aufmerksamkeit sicher mehr als die wenigen Bomben, die die Terroristen in westlichen Ländern legen.

WASHINGTON TIMES: Aber hat der Libanon nicht aufgehört als Staat zu existieren?

CHIRAC: Ja, aber es gibt noch so etwas wie das libanesische Volk, das weit länger existiert als das amerikanische Volk, und viel ältere Traditionen hat. Dieses Volk muß gestärkt, ihm muß geholfen und der Staat muß wiederbelebt werden. Vor drei Tagen empfing ich den neuen maronitischen Patriarchen und er bat mich sehr, der britischen Forderung nach einem Abbruch der diplomatischen Beziehungen zu Syrien nicht nachzukommen. Und trotzdem haßt dieser Mann die Syrer. Er bestand darauf, daß wir den Dialog mit Syrien weiterführen, obwohl er selbst sich geweigert hat, nach Damaskus zu gehen. Wir werden uns mit Sicherheit nicht vom Libanon abwenden und dort eine »Endlösung« nach Hitler-Manier zulassen. Und wenn sich die restliche westliche Welt nicht darum schert, Frankreich tut es. Es gibt eine große christliche Bevölkerung dort und wir sind verpflichtet, sicherzustellen, daß sie nicht niedergemetzelt wird. Das bedeutet, daß sie es sich nicht leisten können, den syrischen Faktor in der Gleichung zu ignorieren. Nur weil eine

Menge Hunde bellen, heißt das nicht, daß man seine Beziehungen zu Syrien abbricht, ohne sich um die Konsequenzen zu kümmern. Für uns hängt alles davon ab, den Libanon zu retten. Es gibt keine andere Lösung, als unsere Anwesenheit dort aufrechtzuerhalten, es sei denn, die Vereinigten Staaten machen plötzlich Ernst mit dem Schicken ihrer Marineinfanterie und schlagen Frankreich eine gemeinsame Aktion vor. Das wäre ein ernsthafter Vorschlag, den man ernst nehmen müßte. Es wäre eine Politik, der wir nicht unbedingt zustimmen würden, aber es wäre immerhin eine Politik. Aber wenn Sie nur fortfahren zu bellen, tut es mir leid, aber zählen Sie nicht auf mich. Die Alternative, die wir vorziehen, ist, weiter Gespräche mit Syrien zu führen. Gestern haben Sie gegen Libyen gewettert. Heute wettern Sie gegen Syrien, und in der Zwischenzeit explodieren immer noch Bomben in unseren Ländern und unsere Geiseln werden immer noch festgehalten. Lassen Sie uns also alles in den Zusammenhang setzen und mit einem weitsichtigen Plan aus gut durchdachten Schritten auf unser endgültiges Ziel zugehen. Und das bedeutet, die Zauberlehrlinge unserer Geheimdienste zu ignorieren.

WASHINGTON TIMES: Heißt das nicht auch, daß Sie sich frei fühlen, Waffen an Syrien zu verkaufen?

CHIRAC: Das ist eine völlige Fehlinformation. Als ich in diesem Jahr das Amt des Premierministers übernahm, entdeckte ich, daß Frankreich 1982 und 1984 Waffenhandelskontakte mit Syrien hatte. Ich habe sie unterbunden, bevor all dies geschah.

WASHINGTON TIMES: Wenn ich Sie richtig verstehe, Herr Premierminister, sagen Sie, daß, wenn wir nicht den politischen Willen haben, die *Marines* zu schicken, entweder mit Ihnen, mit andern oder allein, es keine Alternative gäbe, als Führer wie Assad und Ghaddafi zu beschwichtigen und sich anzupassen.

CHIRAC: Ich sage, daß man eine andere Politik verfolgen sollte, als in der Dunkelheit zu bellen, was nirgendwohin führt. Ich habe gegenüber den Syrern sehr deutlich gemacht, daß ich keinen Grund habe, anzunehmen, daß Syrien von nah oder fern an terroristischen Akten auf französischem Gebiet beteiligt war. Aber ich habe den Syrern auch klar gemacht, daß wir, gesetzt den Fall, wir erhielten unwiderlegbare Beweise ihrer Verwicklung, Maßnahmen ergreifen würden, die nicht nur aus Worten bestehen.

WASHINGTON TIMES: Mit anderen Worten, die Beweise, die von einem britischen Gerichtshof kamen, sind nach Ihrer Meinung falsch?

CHIRAC: Nein, das habe ich nicht gesagt. Ich habe nicht die gesamte Akte bekommen und deshalb gebe ich kein Urteil ab. Ich habe Ihnen nur erzählt, was führende westdeutsche Politiker glauben und was ich tendiere zu teilen. Ich habe außerdem bemerkt, daß Großbritannien seinen europäischen Partnern bestimmte Vorschläge machte, die in der Folge zurückgezogen wurden, und ich bin mir sicher, wenn ich Ihnen sage, daß sich beim nächsten Treffen der europäischen Partner am 10. November klügere Ratschläge durchsetzen werden und sich eine gemeinsame Haltung gegenüber dem Terrorismus im allgemeinen und gegenüber Syrien im besonderen ergeben wird.

Quelle: Washington Times, 10. November 1986.

Dokument 3

»Geiseln als Schutzschild gegen Amerikaner . . .« –
Inverview mit dem PLO-Funktionär Abu Ijad zum Fall der im Libanon festgehaltenen Bundesbürger, März 1987

Abu Ijad ist PLO-Sicherheitschef und Stellvertreter des PLO-Chefs Yassir Arafat. Er äußerte sich in einem Gespräch mit dem »Spiegel« im März 1987 unter anderem über die Entführung zweier Bundesbürger im Libanon, über die Rolle Libyens, über die Organisation der Hizbollah und die libanesischen Brüder Hamadei, die in der Bundesrepublik inhaftiert sind.

SPIEGEL: Abu Ijad, die Entführer im Libanon drohen, ihre Geiseln würden vor ein »revolutionäres Gericht« gestellt und zum Tode verurteilt. Gelegentlich stellen sie ein Ultimatum, lassen dann aber die Frist verstreichen, ohne daß etwas passiert. Leben die Geiseln noch? Werden sie getötet werden?

ABU IJAD: Zuerst möchte ich sagen: Es ist Barbarei, unschuldige Bürger eines Staates zu entführen, sie für die Politik ihrer Regierung verantwortlich zu machen und hinzurichten. Aber offenbar ist nach zwölf Jahren erbarmungslosen Bürgerkriegs im Libanon, in dem jeder gegen jeden kämpft, kein Platz mehr für Vernunft. In diesem Land muß man immer mit dem Schlimmsten rechnen. Sogar für mich ist es schwierig, mich in diesem Dschungel von Brutalität und Gewalt noch zurechtzufinden.

SPIEGEL: Zur Zeit befinden sich im Libanon über 20 Ausländer in Geiselhaft. Wer hat sie entführt, wo sind sie?

ABU IJAD: Die meisten befinden sich in den Händen der Hisb Allah.

SPIEGEL: Aber nicht alle? Wer hält zum Beispiel die vier Dozenten gefangen, die kürzlich vom Campus des Beirut University College entführt wurden?

ABU IJAD: Sie wurden mit Wissen der Syrer – wenn nicht sogar mit deren Unterstützung – von der schiitischen Amal-Miliz des libanesischen Justizministers Nabih Birri entführt.

SPIEGEL: Das kann doch nicht Ihr Ernst sein. Schließlich bemühen sich die Syrer – zumindest nach außen – um die Freilassung aller Geiseln.

ABU IJAD: Warum staunen Sie so? Im Libanon ist alles möglich. Ich sage Ihnen: Zur Zeit sind die vier Dozenten in syrischem Gewahrsam.

SPIEGEL: Haben Sie Beweise? Sie sind nicht gerade ein Freund der Syrer, Palästinenser kämpfen gegen die Amal.

ABU IJAD: Ich kann Ihnen ganz genau sagen, wo sich die Geiseln befinden: im Ghalajini-Gebäude an der Hamra-Straße in West-Beirut. Der syrische Offizier, der für ihre Sicherheit verantwortlich ist, heißt Leutnant Amir Talla. Er ist vom syrischen Geheimdienst.

SPIEGEL: Warum lassen die Syrer die vier Dozenten nicht frei?

ABU IJAD: Vielleicht lassen die Syrer sie ja bald frei – zum Beispiel, wenn Syrien seine Verhandlungen mit dem Iran über die restlichen Geiseln als gescheitert ansehen müßte. Dann könnten die Syrer sagen: Das sind alle Geiseln, die wir bekommen konnten, wir haben sie befreit.

SPIEGEL: Wer hat den anglikanischen Theologen Terry Waite entführt?

ABU IJAD: Hisb Allah. Sie werfen ihm vor, CIA-Agent zu sein. Sie sagen, sie hätten in seinen Kleidern Minisender entdeckt, die seinen Auftraggebern signalisieren sollten, wohin ihn seine Fahrten durch Beirut führten.

SPIEGEL: Wo ist Terry Waite jetzt?

ABU IJAD: Nach meiner Information in Beirut, jedenfalls nicht in der Bekaa-Ebene oder im Südlibanon. Die Geiseln der Hisb Allah sind nicht alle an einem Ort, sondern auf verschiedene Häuser im Zentrum von Beirut verteilt. Einige befinden sich sogar in der iranischen Botschaft.

SPIEGEL: Was wissen Sie über die beiden deutschen Geiseln, den Hoechst-Vertreter Rudolf Cordes und den Siemens-Techniker Alfred Schmidt?

ABU IJAD: Vor kurzem habe ich aus Beirut die Nachrichten erhalten, daß sie immer noch in der Gewalt der Hisb Allah sind. Daran besteht kein Zweifel.

SPIEGEL: Aber die Hisb Allah hat sich nie zu Entführungen bekannt, stets meldeten sich andere Organisationen.

ABU IJAD: Ja, Organisationen mit Namen wie Islamischer Dschihad, Islamischer Dschihad für die Befreiung Palästinas, Organisation Revolutionäre Gerechtigkeit. Aber die Mutter aller dieser sogenannten Organisationen, oder besser gesagt, die Dachorganisation, ist Hisb Allah. Sie ist und bleibt verantwortlich. All die anderen Namen sind nur Tarnnamen.

SPIEGEL: Wie ist die Hisb Allah denn überhaupt organisiert?

ABU IJAD: Hisb Allah ist der Sammelbegriff für verschiedene politische Strömungen innerhalb der islamisch-fundamentalistischen Bewegung. Sie dürfen diese »Partei Gottes« nicht als Partei im traditionellen Sinn betrachten, wie die Kommunistische Partei oder die syrische oder irakische Baath-Partei etwa, mit Parteischulung, Parteikadern und Politbüro. Sie ist eher eine Geheimorganisation, motiviert durch die Welle des fundamentalistischen Schiitentums, beflügelt von den Erfolgen der religiösen Revolution im Iran.

SPIEGEL: Aber auch eine solche Organisation muß doch einen Kopf haben.

ABU IJAD: Sie haben einen Murschid, einen geistlichen Führer – Scheich Fadlallah. Der ist der oberste Murschid. Jede Gruppe innerhalb der Hisb Allah hat ihren eigenen Murschid. Diese Gruppen hören mehr oder weniger auf den Iran, einige auch auf Syrien oder auf andere arabische Staaten. Viele arabische Regimes haben inzwischen ihre Vertrauensleute innerhalb der Hisb Allah und benutzen sie für ihre Zwecke.

SPIEGEL: Auch die PLO?

ABU IJAD: (lacht) Na gut, ja. Was ist dabei?

SPIEGEL: Wer ist im Iran für die Hisb Allah verantwortlich? Der iranische Geheimdienst, die Revolutionsgarden, Parlamentspräsident Rafsandschani oder Staatspräsident Chamenei?

ABU IJAD: Das Regime in seiner Gesamtheit.

SPIEGEL: Und wer koordiniert die Aktionen dieser Extremisten?

ABU IJAD: Zweifellos der iranische Botschafter in Beirut, der die Wünsche seines Regimes entgegennimmt. Manchmal kommen sie direkt von Rafsandschani, manchmal auch von Ali Hussein Montaseri, dem designierten Nachfolger Chomeinis.

SPIEGEL: Die Hisb Allah ist also der verlängerte Arm der iranischen Mullahs?

ABU IJAD: Ja, die Prinzipien, die Organisationsstruktur, die Arbeitsmethoden, die Finanzierung, die militärische Ausbildung und die Bewaffnung dieser Organisation kommen direkt aus dem Iran.

SPIEGEL: Und wie stark sind diese Gottesstreiter?

ABU IJAD: Genau läßt sich das schwer sagen. Aber mehrere

tausend sind es wohl, auf jeden Fall haben sie viel mehr Mitglieder als die Amal-Bewegung von Nabih Birri. Hisb Allah ist die stärkste Miliz unter den Schiiten des Libanon, und sie wird fast täglich stärker. Viele Anhänger der Amal-Bewegung laufen zur Hisb Allah über.

SPIEGEL: Wie ist es zu erklären, daß eine über Hunderte von Jahren friedliche Gemeinde wie die Schiiten im Libanon plötzlich in ihrer Mehrheit derart radikal wird? Wie konnte eine so gewalttätige Partei entstehen?

ABU IJAD: Die Keimzelle der Hisb Allah ist die Amal-Bewegung. Als die iranische Revolution den Schah besiegt hatte und die neue iranische Regierung auch im Libanon aktiv wurde, spaltete sich die Amal. Der fundamentalistisch-religiöse Flügel unter Hussein Mussawi nannte sich zunächst Islamische Amal-Bewegung, später Hisb Allah, gemäß dem Koran-Vers: »Die zur Partei Gottes gehören, werden die Sieger sein.«

SPIEGEL: Ist die PLO nicht mitschuldig an dieser Entwicklung? Sie hatte die Amal militärisch ausgebildet, Amal-Angehörige waren Arafats Leibwächter. Sie haben Ihren Einfluß auf diese Leute doch noch nicht ganz verloren?

ABU IJAD: Sagen wir so: Wir haben gewisse Drähte zu ihnen.

SPIEGEL: Geht es etwas konkreter?

ABU IJAD: Es gibt eine Gruppe innerhalb der Hisb Allah, die bis 1981 in unseren Reihen war: libanesische Schiiten, die wir aufgenommen hatten. Viele von ihnen gingen in den Untergrund, als wir nach der israelischen Invasion 1982 den Libanon verlassen mußten. Um sich vor den Syrern oder den Israelis zu schützen, sind etliche in die Amal-Bewegung eingetreten. Trotz unserer Meinungsverschiedenheiten über den Golfkrieg sind diese Leute uns noch immer loyal gesinnt.

SPIEGEL: Zu welcher Organisation gehören denn die beiden in Frankfurt verhafteten Libanesen Mohammed Ali Hamadei und sein Bruder Abbas? Und was wollten sie in Deutschland? Mohammed Ali Hamadei hatte so viel Sprengstoff im Gepäck, daß er einen Teil des Frankfurter Flughafens hätte in die Luft jagen können.

ABU IJAD: Fragen Sie doch Ihren Bundesnachrichtendienst!

SPIEGEL: Er tappt im dunkeln.

ABU IJAD: Die Waffen und der Sprengstoff, die im Saarland gefunden wurden, waren nicht für Terrorakte in der Bundesrepublik bestimmt. Die deutsch-iranischen Beziehungen sind gut, sogar sehr gut. Nach meinen Informationen kauft der Iran in der Bundesrepublik Waffen, Munition und auch Nahrungsmittel für seine Armee. Die Bundesregierung weiß oftmals von diesen Käufen, verbietet sie aber nicht. Es gibt also keine Gründe für den Iran, diese guten Beziehungen zu trüben, indem er Terrorakte in Deutschland zuläßt. Außerdem: Hisb Allah hat französische Geiseln in ihrer Gewalt, in französischen Gefängnissen wiederum sitzen politische Häftlinge aus dem Iran. Teheran könnte also Gründe haben, seine Gefangenen in Frankreich durch Hisb Allah befreien zu lassen.

SPIEGEL: Demnach hätte Mohammed Ali Hamadei den Sprengstoff und die Waffen an die französische Grenze gebracht, um in Frankreich Terroranschläge im Auftrag der Hisb Allah vorzubereiten?

ABU IJAD: Genauso ist es. Hamadei bewegt sich nicht einen einzigen Zentimeter ohne Anweisungen der Hisb Allah.

SPIEGEL: Im Juni 1985 ging das Bild eines Terroristen um die Welt, der seine Pistole auf den amerikanischen Piloten einer entführten TWA-Maschine in Beirut richtete. Die Amerikaner behaupten, der Mann auf dem Bild sei Hamadei, und verlangen deshalb von Bonn seine Auslieferung. Trifft ihre Anschuldigung zu?

ABU IJAD: Ich weiß nicht, wen das Bild zeigt – auf jeden Fall ist es nicht Hamadei. Eins aber weiß ich: Das TWA-Flugzeug wurde im Auftrag der Hisb Allah entführt, weil die Hisb Allah in kuweitischen Gefängnissen einsitzende Terroristen freipressen wollte.

SPIEGEL: Warum wurden die beiden Deutschen in Beirut entführt?

ABU IJAD: Meine Gewährsmänner in der Hisb Allah sagen, man habe sie entführt, weil sie für Agenten des BND gehalten wurden: Sie hätten die Aufgabe gehabt, Informationen über

Hisb Allah zu sammeln, die dann an die CIA weitergegeben werden sollten.

SPIEGEL: Das ist ein Vorwurf, der lebensgefährlich sein kann.

ABU IJAD: Dennoch ist die Hisb Allah weiterhin bereit, die deutschen Geiseln gegen Mohammed Ali Hamadei und seinen Bruder freizulassen.

SPIEGEL: Wären Sie unter Umständen bereit, mit Ihrem Einfluß zu helfen? Der deutsche Botschafter in Tunis hat doch zweimal mit Ihnen gesprochen.

ABU IJAD: Ja, er hat mit mir gesprochen – mit der Einschränkung, er habe keinen offiziellen Auftrag von seiner Regierung. Eins ist vor allem zu beachten: Es darf keinen Prozeß gegen die beiden Libanesen in der Bundesrepublik und keine Auslieferung an die Amerikaner geben.

SPIEGEL: Was raten Sie der Bundesregierung?

ABU IJAD: Nachdem die syrische Armee in West-Beirut einmarschiert war, habe ich Bonn geraten, direkt mit den Syrern zu verhandeln. Aber die Hisb Allah will keine Verhandlungen, die über syrische Mittelsmänner laufen.

SPIEGEL: Wen akzeptiert sie denn als Vermittler?

ABU IJAD: Entweder muß mit der Hisb Allah direkt verhandelt werden oder über den Iran.

SPIEGEL: Wie stehen die Überlebenschancen der Geiseln nach dem Einmarsch der syrischen Truppen in Beirut?

ABU IJAD: Ich weiß nicht genau, wieweit die Syrer zur Befreiung der Geiseln Druck auf die Hisb Allah ausüben werden. Sie stehen vor einem Dilemma: Verstärken sie ihren Druck zu sehr, erhöht sich die Gefahr, daß die Hisb Allah ihre Geiseln umbringt.

SPIEGEL: Aber die Hisb Allah braucht die Geiseln doch lebend, wenn sie etwas für sie einhandeln will.

ABU IJAD: Richtig. Aber gleichzeitig betrachtet die Hisb Allah die Geiseln als Schutzschild gegen die Amerikaner und die Franzosen und sogar gegen die syrischen Truppen in Beirut. Wenn die Syrer die Hisb Allah zu sehr bedrängen, erhöhen sie deshalb die Gefahr, daß die Geiseln getötet werden. So bleibt den Syrern nichts anderes übrig, als sich mit dem Iran abzustimmen, um die Hisb Allah zu beeinflussen.

Quelle: »Der Spiegel«, Nr. 14, 30. März 1987, S. 152–156

Dokument 4

». . . über passive Verteidigung hinausgehen.« –
Grundsatzrede zur Terrorismuspolitik von US-Außenminister George Shultz, Oktober 1984

Der amerikanische Außenminister George Shultz stellte in einer im Oktober 1984 in New York gehaltenen Rede die Bedeutung des internationalen Terrorismus aus US-Sicht dar und erklärte, daß man bei der Terrorismusbekämpfung über passive Verteidigung hinausgehen und sich auf die offene Anwendung militärischer Gewalt einstellen müsse. Er stand damit im Gegensatz zu Verteidigungsminister Weinberger, der für größte Vorsicht bei solchen Maßnahmen plädierte. (Siehe dazu auch Dokument Nr. 6).

(. . .)

Die Bedeutung des Terrorismus
Wir haben gelernt, daß der Terrorismus in erster Linie eine Form politischer Gewalt ist. Er ist weder ziellos noch ohne Absicht. Wir werden heutzutage mit einem breiten Spektrum terroristischer Gruppen konfrontiert, die, allein oder mit anderen, Gewaltakte als Instrumente benutzen, um bestimmte politische Ziele zu erreichen. Ihre erklärten Ziele reichen von separatistischen Forderungen über Rache für ethnische Ungerechtigkeiten bis zur sozialen und politischen Revolution. Ihre Methoden sind ebenso unterschiedlich: von Anschlägen durch selbstgebastelte Bomben an öffentlichen Plätzen, über Selbstmord-Autobomben bis zu Entführungen und politischen

Mordanschlägen. Aber das übergreifende Ziel aller Terroristen ist dasselbe: sie versuchen, ihren Willen mit Gewalt durchzusetzen, mit einer bestimmten Art von Gewalt, die darauf angelegt ist, eine Atmosphäre der Angst zu schaffen. Die Schrecken, die sie auslösen, sind nicht einfach eine neue Ausdrucksform traditioneller sozialer Konflikte; Terroristen sind verdorbene Gegner der Zivilisation selbst, unterstützt durch die Technologie moderner Waffen. Sie wollen, daß die Leute sich hilf- und schutzlos vorkommen; sie wollen, daß sie ihr Vertrauen in die Fähigkeit der Regierung, sie zu schützen, verlieren und so die Legitimität der Regierung oder ihrer Politik oder beides untergraben. Die Terroristen profitieren von der Anarchie, die durch ihre Gewalt ausgelöst wird. Sie sind erfolgreich, wenn Regierungen ihre Politik ändern, weil sie eingeschüchtert sind. Aber Terroristen können auch zufrieden sein, wenn eine Regierung auf den Terror antwortet, indem sie individuelle Rechte und Freiheiten strikt einschränkt. Regierungen, die überreagieren, auch wenn sie sich selbst verteidigen wollen, untergraben möglicherweise nur ihre eigene Legitimation, indem sie unwissend den Zielen der Terroristen dienen. Terroristen sind erfolgreich, wenn eine Regierung auf ihre Gewalt mit repressivem, polarisierendem Verhalten reagiert, das die Regierung vom Volk entfremdet.

Bedrohung der Demokratie

Wir müssen verstehen, daß der Terrorismus, wo auch immer er stattfindet, in einem wichtigen Sinne gegen *uns*, die Demokratien, gerichtet ist: gegen unsere grundlegendsten Werte und oft gegen unsere fundamentalen strategischen Interessen. Weil der Terrorismus sich nur auf das Werkzeug der brutalen Gewalt verläßt, wird er immer der Feind der Demokratie sein. Denn die Demokratie weist den unterschiedslosen oder unpassenden Gebrauch von Gewalt zurück und basiert statt dessen auf der friedfertigen Lösung von Konflikten durch gesetzmäßige politische Prozesse.

Die moralischen Fundamente einer Demokratie – die Prinzipien individueller Rechte, Freiheit von Denken und Rede,

Religionsfreiheit – sind starke Schranken gegen diejenigen, die ihren Willen, ihre Ideologie oder ihre religiösen Überzeugungen mit Gewalt durchsetzen wollen. Ob in Israel, im Libanon, in der Türkei, in Italien, in Westdeutschland oder in Nordirland, ein Terrorist hat nicht die Geduld für die geordneten Prozesse einer demokratischen Gesellschaft und versucht deshalb, diese zu zerstören. Der Terrorismus will eigentlich all das zerstören, was wir hier alle aufzubauen versuchen. Die Vereinigten Staaten und die anderen Demokratien sind moralisch bestimmten Idealen und einer menschlichen Vision von der Zukunft verpflichtet. Unsere Vision ist nicht auf den Bereich innerhalb unserer Grenzen beschränkt. Auch in unserer Außenpolitik versuchen wir eine Art von Weltordnung zu fördern, die eine friedliche Beilegung von Konflikten begünstigt, eine Welt, die nützliche Veränderung begrüßt. Wir praktizieren keinen Terrorismus und wir versuchen eine Welt aufzubauen, die keinen Platz für terroristische Gewalt bietet, eine Welt, in der die Menschenrechte von allen Regierungen anerkannt werden, eine Welt, die auf den Regeln des Gesetzes beruht. Und es gibt noch einen weiteren Grund, warum wir angegriffen werden.

Wenn Freiheit und Demokratie die Opfer des Terrorismus sind, ist es klar, das der Totalitarismus sein Verbündeter ist. Die Anzahl terroristischer Anschläge in totalitären Staaten ist minimal und Anschläge gegen ihr Personal im Ausland sind weitaus seltener als gegen westliches. Und das ist nicht nur so, weil Polizeistaaten weniger Spielraum für Terroristen bieten, Gewaltakte zu verüben. Staaten, die terroristische Aktionen unterstützen und ihnen finanzielle Hilfe gewähren, ist es in den letzten Jahren gelungen, sich das Phänomen des Terrorismus bei der Verfolgung ihrer eigenen strategischen Ziele zunutze zu machen und zu manipulieren.

Es ist kein Zufall, daß die meisten terroristischen Akte in Gebieten mit Bedeutung für den Westen auftreten. Über 80% der Terroranschläge des Jahres 1983 in der gesamten Welt ereigneten sich in Westeuropa, Lateinamerika und dem Mittleren Osten. Terrorismus ist in diesem Zusammenhang nicht nur eine kriminelle Aktivität, sondern eine ungezügelte Form von Kriegführung. Wir verstehen die internationalen Verbindungen unter terroristischen Gruppen heute besser. Und auch die Unterstützung durch die Sowjets und den Ostblock sehen wir klarer.

Wir stehen sehr unterschiedlichen Gefahren gegenüber. Der Iran und die Sowjetunion sind nicht gerade Verbündete, aber beide teilen eine grunsätzliche Feindschaft gegenüber dem Westen. Wenn Libyen und die PLO (Palästinensische Befreiungsorganisation) die Kommunisten in Mittelamerika mit Waffen und Training versorgen, helfen sie den von den Sowjets unterstützten kubanischen Versuchen, unsere Sicherheit in dieser lebenswichtigen Region zu untergraben. Wenn die Roten Brigaden in Italien und die Rote Armee Fraktion in Westdeutschland freie Länder im Namen der kommunistischen Ideologie angreifen, hoffen sie damit das Selbstvertrauen des Westens, seine Einheit und seinen Willen, der Einschüchterung zu widerstehen, zu erschüttern. Die Terroristen, die Israel angreifen – und natürlich die marxistische provisorische IRA in Nordirland – sind ideologische Feinde der Vereinigten Staaten. Wir können und werden solchen Leuten wie Ghaddafi und Khomeini nicht erliegen. Wir sehen jetzt außerdem eine enge Verbindung zwischen dem Terrorismus und dem internationalen Drogenhandel. Besonders Kuba und Nicaragua haben den Drogenschmuggel benutzt, um Waffen und Geld an Terroristen und Aufrührer in Kolumbien zu leiten. Andere kommunistische Länder, wie Bulgarien, waren ebenso Teil der wachsenden Verbindungen zwischen Drogen und Terrorismus.

Wir sollten die Rolle der Sowjets im internationalen Terrorismus ohne Übertreibung und Verzerrung verstehen. Man sollte nicht glauben, daß die Sowjets die Puppenspieler und die Terroristen ihre Marionetten sind; gewalttätige oder fanatische Individuen und Gruppen können in fast jeder Gesellschaft existieren. Aber in vielen Ländern wäre der Terrorismus schon lange verschwunden, wenn er nicht bedeutende Hilfe von außen erhalten hätte. Als Israel 1982 in den Libanon einmarschierte, entdeckten die israelischen Streitkräfte unwiderlegbare

Beweise dafür, daß die Sowjetunion die PLO und andere Gruppen mit Waffen ausgerüstet und trainiert hatte. Heute gibt es keinen Grund für die Annahme, daß sich die sowjetische Unterstützung für terroristische Gruppen auf der ganzen Welt verringert hätte. Hier wie anderswo besteht eine breite Kluft zwischen sowjetischen Worten und sowjetischen Taten, eine Kluft, die sehr deutlich wird, wenn man zum Beispiel die sowjetische Unterstützung für terroristische Gruppen mit der leeren Rhetorik der Resolution gegen den sogenannten »Staatsterrorismus« vergleicht, die die UdSSR der diesjährigen Generalversammlung der Vereinten Nationen vorgelegt hat. Die Sowjets verdammen den Terrorismus, aber in der Praxis nehmen sie terroristische Gruppen stillschweigend hin, wenn sie denken, daß es ihren eigenen Absichten dient. Ihr Ziel ist immer dasselbe: die liberale Demokratie zu schwächen und die Stabilität in der Welt zu untergraben.
(...)

Hindernisse für den Umgang mit der Bedrohung

Die Bedrohung durch den Terrorismus ist so groß, daß wir es uns nicht leisten können, ihm mit halbherzigen und schlechtorganisierten Maßnahmen zu begegnen. Der Terrorismus ist eine ansteckende Krankheit, die sich zweifellos ausbreiten wird, wenn man sie nicht behandelt. Wir brauchen eine Strategie, mit der wir dem Terrorismus in allen seinen verschiedenen Formen begegnen können. Wir müssen die notwendigen Mittel und die Entschlossenheit aufbieten, um ihn zu bekämpfen und ihn in internationaler Zusammenarbeit schließlich zu besiegen. Und wir müssen uns klar machen, daß die Last auf unseren, der Demokratien Schultern liegt – niemand sonst wird diese Krankheit für uns kurieren. Trotzdem sehen wir uns natürlich Hindernissen gegenüber, die sich uns zum Teil gerade deshalb stellen, weil wir Demokratien sind. Das Wesen eines terroristischen Angriffs ist uns auf vielerlei Art fremd. Demokratien handeln auf der Basis bekannter Fakten und gemeinsamer Erkenntnisse. Der Terrorismus ist von Natur aus eine geheime und mysteriöse Angelegenheit. Terroristen verlassen sich auf

Geheimhaltung und deshalb ist es schwierig, sicher zu wissen, wer eine bestimmte Greueltat begangen hat. Demokratien vertrauen auf Vernunft und überzeugende Logik, um Entscheidungen zu treffen. Es ist schwer für uns, den Fanatismus und die scheinbare Irrationalität vieler Terroristen zu verstehen, besonders derer, die, in dem Glauben, daß sie dafür in einem späteren Leben belohnt werden, töten und Selbstmord begehen. Die psychopathische Skrupellosigkeit und Brutalität von Terrorismus ist eine Verirrung in unserer Kultur und unserem Erbe fremd. Und es ist eine unglückliche Ironie, daß ausgerechnet die Eigenschaften, die die Demokratien für Terroristen so hassenswert machen – unsere Achtung für die Rechte und Freiheiten des Individuums – uns auch besonders verwundbar machen. Gerade weil wir die offensten Gesellschaften darstellen, haben Terroristen unvergleichliche Möglichkeiten, uns anzugreifen. Terroristen versuchen, Demokratien in Abwehrhaltung zu bringen und sie ängstlich zu machen, die demokratische Verantwortlichkeit, Gerechtigkeit und Ordnung zum Zusammenbruch zu bringen; sie hoffen, daß wir zur Repression greifen oder dem Chaos erliegen. Dies sind die Herausforderungen, mit denen wir leben müssen. Wir werden die demokratischen Werte an denen wir festhalten sicher nicht ändern, um den Terrorismus zu bekämpfen. Wir müssen Wege finden, zu kämpfen, ohne all das, wofür wir einstehen, zu untergraben.

Die Bekämpfung moralischer Verwirrung

Es gibt ein weiteres Hindernis, das wir uns selbst geschaffen haben und das wir überwinden sollten – überwinden müssen – wenn wir den Terrorismus effektiv bekämpfen wollen. Das Hindernis, das ich meine, ist die Verwirrung. Wir können nicht beginnen, diese große Herausforderung für eine anständige, zivilisierte Gesellschaft anzugehen, bevor wir unsere Köpfe von der Verwirrung über den Terrorismus, in vielen Fällen der *moralischen* Verwirrung, die uns noch zu plagen scheint, befreit haben. Verwirrung kann zu Lähmung führen und ist ein Luxus, den wir uns einfach nicht leisten können. Die Verwirrung über den Terrorismus hat viele Formen angenommen. In den vergangenen Jahren haben wir einige lächerliche Verdrehungen gehört, sogar darüber, was das Wort »Terrorismus« bedeutet. Der Gedanke zum Beispiel, daß die Verweigerung von Lebensmittelmarken für einige eine Form des Terrorismus ist, kann von ernsthaften Leuten nicht vertreten werden. Und wer, wie es kürzlich einige in Großbritannien getan haben, argumentiert, daß körperliche Gewalt von Streikenden mit der »Gewalt der Arbeitslosigkeit« gleichgesetzt werden kann, ist in den Worten des *Economist* »eine Bedrohung für die Demokratie überall«. In einer wirklichen Demokratie ist Gewalt eindeutig schlecht. Solche Verdrehungen sind gefährlich, denn Worte sind von Bedeutung. Wenn wir unsere Sprache verdrehen, verdrehen wir vielleicht auch unser Denken und behindern unsere Versuche, Lösungen für die schweren Probleme zu finden, mit denen wir konfrontiert werden.

Es hat aber auch eine ernstere Art von Verwirrung im Zusammenhang mit dem Problem des Terrorismus gegeben: die Vermischung des terroristischen Aktes selbst mit den politischen Zielen, die die Terroristen angeblich verfolgen. Die Beseitigung von Mißständen, die die Terroristen durch Gewaltakte erreichen wollen, mag legitim sein oder auch nicht. Die terroristischen Akte selbst können jedoch niemals rechtmäßig sein. Und legitime Gründe können den Terrorismus niemals rechtfertigen oder entschuldigen. Die terroristischen Mittel machen ihre Ziele unglaubwürdig. Wir alle kennen die heimtückische Behauptung, daß »des Einen Terrorist des Anderen Freiheitskämpfer« sei. Als ich im vergangenen Juni über das Problem des Terrorismus sprach, zitierte ich die entschiedene Zurückweisung dieser Art von Relativismus durch den inzwischen verstorbenen Senator Henry Jackson. Seine Aussage verdient es, heute wiederholt zu werden: »Die Idee, daß des Einen ›Terrorist‹ des Anderen ›Freiheitskämpfer‹ sei« sagte er, kann man nicht akzeptieren. Freiheitskämpfer und Revolutionäre lassen keine Busse mit Unbeteiligten in die Luft gehen; terroristische Mörder tun es. Freiheitskämpfer gehen nicht los und fangen und ermorden Schulkinder; terroristische Mörder tun es. Freiheitskämpfer ermorden keine unschuldigen

Geschäftsleute oder entführen unschuldige Männer, Frauen und Kinder oder halten sie als Geiseln; terroristische Mörder tun es. Es wäre eine Schande, wenn Demokratien es erlauben würden, das teure Wort Freiheit mit terroristischen Akten in Zusammenhang zu bringen.« So formulierte es Scoop [Senator Henry; A. L.] Jackson. Wir können es uns nicht leisten, zuzulassen, daß eine Orwellsche Korruption der Sprache unser Verständnis von Terrorismus verwischt. Wir kennen den Unterschied zwischen Freiheitskämpfern und Terroristen, und wenn wir uns auf der Erde umsehen, haben wir keine Schwierigkeiten, die einen von den anderen zu unterscheiden. Wie tragisch wäre es, wenn demokratische Gesellschaften ihr Vertrauen in ihre eigene moralische Legitimität so sehr verlören, daß sie auch das Offensichtliche nicht mehr sähen: daß der Gewalt, die gegen Demokratien oder die Hoffnung auf Demokratie gerichtet ist, grundsätzlich die Berechtigung fehlt. Die Demokratie bietet die Möglichkeit für friedliche Veränderungen, legitimen politischen Streit und die Beseitigung von Mißständen. Wir müssen Terroristen bekämpfen, egal unter welcher Flagge sie marschieren. Denn der Terrorismus ist immer der Feind der Freiheit. Und wir dürfen nicht in die tödliche Falle geraten, unannehmbaren Terrorakten eine Berechtigung zu geben, indem wir die wohlklingenden Motive anerkennen, die sie zu verfolgen vorgeben.

(. . .)

Die moralische Verwirrung über den Terrorismus kann viele Formen annehmen. Als im vergangenen Monat zwei Amerikaner und zwölf Libanesen bei einem Nebengebäude unserer Botschaft in Ost-Beirut getötet wurden, erzählten uns einige Leute, daß dieser Massenmord ein Ausdruck, wenn auch ein extremer Ausdruck arabischer Feindseligkeit gegenüber der amerikanischen Politik im Mittleren Osten sei. Uns wurde gesagt, daß sich dieser Bombenanschlag aufgrund eines Votums, das wir bei den Vereinten Nationen abgaben, ereignete oder wegen unserer Politik im Libanon oder wegen der insgesamten Art unserer Beziehungen zu arabischen Staaten oder wegen unserer Unterstützung für Israel.

Einige rieten uns, daß wir, um den Terrorismus zu stoppen – um diesen bösartigen Morden ein Ende zu setzen –, unsere Politik ändern müßten. Tatsächlich erklärte man uns, der Terrorismus sei in einem gewissen Maß unsere eigene Schuld, und wir verdienten es, bombardiert zu werden. Ich kann Ihnen hier und jetzt sagen, daß die Vereinigten Staaten nicht durch terroristische Brutalität von ihrem Kurs abgebracht oder aufgehalten oder ihre Politik ändern werden.

Wir können uns keinerlei Unsicherheit in Bezug auf die wahre Bedeutung terroristischer Gewalt im Mittleren Osten oder anderswo erlauben. Wer wirklich Frieden im Mittleren Osten will, weiß, daß Krieg und Gewalt keine Lösungen sind. Wer den Radikalismus bekämpft und Verhandlungen unterstützt, wird selbst zum Ziel des Terrorismus, gleichgültig ob er Araber oder Israeli ist. Eine der großen Tragödien des Mittleren Ostens ist tatsächlich, daß die vielen Gemäßigten auf der arabischen Seite – die bereit sind, in Frieden mit Israel zu leben – von den Radikalen und ihren Gefolgsleuten bedroht und so gehindert werden, eigene Anstrengungen für den Frieden zu unternehmen. Das prinzipielle Ziel der Terroristen im Mittleren Osten ist, jeglichen Fortschritt in Richtung auf einen zustandekommenden Frieden zu zerstören. Und je mehr Erfolg unsere Politik hat, je näher wir unseren Zielen im Mittleren Osten kommen, desto mehr werden die Terroristen versuchen, uns aufzuhalten. Es ist einfach eine Tatsache, daß die Terroristen über Fortschritte im Mittleren Osten mehr verärgert sind, als über vermeintliche Fehlschläge.

Lassen Sie uns nicht vergessen, daß Präsident Sadat ermordet wurde, weil er Frieden schloß, und daß weiterhin täglich Drohungen in dieser Region ausgestoßen werden, aus Angst – ja, Angst – daß andere einem gemeinsamen Weg zu Frieden zustimmen könnten. Wem würde es dienen, wenn wir unsere Politik im Mittleren Osten angesichts der terroristischen Bedrohung ändern würden? Weder Israel, noch den gemäßigten Arabern, noch dem palästinensischen Volk und ganz sicher nicht den Belangen des Friedens. Im Gegenteil, das Schlimmste was wir tun könnten, wäre, unsere grundsätzliche Politik unter der Bedrohung von Gewalt zu ändern. Was wir tun müssen, ist, unsere Freunde zu unterstützen und fest in unserer Zielsetzung zu bleiben. Wir müssen uns von dieser moralischen Verwirrung, die die Schuld für Terroranschläge uns oder unserer Politik zuschreibt, befreien. Wir werden nicht wegen der Dinge angegriffen, die wir falsch machen, sondern wegen der Dinge, die wir richtig machen. Wir handeln richtig, indem wir die Sicherheit Israels unterstützen und es gibt keinen terroristischen Akt und keine terroristische Drohung, die diese feste Entschlossenheit ändern können. Wir werden nicht wegen einiger Fehler, die wir machen angegriffen, sondern aufgrund dessen, wer wir sind und woran wir glauben. Wir dürfen unsere Prinzipien, unsere Rolle in der Welt oder unsere Verantwortung als Vorreiter von Frieden und Freiheit nicht preisgeben.

Unsere Antwort auf den Terrorismus

Obwohl der Terrorismus viele Länder bedroht, haben die Vereinigten Staaten eine besondere Verantwortung. Es ist an der Zeit, daß dieses Land eine breite nationale Verpflichtung eingeht, der Herausforderung durch den Terrorismus mit dem nötigen Sinn für Dringlichkeit und seine vorrangige Bedeutung gegenüberzutreten. Das Wesentliche unserer Antwort ist einfach auszudrücken: Gewalt und Aggression muß mit festem Widerstand begegnet werden. Dieses Prinzip gilt sowohl für den Fall, daß wir es mit regelrechten militärischen Angriffen zu tun haben, als auch für Konflikte niedriger Intensität, die in der modernen Welt häufiger vorkommen. Wir sind auf dem Wege, gut darauf vorbereitet zu sein, einen Weltkrieg oder einen sowjetischen Angriff auf unsere Verbündeten abzuschrecken; deshalb sind dies die unwahrscheinlichsten Konfliktformen. Es ist nicht selbstverständlich, daß wir genauso gut darauf vorbereitet und organisiert sind, dem »grauen Bereich« mittlerer Bedrohungen zu begegnen, denen wir mit größerer Wahrscheinlichkeit gegenüberstehen werden – den Konflikten niedriger Intensität, von denen der Terrorismus ein Teil ist. Wir haben hart daran gearbeitet, großangelegte Aggressionen abzuschrecken, indem wir unsere strategische und konventionelle

Verteidigung verbesserten, indem wir Stolz und Selbstvertrauen der Männer und Frauen unseres Militärs wiederherstellten und indem wir die Art nationaler Entschlossenheit gegenüber Aggressionen an den Tag legten, die mögliche Gegner abschrecken kann. Wir waren beim Umgang mit vielen Formen von Aggressionen niedriger Intensität erfolgreicher als in der Vergangenheit. Wir haben die kommunistische Aggression und Subversion in Mittelamerika und in der Karibik unter Kontrolle gebracht und den Weg für friedliche demokratische Prozesse in der Region geebnet. Und wir befreiten Grenada erfolgreich von der marxistischen Kontrolle und führten diese kleine Insel zu Freiheit und Selbstbestimmung zurück. Aber der Terrorismus, der auch eine Form von Aggression niedriger Intensität ist, hat uns bisher vor eine noch schwierigere Aufgabe gestellt, da die Technologien der Sicherheit von den Technologien des Mordens überflügelt worden sind. Natürlich sind die Vereinigten Staaten nicht das einzige Land, das Schwierigkeiten hat, eine Antwort auf den Terrorismus zu finden. Um Präsident Reagans Bericht in der Debatte vom vergangenen Sonntag [als Teil des Präsidentschaftswahlkampfes von 1984; A. L.] auf den neuesten Stand zu bringen: Seit dem 1. September [1984; A. L.] wurden 41 terroristische Akte von nicht weniger als 14 terroristischen Gruppen gegen Volk und Eigentum von 21 Ländern verübt. Selbst Israel hat sich trotz seiner tapferen und bewundernswerten Bemühungen nicht von der terroristischen Bedrohung befreien können.
(...)

Erfordernisse für eine aktive Strategie
Wir müssen in diesem Lande Übereinstimmung darüber erreichen, daß unsere Antworten über passive Verteidigung hinausgehen sollten und Mittel aktiver Prävention, Präemption und Vergeltung erwägen. Unser Ziel muß sein, zukünftige terroristische Akte zu verhindern und abzuschrecken, und unsere Erfahrungen haben uns über die Jahre gelehrt, daß eine der besten Abschreckungsmöglichkeiten gegen den Terrorismus in der sicheren Aussicht liegt, daß schnell und zuverlässig Maß-

nahmen gegen diejenigen ergriffen werden, die sich daran beteiligen. Wir sollten Schritte einleiten, solche Maßnahmen auszuführen. Über diese Frage sollte keine moralische Verwirrung herrschen. Unser Ziel ist es nicht, Rache zu üben, sondern gewaltsame Angriffe auf unschuldige Menschen zu beenden, die Welt für uns alle zu einem sichereren Ort zu machen. Ganz klar haben die Demokratien ein moralisches Recht, ja sogar die Pflicht, sich zu verteidigen. Eine erfolgreiche Strategie zur Bekämpfung des Terrorismus erfordert von uns, daß wir uns einigen harten Fragen stellen und einige klare Antworten finden. Die Fragen betreffen unsere nachrichtendienstlichen Fähigkeiten, die Umstände, unter denen wir Gewalt anwenden würden und, was am wichtigsten von allem ist, die Einstellung unserer Öffentlichkeit gegenüber dieser Herausforderung. Unsere Nation kann den Willen zu handeln nicht ohne festes öffentliches Verständnis und Unterstützung aufbieten.

Erstens, unsere nachrichtendienstlichen Fähigkeiten, vor allem im Bereich personaler Nachrichtenbeschaffung werden gestärkt. Entschlossenheit und die Fähigkeit zu handeln sind von geringem Wert, solange man der Beantwortung der Fragen: Wer? Wo? und Wann? nicht nahekommt. Wir müssen besser herausfinden, wer die Terroristen sind; wo sie sich aufhalten und wie die Beschaffenheit, die Zusammensetzung und die Verhaltensmuster terroristischer Organisationen sind. Unsere Geheimdienste bereiten sich weiterhin auf diese Aufgabe vor und sie müssen die Vollmachten und die Flexibilität erhalten, Techniken zur Aufdeckung zu entwickeln und bei Abschreckung und Gegenmaßnahmen mitzuwirken.

Zweitens, es gibt keine Zweifel über unsere Fähigkeit, Gewalt, wo immer und wann immer sie zur Bekämpfung des Terrorismus notwendig ist, zu gebrauchen. Unsere Nation verfügt über Streitkräfte, die auf Einsätze vorbereitet sind – von kleinen Teams, die praktisch unentdeckt operieren können, bis zum gesamten Gewicht unserer konventionellen militärischen Macht. Aber es werden wichtige Fragen aufgeworfen – Fragen, die diskutiert und verstanden werden sollten und über die wir uns einigen müssen, wenn wir unsere Kräfte klug und effektiv einsetzen wollen.

Wenn Terroristen hier bei uns zuschlagen, dann ist das eine Sache für Polizeiaktionen und die Anwendung unserer Gesetze. In den meisten Fällen im Ausland kann Terroranschlägen gegen unsere Bürger und Einrichtungen am besten durch die Gastgeberregierung und ihre Kräfte begegnet werden. Es ist sinnvoll, sich daran zu erinnern, daß genauso, wie die US-Regierung die Sicherheit für ausländische Botschaften in Washington gewährleistet, die international übliche Praxis darin besteht, daß die Sicherheit unserer Botschaften im Ausland in erster Linie in der Pflicht der Gastgeberregierung liegt, und wir arbeiten mit diesen Regierungen mit beträchtlichem Erfolg zusammen. Die endgültige Verantwortung liegt natürlich bei uns und wir werden sie mit vollkommener Entschlossenheit und allen uns zur Verfügung stehenden Mitteln tragen.

Der Kongreß gibt uns unter Zustimmung beider Parteien die gesetzlichen Werkzeuge und die Mittel, den Schutz unserer Einrichtungen und unserer Mitbürger im Ausland zu verbessern – und er muß fortfahren das zu tun. Aber trotz der Verstärkung unserer defensiven Schutzmaßnahmen – Schutz allein ist nicht genug. Der Kern der Herausforderung liegt in den Fällen, auf die internationale Regeln und traditionelle Praktiken nicht angewandt werden können. Terroristen werden von Gebieten aus zuschlagen, wo es keine Regierungsautorität gibt oder sie werden von Basen aus agieren, die nach ihrer Meinung durch ihre Lage hinter internationalen Grenzen eine sichere Zuflucht gewähren. Und sie werden ihre Angriffe genau in den »grauen Zonen« stattfinden lassen, wo man die präzisen Fakten nicht wissen kann, wo der Angriff nicht eine offensichtliche oder klare Antwort mit sich bringt. In solchen Fällen müssen wir unsere geheimdienstlichen Mittel sorgfältig und vollständig nutzen. Wir müssen die gesamte Bandbreite der uns zur Verfügung stehenden Maßnahmen untersuchen. Dabei kann sich möglicherweise die Alternative ergeben, daß wir entweder gar nichts tun oder militärische Gewalt anwenden.

Wir erkennen jetzt, daß der Terrorismus von unseren Gegnern als ein modernes Mittel der Kriegführung benutzt wird. Er ist keine Geistesverwirrung. Wir können mehr Terrorismus, der gegen unsere strategischen Interessen rund um die Erde gerichtet ist, in den kommenden Jahren erwarten. Um ihn zu bekämpfen, müssen wir bereit sein, militärische Gewalt anzuwenden. Was dazu jedoch erforderlich ist, ist das Verständnis der Öffentlichkeit für die Risiken bei der Bekämpfung des Terrorismus durch die offene Anwendung von Gewalt, *bevor dieser Fall eintritt.*

* Die Öffentlichkeit muß *bereits im voraus* verstehen, daß [bei solchen Maßnahmen; A. L.] möglicherweise einige unserer kämpfenden Männer und einige unschuldige Menschen ihr Leben lassen werden.

* Die Öffentlichkeit muß *bereits im voraus* verstehen, daß einige Leute versuchen werden, jegliche präemptive oder vergeltende Maßnahme von uns im schlechtesten Lichte darzustellen und unsere Militärs und Politiker – anstatt der Terroristen – als die Schuldigen erscheinen zu lassen.

* Die Öffentlichkeit muß *bereits im voraus* verstehen, daß Gelegenheiten kommen werden, bei denen ihre Regierung handeln muß, bevor alle Fakten bekannt sind – und daß ihre Entscheidungen nicht an Meinungsumfragen gebunden werden können.

Öffentliche Unterstützung für amerikanische Militäraktionen zur rechtzeitigen Verhinderung einer Greueltat durch Terroristen oder in Vergeltung für einen Anschlag auf unsere Bürger ist entscheidend, wenn wir mit dieser Herausforderung fertigwerden wollen. Unser Militär vefügt über die Fähigkeit und die Techniken, Gewalt anzuwenden, um den Krieg gegen den Terrorismus zu führen. Diese Fähigkeit wird mit Klugheit genutzt werden. Um auf lange Sicht erfolgreich zu sein, brauchen wir die solide Unterstützung des amerikanischen Volkes. Ich kann Ihnen versichern, daß in dieser Regierung unsere Handlungen von den Regeln des Gesetzes geleitet werden; und die Regeln des Gesetzes gestatten Maßnahmen gegen Terroristen. Wir werden die Flexibilität brauchen, auf terroristische Anschläge auf verschiedene Arten zu antworten, zu Zeiten und an Orten unserer eigenen Wahl. Natürlich werden wir nicht auf jeden terroristischen Akt auf dieselbe Art reagieren. Wir wollen vielmehr eine Politik automatischer Vergeltung vermeiden, die einen Kreislauf unkontrollierbar eskalierender Gewalt schaffen könnte. Wenn wir wirksam reagieren oder präventiv handeln wollen, muß unsere Politik ein Element von Unvorhersehbarkeit und Überraschung haben. Und die Voraussetzung für eine solche Politik liegt in einem breiten öffentlichen Konsens über die moralische und strategische Notwendigkeit aktiven Handelns. Wir werden die Fähigkeit brauchen, ohne jede Verzögerung zu reagieren. Es wird keine Zeit für eine erneute nationale Debatte nach jedem terroristischen Anschlag geben. Wir werden möglicherweise niemals die Art von Beweisen haben, die vor einem amerikanischen Gericht bestehen könnten. Aber wir können uns nicht erlauben, der Hamlet der Nationen zu werden, endlos darüber zweifelnd, ob und wie wir reagieren sollten. Eine große Nation mit globalen Verpflichtungen kann es sich nicht leisten, von Verwirrung und Unentschlossenheit gelähmt zu sein. Die Bekämpfung des Terrorismus wird kein sauberer oder angenehmer Wettstreit sein, aber wir haben keine andere Wahl als mitzuspielen.

Wir brauchen außerdem breitere internationale Anstrengungen. Wenn der Terrorismus wirklich eine Bedrohung westlicher moralischer Werte ist, darf unsere Moral uns nicht lähmen; sie muß uns den Mut geben, der Bedrohung entgegenzutreten. Und wenn sich die Feinde dieser Werte zusammengeschlossen haben, müssen sich auch die demokratischen Länder vereinigen, um diese zu verteidigen. Die Führer der industriellen Demokratien haben bei ihrem Treffen auf dem Londoner Gipfel [im Juni 1984; A. L.] in einer gemeinsamen Erklärung darin übereingestimmt, daß sie ihre Zusammenarbeit gegen den Terrorismus verdoppeln müssen. Es hat weitere Treffen gegeben und die Vereinigten Staaten bekennen sich dazu, diesen Prozeß auf allen möglichen Wegen voranzutreiben. Weil wir, die Demokratien, am verletzlichsten sind und unsere strategischen Interessen am meisten auf dem Spiel stehen, müssen wir angesichts der gemeinsamen Gefahren gemeinsam handeln. Wir für unseren Teil werden, wann immer es möglich ist, mit unseren Freunden in den Demokratien eng zusammenarbeiten.

Sanktionen können, wenn sie gemeinsam mit anderen Nationen durchgeführt werden, helfen, Staaten, die den Terrorismus gegen uns unterstützen, zu isolieren, zu schwächen und zu bestrafen. Zu oft werden Länder von der Furcht zurückgehalten, kommerzielle Möglichkeiten zu verlieren oder sich Ärger einzuhandeln. Ökonomische Sanktionen und andere Formen der Druckausübung bringen Kosten und Risiken für die Nationen mit sich, die sie anwenden, aber einige Opfer werden notwendig sein, wenn wir nicht in Zukunft noch größere Kosten erleiden wollen.

Einige Länder sind eindeutig verletzlicher gegenüber Erpressungen als andere, und das ist sicher ein Argument dafür, sich in wechselseitiger Unterstützung zusammenzuschließen, nicht ein Argument für Beschwichtigungspolitik.

Wenn wir wirklich an die Werte unserer Zivilisation glauben, haben wir die Pflicht, sie zu verteidigen. Die Demokratien müssen das Selbstbewußtsein haben, dieses bedrohliche Problem anzupacken, denn sonst werden sie nicht in der Lage sein, andere Arten von Problemen in Angriff zu nehmen. Wenn wir nicht bereit sind, unerträglichen Verhaltensweisen Grenzen zu setzen, werden unsere Gegner daraus folgern, daß es dafür keine Grenzen gibt. Wie Thomas Jefferson einmal sagte, als wir es mit dem Problem der Piraterie zu tun hatten: »eine ungestrafte Beleidigung erzeugt weitere«. In einem grundsätzlichen Sinne müssen die Demokratien zeigen, ob sie an sich selbst glauben.

(...)

Quelle: Department of State Bulletin, December 1984, S. 12–17

Dokument 5

Die Aufgaben der Anti-Terrorismus-Bürokratie der US-Regierung – Aussage von Robert Oakley vor einem Senatsausschuß, Mai 1985

*Robert Oakley war bis zum Oktober 1986 Leiter des Büros für Counterterrorismus und Notfallplanung des amerikanischen Außenministeriums.**
Der nachfolgende Text ist ein Auszug aus einer Stellungnahme bei einem Hearing zur Unterrichtung des Auswärtigen Ausschusses und des Rechtsausschusses des Senats. Oakley gibt darin einen Überblick über die Organisation der Bürokratie und die Zusammenarbeit der verschiedenen Behörden bei der Terrorismusbekämpfung und stellt einen Katalog von Maßnahmen vor, die von defensiven bis zu militärischen Möglichkeiten reichen.

(. . .)

Innerhalb des Außenministeriums und durch dessen Rolle als Kopf der IG/T [Interdepartmental Group on Terrorism; Interministerielle Arbeitsgruppe zum Terrorismus; A. L.]** besteht eine solide Struktur, die eine effektive Koordination unserer Aktivitäten zur Bekämpfung des Terrorismus außerhalb der USA gewährleistet. Die IG/T bietet durch ihre regelmäßigen Treffen und die Aktivitäten ihrer Arbeitsgruppen nicht nur

* Das Büro für Counterterrorismus und Notfallplanung wurde 1986 umorganisiert und umbenannt. Der Bereich Notfallplanung wurde abgetrennt und als selbständiges Büro für diplomatische Sicherheit (Bureau for Diplomatic Security) eingerichtet. An die Stelle des Büros für Counterterrorismus trat ein Sonderbotschafter für Counterterrorismus (Ambassador at Large for Counterterrorism) mit eigenem Stab, der direkt dem Außenminister zugeordnet ist.

** Den Vorsitz der IG/T hat das Außenministerium. Die ständigen Mitarbeiter umfassen das Büro des Vizepräsidenten, den Nationalen Sicherheitsrat (National Security Council; NSC), das Justizministerium, das FBI (Federal Bureau of Investigation; Bundespolizei), das Drogenbekämpfungsbüro (Drug Enforcement Administration; DEA), das Finanzministerium, das Verteidigungsministerium, die Stabschefs (Joint Chiefs of Staff; JCS), das Energieministerium, die CIA (Central Intelligence Agency; der wichtigste Nachrichtendienst, nur für das Ausland zuständig) und die zivile Luftfahrtbehörde (Federal Aviation Administration; FAA) (A. L.)

einen formalen Mechanismus für die Koordination, sondern auch die wichtigen informellen Kontakte, die im Falle einer Krise eine einfache Absprache ermöglichen. Trotzdem ist die IG/T eine politische Einrichtung, keine Struktur für die Krisenbewältigung. Jedes Mitglied hat unterschiedliche Interessen und Verantwortlichkeiten und wird entsprechend den Umständen an einer Krisenbewältigung beteiligt. So wie das Außenministerium nur selten an Ereignissen innerhalb der Vereinigten Staaten beteiligt ist, hat das FBI selten mit Vorfällen im Ausland zu tun. Die zivile Luftfahrtbehörde (FAA) kommt nur bei Flugzeugentführungen zum Einsatz etc. Im allgemeinen sind für terroristische Ereignisse außerhalb der Vereinigten Staaten das Außenministerium, das Verteidigungsministerium, der Nationale Sicherheitsrat und die CIA die prinzipiell [an den Gegenmaßnahmen; A. L.] Beteiligten.

Lassen Sie uns nun genauer untersuchen, was geschieht, wenn ein terroristischer Anschlag in Übersee stattfindet und wie der Koordinationsmechanismus funktioniert.

Bei einem ernsten Zwischenfall, wie z. B. einem Bombenanschlag, einer Flugzeugentführung oder einem bewaffneten Angriff, alarmieren die 24-Stunden-Bereitschaftsdienste der jeweils dafür zuständigen Dienststellen die betreffenden Büros dieser Dienststellen. Geschieht der Zwischenfall bei Nacht, so benachrichtigt die Wache die diensthabenden Offiziere der betreffenden Büros, die zusätzliche Alarme weitergeben. Erscheint das Ereignis ausreichend ernst, so können die Chefs verschiedener Büros im Außenministerium nach Beratung um die Einrichtung eines Krisenstabes innerhalb des Operationszentrums des Außenministeriums bitten, um Entwicklungen zu überwachen, Kontakte mit Dienststellen in Übersee herzustellen und alle Aktionen des Außenministeriums zu koordinieren. Solche Krisenstäbe wurden kürzlich in Verbindung mit dem Bombenanschlag auf die Botschaft in Beirut am 20. September [1984; A. L.], mit der Entführung eines Flugzeuges der Kuwait Airlines nach Iran [Dezember 1984; A. L.] und der Flucht Jeremy Levins von seinen Bewachern im Libanon eingerichtet. Die Führung der Krisenstäbe teilen sich normalerweise das M/

CTP [Office for Counterterrorism and Emergency-Planning / Büro für Terrorismusbekämpfung und Notfallplanung des Außenministeriums; A. L.] und das örtlich verantwortliche Büro im Ministerium. Die Krisenstäbe können schnell eingerichtet werden und sind funktionsfähig, sobald ihre ersten Mitglieder im Operationszentrum erscheinen. Die anderen Dienststellen können nach Bedarf ihre eigenen Arbeitsgruppen während der ersten Stunden einer Krise einrichten. Die Arbeitsgruppen oder Krisenstäbe der einzelnen Dienststellen setzen ihre intern aufeinander abgestimmten Bereitschaften für die Dauer einer Krise fort.

Der erste Kontakt zwischen den Dienststellen kann kurz nach Ausbruch einer Krise stattfinden. Dies geschieht normalerweise in Form von Telefongesprächen zwischen Mitgliedern der IG/T, die die Lage einschätzen und die Aktionen, die ihre Ministerien erwägen, zur Kenntnis nehmen.

Jedes Ministerium hat seine eigenen Verantwortlichkeiten und seine eigenen Aktivposten, die von den Notfallplanern automatisch von Beginn eines Zwischenfalls an berücksichtigt werden. Das Verteidigungsministerium wird sich etwa nach US-Truppen in dem betreffenden Gebiet umsehen und unsere Möglichkeiten für eine militärische Antwort abwägen, während das Außenministerium die Versuche feindlicher Regierungen, mit der Krise umzugehen sowie die Bedrohung von Amerikanern in dem Gebiet berücksichtigt und Verbindungen mit den Familienangehörigen der Opfer und mit der Presse unterhält.

Für die meisten Zwischenfälle gilt, daß die Koordination mittels regulärer Telefongespräche zwischen den IG/T-Mitgliedern aus dem Außenministerium, Verteidigungsministerium und den anderen beteiligten Dienststellen gehandhabt werden kann.

Fragen über den Aufmarsch von Truppen zur Bewältigung einer Krisensituation sollten zunächst informell unter den Mitgliedern der IG/T diskutiert werden und darauffolgend in Treffen, die vom Nationalen Sicherheitsrat organisiert werden. Die Billigung für jede solche Aktion muß jedoch von den obersten Ebenen einer jeden Dienststelle und vom Weißen Haus kommen.

Welche Maßnahmen ergreifen oder erwägen wir im Kampf gegen den Terrorismus?

Jede Diskussion über Maßnahmen gegen den Terrorismus erinnert uns an die Rede von Außenminister Shultz vom 25. Oktober 1984, in der er sagte, daß »unsere Antworten über passive Verteidigung hinausgehen und Mittel aktiver Prävention, Präemption und Vergeltung erwägen sollten. Unser Ziel muß es sein, zukünftige terroristische Aktionen zu verhindern und abzuschrecken«. Wir sollten diese Worte nicht als Definition davon betrachten, wie wir auf jedes einzelne zukünftige terroristische Ereignis antworten, sondern als Erweiterung des Spektrums von Aktionen, die wir im Kampf gegen den Terrorismus in Erwägung ziehen. Anders als das FBI in seiner Rolle als leitende Dienststelle für [die Bekämpfung des; A. L.] Terrorismus im Inland haben wir nicht dieselbe Rechtsprechung, um Aktionen im Ausland zu ergreifen. Obwohl der Gebrauch von Gewalt eine Variante solcher zusätzlichen Aktivitäten darstellt, sollten wir uns vergegenwärtigen, daß es andere aktive, offene und verdeckte Maßnahmen gibt, die als Möglichkeiten eingeschlossen sein sollten.

Die Rede [von Shultz; A. L.] dient als Warnung an Terroristen und deren Unterstützer, daß wir den Willen und die Fähigkeit zu handeln haben.

In allen Konfliktsituationen gibt es eine weite Spanne von Maßnahmen kurz vor einer umfassenden Kriegführung, die die Probleme lösen könnte. Ich möchte nun gerne zu einer Untersuchung dieser möglichen Maßnahmen kommen, die ich in zwei Kategorien unterteile: Maßnahmen, die wir allein ergreifen können und Maßnahmen, die wir zusammen mit anderen Ländern durchführen.

Unilaterale Maßnahmen

Es gibt eine Reihe von Maßnahmen auf unilateraler Ebene, die die Vereinigten Staaten ergriffen oder erwogen haben, um der internationalen terroristischen Bedrohung zu begegnen. Sie reichen von rein defensiven Schutzmaßnahmen bis zu unseren militärischen Möglichkeiten.

Erstens: Die Verbesserung der physischen Sicherheit unserer Botschaften und Gesandtschaften rund um die Welt hat den höchsten Vorrang. Das Außenministerium gebraucht sowohl die vorhandenen Mittel, inklusive der bereits verfügbar gemachten, als auch die zusätzlichen Möglichkeiten die vom Ergänzungshaushalt für das Finanzjahr 1985 beantragt wurden, um Gebäude besser zu sichern, Sicherheitsausrüstungen zu verbessern und die Wachkräfte auf den gefährdetsten Posten rund um die Erde zu verstärken.

Zweitens: Wir erhöhen die Notfallplanungskapazitäten in jeder Botschaft. Von jedem Posten wird verlangt, daß er einen Notfallplan für jegliche Bedrohungen oder Notfälle, denen er ausgesetzt werden könnte, vorbereitet. Jede Botschaft hat einen Notfallausschuß, der für die Bewältigung terroristischer Zwischenfälle und für die Koordination der Sicherheitsmaßnahmen zwischen verschiedenen Dienststellen der Regierung in dem Land verantwortlich ist.

Genauso, wie das Militär seine Fähigkeiten einer Krise zu begegnen durch eine Reihe von Übungen überprüft, haben wir ein ähnliches Programm für die Überprüfung der Fähigkeiten unserer Botschaften begonnen. Ein Besuchsteam simuliert unter Verwendung eines Programms, das auf die Probleme des jeweiligen Postens abgestimmt ist und in einem komprimierten Zeitraum eine Flugzeugentführung, einen Bombenanschlag oder einen Anschlag auf die Botschaft. Dieses Programm, das 1983 begann, wird während des Jahres 1985 die Fähigkeit von über zwei Dutzend unserer Botschaften in sehr bedrohten Gebieten testen.

Drittens: Wir sensibilisieren Angestellte gegenüber den Gefahren des internationalen Terrorismus. Wie schon früher angemerkt, hat der Außenminister ein persönliches Interesse daran bekundet, die Aufmerksamkeit des Auswärtigen Dienstes gegenüber dem Terrorismus zu verbessern. Dies wird demonstriert durch tägliche Zusammenkünfte zum Terrorismus und Sicherheitsberatungen, wenn er in Washington ist und durch seine Inspektionen bei Auslandsreisen. Wir bieten allen Angestellten der US-Regierung, die ins Ausland gehen, Seminare zur Terrorismusbekämpfung an und erwarten von allen Angestellten des Außenministeriums, daß sie daran teilnehmen.

Viertens: Wir versuchen, die Zusammenarbeit mit amerikanischen Unternehmen im Ausland zu verbessern. Die Bedrohungsanalyse-Gruppe des Sicherheitsbüros in Washington und die örtlich zuständigen Sicherheitsoffiziere auf den Posten im Ausland unterstützen den Kontakt mit dem Privatsektor bezüglich Sicherheitsfragen. Im Februar kündigte der Außenminister die Einrichtung des Gremiums zur Beratung bei Sicherheitsfragen im Ausland an, in dem sich Vertreter des öffentlichen und des privaten Bereichs treffen werden, um Informationen über Sicherheitsfragen auszutauschen und Empfehlungen für eine engere Zusammenarbeit zu geben.

Fünftens: Wir haben die Gesetzentwürfe in unserem Land unterstützt, die unsere Verteidigungsmöglichkeiten verbessern, uns unsere internationalen Verpflichtungen unter Anti-Terrorismus-Konventionen ausführen lassen und für die striktere Bestrafung von terroristischen Akten sorgen.

Während des Haushaltsjahres 1984 verabschiedete der Kongreß den Ergänzungshaushalt für Sicherheitsfragen, durch den zusätzliche Gelder für erweiterte Sicherheitsprogramme, für unser Übungsprogramm und für ein neues Programm, in dem Belohnungen für Informationen über Terroristen gezahlt werden, bewilligt wurden. Das Gesetz zur umfassenden Verbrechensbekämpfung von 1984 enthält Bestimmungen gegen bezahlte Killer und andere Bereiche, die hilfreich im Kampf gegen den Terrorismus waren. Weitere Maßnahmen dienten der Umsetzung der Montrealer Konvention zur Sicherung der Zivilluftfahrt [von 1971; A. L.] und der UN-Konvention gegen Geiselnahme [von 1979; A. L.]. Wir haben die Möglichkeiten für wichtige neue Gesetzesinitiativen für das Jahr 1985 untersucht und sind zu dem Schluß gekommen, daß für solche Initiativen nicht der geeignete Zeitpunkt ist. Wir sind uns über die Bedeutung einer engen Zusammenarbeit mit der

Legislative im klaren und werden ständig nach neuen Gebieten für eine Kooperation suchen.

Sechstens: Wir beschränken den Handel mit Staaten, die den Terrorismus unterstützen. Gemäß seiner Berechtigung zur Kontrolle des Exports von Rüstungsgütern und Verteidigungsdienstleistungen nach Abschnitt 38 des Rüstungsexportgesetzes erlaubt das Außenministerium aus politischen Gründen solche Exporte in keines der fünf Länder – Kuba, Libyen, Syrien, Iran und Südyemen – die unter Abschnitt 6 (I) des Exportverwaltungsgesetzes als Staaten, die den Terrorismus unterstützen, genannt werden.

Das Exportverwaltungsgesetz zielt darauf, den Export von Gütern oder Technologien zu beschränken, die einen bedeutenden Beitrag zum militärischen Potential leisten oder die Unterstützungsmöglichkeiten der genannten Staaten für terroristische Akte verbessern würden.

Weitere Handelsbeschränkungen gegen terroristische Staaten sind schwer durchzusetzen, weil Exporteure sich widersetzen. Sie betrachten die Kontrollen als eine Art Belästigung, durch die sie Verluste hätten und die Länder veranlassen könnten, sich anderen Lieferanten zuzuwenden.

Siebentens: Wir versuchen Reisen von terrorismusverdächtigen Personen in die USA und Bewegungen von Diplomaten aus Staaten, die den Terrorismus unterstützen, zu beschränken. Wir sind in der Lage, die Ausgabe von Visa oder die Erlaubnis zur Einreise an der Grenze der USA für mutmaßliche Terroristen mit Hilfe des weltweiten Visa-Kontroll-Systems zu verweigern, welches den Namen der betreffenden Person mit einem speziellen Kennzeichnungssystem enthält, das angibt, welche weiteren Maßnahmen notwendig sind. Bezogen auf Regierungsangestellte und bestimmte andere Kategorien von Bürgern aus Libyen, Iran und Kuba, die in die USA einreisen wollen, wendet man sich mit der Bitte um Entscheidung an Washington, was nach einer komplexen Reihe von Namensüberprüfungen schließlich zu Anweisungen für den Posten, der nachgefragt hatte, führt. Zeitliche und geographische Reisebeschränkungen innerhalb der USA können in die Visa von offiziellen Vertretern dieser Länder eingetragen werden, die, zum Beispiel weil sie bei den Vereinten Nationen beschäftigt sind, in die Vereinigten Staaten einreisen müssen.

Achtens: Bessere Nachrichtendienste sind sicher einer der wichtigsten Schlüssel für eine effektivere Terrorismusbekämpfungsstrategie. Aber der Terrorismus stellt eine besondere Art der Herausforderung sowohl im Hinblick auf die Sammlung als auch auf die Analyse von Informationen dar. Um nützlich zu sein, muß beides zusammenwirken. Somit haben wir oft die schwierige Wahl zwischen dem Verbergen unserer Quellen und dem Ausnutzen unseres Wissens zu treffen. Wir haben mehr Nachdruck auf die Sammlung nachrichtendienstlichen Materials über Terrorismus durch alle Dienststellen im Ausland gelegt. Gute Nachrichtendienste werden uns Vorwarnungen über drohende Angriffe geben, sowie Informationen über die Bewegungen mutmaßlicher Terroristen und die Möglichkeit, einen Angriff durch solche Mittel wie die Versperrung der Route des Angreifers oder die Verlegung des Ziels an einen anderen Ort zu verhindern.

Neuntens: Wir sind in der Lage, zusätzliches Personal für die Botschaften bei Zwischenfällen zur Verfügung zu stellen. Während eines Zwischenfalls können wir einen zusätzlichen Sicherheitsoffizier, einen Offizier des Nachrichtendienstes oder psychologischen Spezialisten für Terroristen oder für Flugzeugentführungen entsenden. Wir können außerdem Teams, die sich aus nachrichtendienstlichen und Militärexperten zusammensetzen an den Ort des Zwischenfalls schicken, um unsere Botschaft oder die örtliche Regierung bei der Bewältigung des Problems zu unterstützen.

Zehntens: Wir sind in der Lage, im Falle einer ernsten Krise militärisch zu handeln, sofern feststeht, daß wichtige nationale Interessen der Vereinigten Staaten auf dem Spiel stehen. Staatssekretär Ikle hat einige Informationen über unsere Möglichkeiten in diesem Bereich bereitgestellt, aber ich bin sicher, der Ausschuß hat Verständnis dafür, daß eine Veröffentlichung vieler dieser Informationen sehr heikel wäre.

Diese Schritte präsentieren einen breiten Bereich von Handlungsmöglichkeiten, die wir erreicht haben oder in der Lage sind zu erreichen. In Bezug auf die aktiveren Optionen liegt ein Dilemma für eine Supermacht darin, auf terroristische Drohungen und Anschläge mit Gewalt zu reagieren. Einerseits müssen wir bereit sein, die ganze Bandbreite der Möglichkeiten zu erwägen – und von Terroristen und ihren Unterstützern als ernstzunehmende Gegner wahrgenommen zu werden – wenn wir dem Problem jemals erfolgreich begegnen wollen. Auf der anderen Seite müssen wir jedoch die Konsequenzen unserer Handlungen sorgfältig abwägen.

Effektive Maßnahmen erfordern gutes nachrichtendienstliches Material über die Terroristen und darüber, wo sie sein könnten. Wir müssen die Wahrscheinlichkeit des Erfolgs unserer Aktion abschätzen und in Relation setzen zu den Kosten eines Mißerfolgs, der Gefährdung unschuldiger Opfer und der möglichen öffentlichen Entrüstung über unser Handeln. Wir müssen sowohl die moralischen Implikationen unserer Aktionen, als auch die betreffenden nationalen und internationalen juristischen Umstände untersuchen. Wenn wir die Unterstützung des Gastgeberlandes für unsere militärische Aktion nicht haben, müssen wir die wahrscheinlichen Reaktionen unserer Verbündeten erwägen – [z. B.; A. L.] wessen Stützpunkte wir für die Operation nutzen könnten – und jede mögliche Reaktion unserer Gegner, mit der sie zusätzliche Vorteile auf globaler Ebene oder in dem Staat, in dem wir operiert haben, erreichen könnten.

Die Auswahl der jeweils angemessenen Antwort auf terroristische Anschläge wirft viele Fragen auf. Wir sollten es nicht als ein Zeichen der Schwäche betrachten, wenn ein terroristischer Anschlag stattfindet, ohne daß eine militärische Antwort der Vereinigten Staaten erfolgt. Wir müssen bedenken, daß wir eine Supermacht mit globalen Interessen und Verantwortungen sind und wir müssen uns darüber im klaren sein, daß in vielen Fällen die Nachteile einer militärischen Aktion aus globaler Perspektive deren Vorteile überwiegen könnten. Das heißt nicht, daß wir nicht bereit oder nicht in der Lage sind, wirkungsvoll zu handeln, sondern vielmehr, daß in den meisten Fällen andere

Maßnahmen angemessener sein werden als eine militärische Antwort.

Israel wird häufig als eine Nation angeführt, die es versteht, Terroristen wirkungsvoll zu begegnen, aber selbst die wichtigsten israelischen Anti-Terror-Experten haben öffentlich eingeräumt, daß der Gebrauch von Gewalt – allein – das Terroristenproblem nicht lösen kann.

Die Politik und Praxis der Vereinigten Staaten ist es, über ein möglichst breites Band von Optionen zu verfügen, um sich nicht zu stark auf eine einzelne Maßnahme verlassen zu müssen. Bei der Erwägung dieser unterschiedlichen Aktionen müssen wir über das hinaus, was wir allein gegen die Bedrohung tun können, überlegen, was wir in Zusammenarbeit mit anderen Staaten tun könnten.

(. . .)

Quelle: Joint Hearings Before The Committee On Foreign Relations And The Committee On The Judiciary, United States Senate, 99th Congress, 1st Session, May 13, 14 And 15, 1985, p. 308–319

Dokument 6

»Können Sie uns sagen, worin die Politik der Regierung besteht?«

Ausführungen von Senator Thomas F. Eagleton bei einem Senatshearing zur Widersprüchlichkeit der US-Terrorismuspolitik, Mai 1985

Das nachfolgende Dokument ist ein Auszug aus einem Hearing zum internationalen Terrorismus vor dem Auswärtigen Ausschuß und dem Rechtsausschuß des Senates der Vereinigten Staaten. Senator Eagleton zeigt darin die Widersprüchlichkeiten in der US-Politik bezüglich der Terrorismusbekämpfung auf und geht dabei unter anderem auf die Kontroverse zwischen Außenminister George Shultz und Verteidigungsminister Caspar Weinberger ein.

Ich habe die Aussagen von Präsident Reagan, Außenminister Shultz, Vizepräsident Bush, [dem Sprecher des Weißen Hauses; A. L.] Speakes und Verteidigungsminister Weinberger gründlich gelesen und unglücklicherweise stimmen diese fünf, die ich genannt habe, nicht miteinander überein. Ihre Aussagen gehen alle in verschiedene Richtungen. Lassen Sie mich Ihnen eine kleine Vorstellung von der Uneinigkeit unter diesen ziemlich bedeutenden Figuren, unter ihnen der Präsident der Vereinigten Staaten, geben.

In seiner außenpolitischen Debatte mit [dem Präsidentschaftskandidaten der Demokraten für die Wahlen 1984; A. L.] Mondale am 21. Oktober 1984 – war das die in Kansas-City – ja – sagte der Präsident folgendes: »Ja, in der Auseinandersetzung mit Terroristen wollen wir Vergeltung, aber nur, wenn wir die verantwortlichen Leute zu fassen kriegen und die Leben unschuldiger Zivilisten nicht gefährden.«

In Ordnung.

Dann, vier Tage später, Shultz, in dieser Situation der »Harte«, was ungewöhnlich ist – Shultz ist der Harte und Weinberger der »Weiche«. Vier Tage später, nachdem der Präsident sagte, wir müssen vorsichtig sein, wir können keine unschuldigen Zivilisten verletzen etc., wir können sie nicht gefährden, kommt also Shultz, der Harte: »Wir müssen in diesem Lande Übereinstimmung darüber erreichen, daß unsere Antworten über passive Verteidigung hinausgehen sollten und Mittel aktiver Prävention, Präemption und Vergeltung erwägen. Die Öffentlichkeit muß bereits im voraus verstehen, daß möglicherweise einige unserer kämpfenden Männer und einige unschuldige Menschen ihr Leben lassen werden.«

Behalten Sie im Hinterkopf, daß der Präsident am 21. Oktober sagte, wir würden keine unschuldigen Menschen gefährden und der Außenminister am 25. sagte, wir würden es doch tun. Dann bringen sie Vizepräsident Bush auf den Plan, der einen Tag später in Cincinnati sagt: »Damit stimme ich nicht überein. Wir werden nicht losgehen und unschuldige Zivilisten bombardieren oder irgendwas in der Art. Ich denke nicht, daß wir jemals den Punkt erreichen werden, an dem wir hundert unschuldige Frauen und Kinder töten, um einen Terroristen zu töten.«

Übrigens bei dem Bombenanschlag in Beirut* haben sie achtzig Menschen getötet und noch nicht einmal den dicken Fisch erwischt. Achtzig Menschen haben sie ausgelöscht, unsere Handlanger, aber den großen Mann, hinter dem sie her waren, nicht gekriegt. Wie dem auch sei, Bush sagt: »Ich glaube nicht, daß wir Hunderte von unschuldigen Frauen und Kindern töten werden, nur um einen Terroristen zu töten. Ich glaube nicht, daß wir diesen Punkt erreicht haben.« Dann wird an diesem Tag Reagan gefragt, weil jeder in Verwirrung ist, Präsident Reagan wird gefragt, nun, wie ist es denn jetzt, Herr Präsident, und der Präsident sagt am 26. Oktober: »Ich glaube nicht, daß das eine Aussage über unsere Politik war« – das bezieht sich auf Shultz. »Er sagte, daß alle diese Dinge erwogen werden müssen.«

Uff – jetzt halten Sie das mal auseinander.

Und dann kommt Speakes ins Spiel, denn jetzt ist alles in einem totalen Durcheinander und Speakes sagt: »Die Rede von Shultz ist durch und durch Regierungspolitik.« – Das war die »gebt's ihnen, zeigt's ihnen, tötet-die-Zivilisten-Rede«.

Dann im November und Dezember haben wir diesen Krieg zwischen Shultz und Weinberger. Sie wissen schon, das war auf den Titelseiten aller Zeitungen im Land, der Schußwechsel zwischen Shultz und Weinberger über den Terrorismus und den Einsatz von US-Streitkräften; Weinberger argumentiert für größte Vorsicht und Shultz wiederholt seine Sache, daß wir einige Menschenleben verlieren werden, unschuldige Menschenleben. Also, können Sie mir helfen? Können Sie der Nation helfen? Können Sie diesem Ausschuß helfen? Können Sie uns sagen, worin die Politik der Regierung in Hinsicht auf den Terrorismus und die Gefährdung unschuldiger Menschen besteht? Ist es, daß wir das tun, à la Shultz oder daß wir nicht das, à la Bush, tun oder was ist es?

Quelle: Joint Hearings Before The Committee On Foreign Relations And The Committee On The Judiciary, United States Senate, 99th Congress, 1st Session, May 13, 14, 15, 1985, p. 279–280.

* am 5. März 1985, vgl. Kasten auf S. 76

Dokument 7

»Wenn nötig, werden wir es wieder tun . . .« –
Fernsehansprache Präsident Reagans zum Luftangriff auf Libyen, April 1986

Am Tag nach dem Luftangriff auf Libyen bezeichnete der amerikanische Präsident Ronald Reagan die Aktion als erfolgreich und erklärte es zur Pflicht der Vereinigten Staaten, sich zu »verteidigen«. Angeblich habe die US-Regierung »unwiderlegbare Beweise« für die Urheberschaft Ghaddafis bei dem Anschlag auf die Diskothek »La Belle« in West-Berlin. Deshalb hätten die USA getan, was sie »tun mußten«.

Meine amerikanischen Mitbürger.

Heute abend um sieben Uhr haben die Luft- und Seestreitkräfte der Vereinigten Staaten eine Reihe von Angriffen gegen Hauptquartiere, terroristische und militärische Einrichtungen unternommen, die Muamar Ghadafis subversiven Aktivitäten dienten. Die Angriffe waren zielgerichtet und sorgfältig darauf abgestimmt, Verluste unter der libyschen Bevölkerung, mit der wir keinen Streit haben, zu vermeiden. Aus ersten Berichten geht hervor, daß unsere Truppen bei ihrer Mission erfolgreich waren.

Vor einigen Wochen habe ich in New Orleans Oberst Ghadafi gewarnt, daß wir seine Regierung für alle weiteren terroristischen Angriffe gegen amerikanische Bürger zur Rechenschaft ziehen würden. Kurz darauf habe ich klar gemacht, daß wir antworten würden, sobald wir uns eindeutig festgelegt haben, wer für die Angriffe verantwortlich zu machen ist.

Am 5. April explodierte in einem von amerikanischen Soldaten besuchten Nachtclub in West-Berlin eine von Terroristen gelegte Bombe. Sergeant Kenneth Ford und eine junge Türkin wurden getötet und 230 weitere Menschen verletzt, unter ihnen 50 Angehörige der amerikanischen Streitkräfte.* Diese unge-

* Ein weiterer US-Soldat starb später an den erlittenen Verletzungen; A. L.

heure Brutalität ist nur die einer Reihe von Untaten in Oberst Ghadafis Terrorherrschaft.

Die Beweislage ist eindeutig, daß der terroristische Bombenangriff auf die Diskothek La Belle auf direkten Befehl der libyschen Regierung geplant und ausgeführt wurde.

Am 25. März, über eine Woche vor dem Anschlag, erhielt das Libysche Volksbüro in Ost-Berlin Order aus Tripolis, einen terroristischen Anschlag gegen Amerikaner durchzuführen und dabei eine größtmögliche Zahl von Opfern zu erzielen, ohne Rücksicht auf deren Staatsangehörigkeit. Libysche Agenten legten daraufhin die Bombe. Am 4. April teilte das Volksbüro Tripolis mit, daß der Anschlag am folgenden Morgen ausgeführt würde. Am nächsten Tag berichtete das Volksbüro nach Tripolis über den großen Erfolg dieser Mission. Wir besitzen dafür unmittelbare, genaue und unwiderlegbare Beweise.

Wir haben massive Beweise dafür, daß Ghadafi weitere Anschläge gegen amerikanische Einrichtungen und Diplomaten, ja sogar gegen amerikanische Touristen geplant hat. Dank der engen Zusammenarbeit mit unseren Freunden wurden einige davon verhindert. Mit Hilfe der französischen Behörden haben wir kürzlich einen solchen Anschlag vereitelt: Ein geplantes Massaker mit Granaten und Handfeuerwaffen unter Menschen, die vor einer amerikanischen Botschaft auf ihre Visa warteten.

Aber Oberst Ghadafi ist nicht nur ein Feind der Vereinigten Staaten: Sein langes Register von subversiven Akten und Aggressionen gegen die Nachbarstaaten in Afrika ist gutdokumentiert und wohlbekannt. Er befahl die Ermordung von libyschen Landsleuten in unzähligen Ländern; er hat Terrorakte in Afrika, Europa und dem Nahen Osten sowie auch in der westlichen Hemisphäre unterstützt.

Heute haben wir getan, was wir tun mußten. Wenn nötig, werden wir es wieder tun.

Es erfüllt mich nicht mit Freude, wenn ich dies sage, und ich wünsche, daß es anders wäre. Bevor Ghadafi im Jahre 1969 an die Macht kam, war das libysche Volk mit den Vereinigten

Staaten befreundet. Und ich bin sicher, daß heute die meisten Libyer beschämt und angewidert davon sind, daß dieser Mann ihr Land in der ganzen Welt zu einem Synonym für Barbarei gemacht hat. Das libysche Volk besteht aus anständigen Menschen unter dem Joch eines Tyrannen.

Unseren Freunden und Verbündeten, die mit uns bei dem heutigen Einsatz zusammengearbeitet haben, möchte ich nur sagen: Sie haben sich die fortwährende Dankbarkeit des amerikanischen Volkes errungen.

Europäer, die sich der Geschichte erinnern, können besser als die meisten von uns verstehen, daß es durch Beschwichtigung des Bösen keine Sicherheit geben kann. Es muß ein Grundsatz westlicher Politik sein, daß es für den Terror keinen Zufluchtsort geben darf; und zur Durchführung dieser Politik bedarf es der Einigkeit und Zusammenarbeit freier Menschen und freier Nationen.

Bisweilen wird behauptet, daß wir durch die Verhängung von Sanktionen gegen Oberst Ghadafi oder durch Schläge gegen seine terroristischen Einrichtungen nur die Bedeutung dieses Mannes vergrößern, daß der beste Weg, mit ihm fertigzuwerden, darin bestehe, ihn zu ignorieren.

Ich teile diese Einschätzung nicht.

Lange bevor ich dieses Amt antrat, hatte sich Oberst Ghadafi schon an Akten des internationalen Terrors beteiligt. Akte, die ihn außerhalb der Gemeinschaft zivilisierter Menschen stellen. Jahrelang wurde er jedoch von keinerlei wirtschaftlichen, politischen oder militärischen Sanktionen betroffen. Und die Zahl der blutigen Übergriffe stieg weiter an – genau wie die der unschuldigen Toten und Verwundeten.

Durch Untätigkeit das Abschlachten amerikanischer Zivilisten und amerikanischer Soldaten zu ignorieren – ganz gleich, ob in Nachtclubs oder an Terminals von Flughäfen –, ist schlicht und einfach kein Teil amerikanischer Tradition.

Wann immer unsere Bürger auf direkten Befehl eines feindlichen Regimes mißhandelt oder angegriffen werden – gleich, an welchem Ort in dieser Welt –, so werden wir reagieren, so lange ich im Oval Office [des Weißen Hauses; A. L.] sitze.

Selbstverteidigung ist nicht nur unser Recht; sie ist unsere Pflicht. Sie ist der Zweck hinter der heute nacht unternommenen Mission, einer Mission, die in vollem Einklang mit Artikel 51 der Charta der Vereinten Nationen steht. Wir sind davon überzeugt, daß dieser Präventivschlag gegen seine Terroranlagen nicht nur die Fähigkeit von Oberst Ghadafi schmälern wird, Terror zu exportieren; er wird ihm auch Anreize und Argumente dafür liefern, sein kriminelles Verhalten zu ändern. Ich gebe mich keiner Illusion darüber hin, daß die Aktion der heutigen Nacht den Vorhang über das Terrorregime Ghadafi fallen lassen wird. Aber diese, wenngleich gewaltsame Mission kann rechtschaffenen Männern und Frauen eine sichere und geschützte Welt näherbringen. Wir werden standhaft bleiben.

Heute nachmittag habe ich mit der Führung des Kongresses darüber gesprochen, was getan wird und die Gründe dafür genannt. Heute abend ehre ich Geschick und Professionalismus der Männer und Frauen unserer Streitkräfte, die diese Mission durchführten: Es ist eine Ehre, Ihr Oberbefehlshaber zu sein.

Wir Amerikaner sind nicht leicht zu verärgern: Wir streben immer erst friedliche Möglichkeiten an, bevor wir auf die Gewalt von Waffen zurückgreifen. Und ersteres taten wir zunächst auch. Wir versuchten es durch stille Diplomatie, durch öffentliche Verurteilung, durch wirtschaftliche Sanktionen und durch die Demonstration militärischer Stärke. Nichts half.

Trotz unserer wiederholten Warnungen fuhr Ghadafi mit seiner zerstörerischen Politik der Einschüchterung, mit seinem schonungslosen Terror fort. Er zählte auf die Passivität Amerikas. Er hat sich verrechnet.

Ich warnte ihn, daß es keinen Platz auf Erden geben werde, wo Terroristen sich verbergen und sich in ihren tödlichen Praktiken üben können.

Ich meinte es ernst.

Ich erklärte, wir würden handeln – wenn möglich, mit anderen; falls erforderlich, allein, um sicherzustellen, daß es für

Terroristen nirgends sicheren Unterschlupf gibt. Heute nacht haben wir gehandelt.

Ich danke Ihnen, Gott schütze Sie.

Quelle: United States Information Service / Amerikadienst, Bonn, 16. April 1986

Dokument 8

»US-Regierung stellt Wahrheit auf den Kopf . . .« – Stellungnahme des libyschen Außenministeriums zu den US-Luftangriffen gegen Libyen, Juli 1986

Die US-amerikanische Administration unternimmt den Versuch, den Freiheitskampf der Völker zu entstellen, ihn als Terrorismus zu bezeichnen, und die Befreiungsbewegungen in der Welt, wie die PLO, die SWAPO und die Organisation zur Befreiung Südafrikas als terroristische Organisationen zu diffamieren. Sie bezeichnet jeden, der den Freiheitskampf dieser Völker unterstützt, als Terroristen.

Und somit wird, nach Einschätzung dieser Administration, das libysche Volk als terroristisch bezeichnet, weil es sich grundsätzlich für den Freiheitskampf der Völker einsetzt.

Damit aber diese Lüge entlarvt wird, diese unmoralische Entstellung des Freiheitskampfes der Völker, und weil die revolutionären Kräfte mehr denn irgendjemand in der Lage sind, zwischen dem Freiheitskampf der Völker als legitimes und natürliches Recht einerseits und dem Terrorismus andererseits zu unterscheiden, der jeglicher politischer und moralischer Grundlage entbehrt, und damit die Wahrheit ans Licht gebracht und diese gewollte Verfälschung des Freiheitskampfes der Völker und ihr Recht, in Frieden und Freiheit zu leben, entlarvt wird, und damit der US-amerikanischen Administration entgegengetreten wird, die versucht, die Wahrheit auf den Kopf zu stellen, und damit der Weltöffentlichkeit, vor allem in den USA und in Westeuropa, die Wahrheit klar vor Augen geführt wird, fordert die ruhmreiche Sozialistische Libysche Arabische Volks-Jamahiria die US-amerikanische Administration auf, die ihr angeblich vorliegenden Beweise dem Internationalen Gerichtshof oder irgendeinem Gericht in den USA oder in Westeuropa vorzulegen. Und wenn dieses Gericht es für erwiesen hält, daß Libyen in Zusammenhang mit jenen Terroraktionen, die in Europa durchgeführt wurden, steht, die die US-amerikanische Administration zum Vorwand für ihre verbrecherische Aggression gegen den Bruder Revolutionsführer Muammer El Ghadafi und gegen das friedliche libysche Volk nahm, wird Libyen das Urteil des Gerichtes annehmen, die Verantwortlichen zur Rechenschaft ziehen und den Opfern und Geschädigten Schadenersatz leisten.

Wenn aber das Gericht die Jamahiria für unschuldig erklärt, soll ein internationales Gericht die US-amerikanische Administration und ihren Präsidenten Reagan persönlich für diesen verbrecherischen und terroristischen Akt, den sie gegen die Person des Revolutionsführers und gegen das kleine friedliche libysche Volk unternommen haben, verurteilen. Dann muß die amerikanische Administration das libysche Volk entschädigen.

Mit der Forderung nach Gerichtsentscheidung wollen wir diesen Lügen ein Ende setzen und die falschen Darstellungen zurechtrücken, die die US-amerikanische Administration der amerikanischen und der Weltöffentlichkeit aufgezwungen hat.

Wir fordern alle, die für die Wahrheitsfindung sind, auf, uns dabei zu unterstützen, und stellen die Weltöffentlichkeit vor ihre Verantwortung.

Wir weisen die Anschuldigung des Terrorismus im einzelnen und im allgemeinen ganz entschieden zurück. Denn wir sind die eigentlichen Opfer des Staatsterrors, dies auf wirtschaftlicher, psychischer, physischer, militärischer, propagandistischer und politischer Ebene.

Auf dem zuvor beschriebenen Hintergrund verlangen wir von der US-amerikanischen Administration, dieser Aufforderung nachzukommen. Wenn sie es nicht tut, bleibt es der Weltöffentlichkeit und vor allem der irregeführten amerikanischen und europäischen Öffentlichkeit überlassen, darüber zu urteilen.

Wir rufen in diesem Zusammenhang auch alle Regierungen, Parlamente, Parteien, Organisationen, Verbände, alle demokratischen Kräfte, Schriftsteller, Geistlichen und Journalisten auf, ihrer Verantwortlichkeit gerecht zu werden, der Wahrheit ins Gesicht zu sehen und Stellung zu beziehen gegenüber Fragen, denen sich keiner entziehen kann und darf, sie objektiv und mit Mut und Tatkraft anzugehen.

Quelle: Note des Volksbüros der Sozialistischen Libyschen Arabischen Volks-Jamahiria, Bonn, 29. 7. 1986

Dokument 9

»USA erklärtes Ziel libyschen Terrors . . .« –
Erklärung Bundeskanzler Helmut Kohls zum US-Luftangriff auf Libyen, April 1986

Libyen ist unter Oberst Ghadafi in den letzten Jahrzehnten zu einem Herd regionaler Destabilisierung und zu einem Zentrum des internationalen Terrorismus geworden. Libyens friedliche Nachbarstaaten sind Ziel seiner direkten Aggression oder konspirativen Unterwanderung: Der anhaltende Kriegszustand im Tschad, ein militärischer Überfall auf Tunesien und die wiederholte Bedrohung Ägyptens, des Sudan und einer Reihe zentralafrikanischer Staaten ging oder geht von Libyen aus.

Für Libyens führende Rolle bei Ermutigung, Unterstützung und selbständiger Ausführung zahlreicher Akte des internationalen Terrorismus gibt es deutlich Hinweise. Dies gilt insbesondere auch für Libyens Mitwirkung an dem jüngsten Terroranschlag in Berlin.

Mit dieser Politik fordern Oberst Ghadafi und die Führung Libyens die internationale Staatengemeinschaft heraus: Dies gilt in besonderem Maße für die Vereinigten Staaten, die in den letzten Jahren erklärtermaßen das besondere Ziel des libyschen Terrors waren. Hunderte von amerikanischen Opfern internationaler Terroranschläge erklären die Erregung der amerikanischen Bevölkerung, die sich nicht länger einer solchen ständigen Aggression tatenlos ausgesetzt sehen will.

Die Bundesregierung hat stets Gewalt abgelehnt. Wer aber wie Oberst Ghadafi selbst ständig Gewalt predigt und praktiziert, muß damit rechnen, daß sich die Betroffenen dagegen wehren.

Jede Art von Terrorismus stößt auf die entschiedene Ablehnung der Staatengemeinschaft, die nicht bereit ist, solche Taten hinzunehmen, unabhängig, gegen wen sie sich richten.

Die Haltung der Europäer hat ihren Niederschlag in der gemeinsamen Erklärung der zwölf Außenminister vom 14. April 1986 gefunden. Eine weitere Sitzung der EG-Außenminister ist vorgesehen.

Zwei Ziele müssen jetzt im Vordergrund eines gemeinsamen erfolgreichen Handelns stehen: Einmal müssen wir unsere Anstrengungen noch weiter verstärken, um gemeinsam den internationalen Terrorismus zu bekämpfen. Zum anderen müssen jetzt politische Mittel eingesetzt werden, um die Ursachen dieses Terrorismus zu beseitigen. Hierzu ist ein intensiver Dialog mit allen kooperationsbereiten arabischen Staaten dringend erforderlich. Die Außenminister der EG haben gestern einen entsprechenden Appell an die arabischen Staaten und die Arabische Liga gerichtet.

Der Krisenstab des Auswärtigen Amts, der in ständiger Verbindung mit unserer Botschaft in Tripolis steht, wird sich vordringlich mit der Sicherheit der in Libyen lebenden deutschen Staatsangehörigen befassen.

Quelle: Presse- und Informationsamt der Bundesregierung, Bulletin Nr. 37, Bonn, 16. April 1986, S. 285

Dokument 10

»Verständnis für die Selbstverteidigung der Amerikaner ...« –
Presseerklärung des CDU-Generalsekretärs Heiner Geißler zum US-Luftangriff auf Libyen, April 1986

Die CDU teilt die Empörung der amerikanischen Bürger über die gezielten Terroranschläge auf Amerikaner und amerikanische Einrichtungen. Sie unterstützt daher die amerikanische Regierung in ihrer Haltung, solche terroristischen Akte nicht mehr folgenlos hinzunehmen. Den brutalen Anschlägen des internationalen Terrorismus sind schon Hunderte von unschuldigen Menschen zum Opfer gefallen, darunter über 400 Amerikaner. Beim jüngsten Anschlag in Berlin gab es 2 Todesopfer und über 200 Verletzte. Diese Terrorakte erfordern eine solidarische Antwort der demokratischen Staaten des freien Westens. Es ist der Zeitpunkt gekommen, an dem sich die westlichen Demokratien nicht mehr alles gefallen lassen können und geschlossen gegen die Pest des internationalen Terrorismus vorgehen müssen.

Die Christlich Demokratische Union hat Verständnis für die von den Vereinigten Staaten auch gegenüber Libyen und Oberst Ghadafi zur Selbstverteidigung der Amerikaner und Europäer getroffenen Maßnahmen.

Nach Auffassung der Christlich Demokratischen Union kommt es jetzt darauf an, die Eskalation von Gewalt und Gegengewalt zu beenden. Oberst Ghadafi und seine Führung müssen begreifen, daß es ausschließlich an ihnen liegt, den Terrorismus zu beenden und sich jeder weiteren Unterstützung terroristischer Gruppierungen in anderen Ländern zu enthalten.

Die Christlich Demokratische Union appelliert an die arabischen Staaten, in diesem Sinne auf Ghadafi einzuwirken.

Quelle: Pressemitteilung der CDU-Geschäftsstelle, Bonn, 15. April 1986

Dokument 11

US-Angriff auf Libyen »ein Akt des Staatsterrorismus« – Bundestagsrede der Fraktionssprecherin der GRÜNEN im Bundestag, Annemarie Borgmann, April 1986

FRAU BORGMANN (GRÜNE): Meine Damen und Herren! Herr Präsident! Die Maßnahmen der USA gegen Libyen werden von uns auf das schärfste verurteilt, und zwar aus verschiedenen Gründen.

Erstens handelt es sich um die Anwendung von **militärischer Gewalt** zur Lösung zwischenstaatlicher Differenzen. Ein solches Verhalten lehnen wir nachdrücklich ab. Gewalt kann kein Mittel sein, politische Meinungsverschiedenheiten auszutragen.

(Beifall bei den GRÜNEN)

Wir werfen der Reagan-Administration vor, sich um friedliche und politische Konfliktlösungen nicht bemüht zu haben.

Zweitens. Die offizielle Begründung des militärischen Überfalls ist ein reiner Vorwand, der jeder Substanz entbehrt. Ernsthafte Beweise für eine **libysche Verantwortung** für den Bombenanschlag sind bis heute nicht vorgelegt worden. Es ist immer nur von »Hinweisen« die Rede.

(Zustimmung bei den GRÜNEN)

Drittens. Selbst wenn entsprechende Beweise existierten, wäre das noch lange kein Grund, daß die US-Regierung militärische Überfälle unternimmt. **Internationales Faustrecht** und das Gesetz des Dschungels sind das allerletzte, was wir angesichts der destabilen Weltlage und der Situation im Mittleren Osten gebrauchen können.

(Beifall bei den GRÜNEN)

Viertens. Die militärischen Überfälle der USA auf Libyen stellen einen eindeutigen Bruch des internationalen Rechts dar. Wir erwarten von dieser Bundesregierung, die Law and Order auf ihre Fahnen geschrieben zu haben ständig vorgibt, daß sie dies öffentlich feststellt. Die ständige **Mißachtung des Völkerrechts** durch die US-Regierung – ich erinnere hier nur an die

Geringschätzung des Internationalen Gerichtshofs in Den Haag in Sachen Nicaragua – ist nur ein Nebenaspekt dieser Krise, aber auch er sollte hier angesprochen werden.

Fünftens. Die Bundesregierung hat es bisher nicht für nötig gehalten, sich zu der Tatsache zu äußern, daß offensichtlich 70 bis 100 Menschen durch amerikanische Bomben getötet worden sind, viele von ihnen Frauen und Kinder. Arabische Menschenleben zählen bei Ihnen wohl nicht so viel wie nordamerikanische oder europäische. Das muß ich daraus wohl schließen.

(Zuruf von den GRÜNEN:) Menschen zweiter Klasse!

Sechstens. **US-Militärangriffe** im Mittelmeer sind von der **NATO** nicht zu trennen. Das NATO-Land Großbritannien diente als Ausgangspunkt des nächtlichen Überfalls. US/NATO-Bomber und -Piloten zerstörten mit NATO-Bomben die Wohngebäude und militärischen Einrichtungen in Libyen. Wenn der Oberkommandierende der US-Truppen in Europa zugleich der Oberkommandierende der NATO ist und US-Basen in Westeuropa in die Vorbereitung und Durchführung der Angriffe einbezogen waren, dann kann man politisch nicht so tun, als wäre es keine NATO-Operation gewesen, auch wenn dies formal zutrifft.

Siebentes. Wir ziehen daraus den Schluß, daß die Integration der Bundesrepublik in die NATO das Risiko erhöht, in militärische Abenteuer der USA hineingezogen zu werden.

(Zustimmung bei den GRÜNEN)

Der 1982 abgeschlossene **Wartime Host Nation Support-Vertrag** mit den USA verstärkt diese Gefahr ganz beträchtlich. Er sieht vor, daß die Bundesrepublik im Falle eines Krieges oder einer Krise militärische Hilfsdienste für die US-Truppen durchzuführen hat. Wir fordern aus diesem Grund erneut, diesen Vertrag zu kündigen und einen Prozeß zu beginnen, der die Bundesrepublik von der NATO distanziert.

(Beifall bei den GRÜNEN)

Achtens. Die US-Aggression gegen Libyen ist eine offene **Gefährdung des Weltfriedens.** Sie enthält die Gefahr einer horizontalen oder vertikalen Eskalation und öffnet die Tür für eine direkte **Konfrontation der Supermächte** im Mittelmeer und auf der ganzen Welt. Welches Risiko das für den Weltfrieden darstellt, insbesondere welche Gefahren damit für die europäische Sicherheit heraufbeschworen werden, sollte selbst den Stahlhelm-Kriegern in der Union zu denken geben.

(Zurufe von der CDU/CSU: Na, na!)

Es handelt sich um ein Spiel mit dem Feuer der Großmächtekonfrontation durch die USA, und dies ist von geradezu gigantischer Verantwortungslosigkeit. Und es handelt sich um einen Fall politischer Verantwortungslosigkeit seitens der Bundesregierung, da sie dieser Gefahr nicht eindeutiger im Interesse der Bürger entgegentritt.

Neuntens. Der militärische Schlag der **USA** wird als ein angeblicher Vergeltungsschlag bezeichnet. Es handelt sich aber in Wirklichkeit selbst um eine **terroristische Aktion,** um einen Akt blanken Staatsterrorismus'.

(Lebhafter Beifall bei den GRÜNEN)

Es handelt sich um die Tötung unbeteiligter und unschuldiger Zivilisten aus politischen Gründen. Nichts unterscheidet die US-Luftangriffe auf Libyen von terroristischen Anschlägen auf Flughäfen, Flugzeuge oder Diskotheken, außer daß sie umfassender, blutiger und von einer NATO-Armee durchgeführt wurden.

(Beifall bei den GRÜNEN)

Wir erwarten von der Bundesregierung, daß sie Terror auch dann verurteilt, wenn er von ihren Verbündeten ausgeht.

(Erneuter Beifall bei den GRÜNEN)

Wir lehnen **Terrorismus** prinzipiell ab.

(Na, na? bei der CDU/CSU)

Das haben wir an sehr vielen Stellen immer wieder deutlich gemacht. Jede Erscheinungsform von Terrorismus ist für uns verbrecherisch. Irgendwelche politischen Begründungen ändern daran nichts. Dabei ist es allerdings von Bedeutung, daß **Widerstandshandlungen** nicht automatisch zu terroristischen Aktionen abgestempelt werden dürfen. Der Widerstand gegen die Diktatur des Nazifaschismus wäre von den Nazis selber sicherlich als terroristisch verteufelt worden. Für uns handelte es sich um notwendige und legitime Widerstandshandlungen.

Das im Grundgesetz verbriefte Widerstandsrecht trägt diesem Umstand Rechnung. Jeder blutige Diktator in einem Land der Dritten Welt findet es bequem, den Widerstand der Bevölkerung gegen seine Diktatur als terroristisch und möglichst noch als von Moskau gesteuert zu brandmarken.

Wir müssen unterscheiden zwischen dem legitimen Kampf von Befreiungsbewegungen und Volkswiderstand und terroristischen Aktionen. Bewaffnete und brutale Angriffe und Anschläge auf unbeteiligte und unschuldige Zivilpersonen, auf Frauen und Kinder, sind in der Regel ein guter Indikator dafür, daß eine Aktion nicht aus dem Volkswiderstand heraus gewachsen ist, sondern einen terroristischen Akt darstellt.

Den **internationalen Terrorismus** durch eigenen staatlichen Terrorismus bekämpfen zu wollen ist absurd und verdient dieselbe Abscheu wie die Terrorakte selbst.

(Beifall bei den GRÜNEN)

Wer den internationalen Terrorismus bekämpfen möchte, muß sich um seine Ursachen kümmern und sich bemühen, diese zu beeinflussen. Wenn wir über die **Ursachen des Terrorismus im Nahen und Mittleren Osten** sprechen, dann gerät sofort die ungelöste Palästinafrage ins Blickfeld. Solange Palästinenser unter miserablen Bedingungen in Lagern leben, solange sie diskriminiert oder – wie in den Flüchtlingslagern im Libanon – massakriert werden, solange den Palästinensern jede politische und friedliche Perspektive für ihre Zukunft verweigert wird, so lange wird das Problem des Terrorismus im Nahen Osten nicht wirklich gelöst werden können.

Die Bereitschaft, an einer politischen Lösung mitzuarbeiten, ist ein Kriterium dafür, ob eine Regierung tatsächlich an der Beseitigung der Ursachen des internationalen Terrorismus interessiert ist oder auf diesem ihr eigenes Süppchen kochen möchte.

Eine Entwicklung, die uns zunehmend besorgt machen sollte, ist eine Spielart des internationalen Terrorismus, die in den letzten Jahren Hochkonjunktur hatte: der **Staatsterrorismus der NATO-Staaten.**

(Zurufe von der CDU/CSU)

Ich erinnere hier nur an den Bombenanschlag des französischen Geheimdienstes auf das Greenpeace-Schiff »Rainbow Warrior« in Neuseeland.

(Beifall bei den GRÜNEN)

Zur Bezeichnung des Anschlags als terroristisch konnte sich die Bundesregierung nicht durchringen. Offenbar mißt die Bundesregierung mit zweierlei Maß. Und wie bewertet die Bundesregierung die gewaltsame Kampagne der sogenannten Contratruppe, die diese von Honduras aus gegen Nicaragua führt?

(Zurufe von den GRÜNEN)

Die Contras wurden von den USA gegründet, sie werden von den USA ausgebildet, bewaffnet und finanziert. Diese Söldnertruppe fällt in Nicaragua ein, greift wirtschaftliche Ziele, die Infrastruktur, Schulen und Krankenhäuser an, verschleppt Zivilisten und begeht Massaker an Frauen und Kindern. Sind diese Aktionen, sehr geehrter Herr Möllemann, terroristische Aktionen im Sprachgebrauch der Bundesregierung? Warum haben Sie dies bisher nicht öffentlich erklärt? Oder haben Morde, Folter und Entführungen dann nichts mit dem internationalen Terrorismus zu tun, wenn sie aus US-Steuergeldern finanziert werden?

(Beifall bei den GRÜNEN)

Doch natürlich wäre es ungerecht, den Vorwurf des Staatsterrorismus auf NATO-Länder beschränken zu wollen. **Israel** braucht sich hier nicht zu verstecken. Die Luftangriffe auf PLO-Lager in Tunesien, auf den irakischen Kernreaktor, die Entführung eines libyschen Flugzeuges mit syrischen Passagieren nach Israel sind einige Beispiele.

Auch hier bietet sich das gleiche Bild. Herr Möllemann verurteilte – zu Recht – etwa die Flugzeugentführung als völkerrechtlich nicht zu rechtfertigen. Die an ihn gerichtete Frage, ob er diese Aktion Israels für terroristisch halte, die wir im Februar schriftlich gestellt haben, beantwortete er nicht. Wir wiederholen sie hiermit erneut.

Der staatliche Terror der **südafrikanischen Regierung** gegen die schwarze Zivilbevölkerung dürfte doch auch in der Union bemerkt worden sein.

Insgesamt ergibt sich das Bild, daß das **Verhältnis der Bundes-**

regierung zum internationalen Terrorismus ungeklärt ist. Die Bundesregierung verwendet tatsächlich doppelte Maßstäbe, indem sie unbestätigten Behauptungen der US-Regierung folgt, ein Land habe Anschläge begangen, obwohl dies nicht nachgewiesen ist, während sie auf der anderen Seite terroristische Aktionen von befreundeten oder verbündeten Ländern zwar gelegentlich tadeln mag, diese aber nicht beim Namen nennt. Eine bessere Absprache, bessere Konsultationen mit den fraglichen Verbündeten würden hier nicht weiterhelfen. Die Kumpanei mit solchen Politikern würde nur wachsen.

(Beifall bei den GRÜNEN)

Hier hilft kein neuer Koordinationsmechanismus, hier hilft nur, auf Distanz zu den Tätern zu gehen. Wenn die Bundesregierung wirklich an der Bekämpfung des Terrorismus interessiert wäre, dann sollte sie ihn auch dann beim Namen nennen, wenn ihr dies politisch unbequem ist. Kumpanei mit Terroristen wird nicht dadurch besser, daß sie Nadelstreifenanzüge tragen und in Weißen Häusern residieren.

(Beifall bei den GRÜNEN)

Hier muß die Bundesregierung Roß und Reiter nennen, und – um keine Mißverständnisse aufkommen zu lassen – Worte allein genügen hier nicht, **Maßnahmen gegen den Staatsterrorismus** sind nötig. Die Bundesregierung soll uns doch bitte einmal erklären, wie man mit Staaten in einem gemeinsamen Verteidigungsbündnis bleiben kann, die zu notorischen Terrorexporteuren gehören. Was bedeutet denn in diesem Zusammenhang das Gerede von der Wertegemeinschaft? Ist das der Schritt von der Gemeinschaft der Demokraten zur Gemeinschaft der Terroristen?

(Lange [GRÜNE]: Sehr gut!)

Maßnahmen gegen den Staatsterrorismus zu ergreifen, muß für die Bundesrepublik auch bedeuten, deren Opfern großzügige humanitäre Hilfe zukommen zu lassen: **Hilfe für die Opfer** der Contraterroristen, Hilfe für die Opfer des südafrikanischen Terrors und Hilfe für die libyschen Zivilisten, die zu Opfern des Bombenterrors der USA geworden sind. Maßnahmen gegen den Staatsterrorismus zu ergreifen bedeutet auch, unsere Beziehungen zu diesen Ländern zu überprüfen, jede direkte und indirekte, jede politische, infrastrukturelle oder militärische Unterstützung terroristischer Maßnahmen vom Boden der Bundesrepublik zu unterbinden.

Wir sind der Auffassung, daß die Angriffe der USA verabscheuungswürdig sind. Das möchte ich noch einmal betonen: sie sind Ausdruck einer Politik, die sich anmaßt, über das Schicksal anderer Länder zu entscheiden. Dahinter steht ein nur dürftig verhüllter Anspruch auf Weltherrschaft, der auch in den Beziehungen der Reagan-Administration zur Dritten Welt insgesamt zum Ausdruck kommt.

Wir fordern die USA auf, sich an die Regeln des Völkerrechts zu halten, auf die Androhung und Anwendung von Gewalt in den internationalen Beziehungen zu verzichten, ihre Konflikte mit anderen Ländern friedlich und durch Verhandlungen beizulegen und sich insgesamt wie ein zivilisiertes Land zu verhalten.

(Dr.-Ing. Kansy [CDU/CSU]: Peinlich!)

Wir begrüßen daher auch die **Demonstrationen der Friedensbewegung** von gestern nachmittag und die, die am kommenden Samstag stattfinden werden.

(Beifall bei den GRÜNEN)

Diese Aktionen machen deutlich, auf welch harten Widerstand die US-Angriffe in Libyen hier bei uns in der Bevölkerung stoßen, und sie machen deutlich, daß die Bevölkerung der Ansicht ist, daß Luftangriffe internationale Probleme nicht lösen können.

(Zurufe von der CDU/CSU: Friedensbewegung mit Steinwürfen auf Menschen und Sachen!)

Wir rufen die Bürger in diesem Lande auf, sich zahlreich an diesen Demonstrationen zu beteiligen.

Dankeschön.

(Beifall bei den GRÜNEN)

Quelle: Deutscher Bundestag, Debatte über die Regierungserklärung des Bundeskanzlers zum Thema »Internationaler Terrorismus« vom 16. April 1986, Stenographischer Bericht, 209. Sitzung, 16. April 1986, S. 16028 B – 16030 D

Dokument 12

Erklärung der Außenminister der Europäischen Gemeinschaft zum Konflikt zwischen den USA und Libyen vom 14. April 1986

Nachdem US-Sonderbotschafter Vernon Walters auf einer Rundreise durch Europa militärische Maßnahmen gegen Libyen ohne genauere Angaben über deren Art und Zeitpunkt angekündigt hatte, trafen sich die EG-Außenminister am 14. April 1986 in Den Haag zu einer außerordentlichen Sitzung, um sich für eine Entschärfung der Lage einzusetzen.

In der danach herausgegebenen Erklärung wird Libyen zwar deutlicher als bei vorangegangenen Anlässen kritisiert, andererseits bringt man den USA gegenüber jedoch diplomatisch zum Ausdruck, daß die EG keine Konfrontation an ihrer Südflanke wünscht.

Das Hauptanliegen der EG-Minister findet sich im letzten Punkt der Erklärung: Um eine politische Lösung für die Spannungen zu ermöglichen und eine weitere Eskalation zu vermeiden, sollten alle Beteiligten Zurückhaltung üben.

Um seinen und den Einfluß der anderen EG-Außenminister geltend zu machen, flog Außenminister Genscher mit der Erklärung nach Washington, doch noch bevor er landete, fand der US-Angriff auf Libyen statt. Bei weiteren Treffen am 17. April in Paris und am 21. April in Luxemburg befaßte man sich schwerpunktmäßig mit den politischen Folgen des US-Angriffs auf Libyen. Es wurden keine gemeinsamen Erklärungen abgegeben, jedoch die Beschlüsse vom 14. April und der Wunsch nach einer politischen Lösung bekräftigt. Einige zusätzliche Maßnahmen begrenzter Art wurden beschlossen.

1. Die Zwölf geben ihrer ernsten Besorgnis über die Zunahme der Spannungen im Mittelmeerraum Ausdruck, die durch die jüngsten terroristischen Gewalttaten bewirkt wurde. Sie trafen heute zusammen, um ihr gemeinsames Vorgehen gegen diese Geißel abzustimmen.

2. Sie sind der Auffassung, daß Staaten, die den Terrorismus eindeutig unterstützen, veranlaßt werden sollten, eine derartige Unterstützung nicht mehr zu gewähren und die Regeln des Völkerrechts zu beachten. Sie rufen Libyen auf, sich entsprechend zu verhalten.
3. Die Zwölf sind überzeugt, daß terroristische Anschläge der politischen Sache, die die Urheber zu fördern vorgeben, in keiner Weise dienen. Gewalttaten, wie sie kürzlich gegen ein TWA-Flugzeug und eine Diskothek in Berlin verübt wurden, sind in keiner Weise zu rechtfertigen. Die Zwölf verurteilen diese Gewalttaten auf das schärfste, bedauern zutiefst den Tod unschuldiger Menschen und sprechen den Opfern und ihren Familien ihre Anteilnahme aus.
4. Sie weisen ferner die von führenden libyschen Politikern gegen Mitgliedstaaten ausgesprochenen unannehmbaren Drohungen zurück, die gewaltsame Reaktionen bewußt herausfordern und Europa unmittelbar bedrohen. Jeder derartige Schritt wird eine entschiedene und angemessene Reaktion der Zwölf zur Folge haben.
5. Die Zwölf haben beschlossen, in Bezug auf Libyen und, falls notwendig, auch auf andere Staaten, die den Terrorismus eindeutig unterstützen, in Übereinstimmung mit folgenden Leitlinien zu handeln:
   - Einschränkung der Freizügigkeit von diplomatischem und konsularischem Personal;
   - Verringerung des Personals an diplomatischen und konsularischen Vertretungen;
   - strengere Bedingungen und Verfahren für die Vergabe von Sichtvermerken.
6. In Übereinstimmung mit ihrer Erklärung vom 27. Januar 1986 bekräftigen sie, daß weder Waffen noch sonstige militärische Ausrüstungsgegenstände nach Libyen ausgeführt werden. Sie werden auch weiterhin alles in ihren Kräften stehende tun, um sicherzustellen, daß ihre Staatsangehörigen und Unternehmen keinen wirtschaftlichen Vorteil aus Maßnahmen ziehen, die als Reaktion auf

terroristische Gewalttaten und sonstige terroristische Aktivitäten getroffen werden. Sie behalten sich das Recht vor zu prüfen, ob weitere Maßnahmen ergriffen werden müssen. Kein Staat, der den Terrorismus unterstützt, kann erwarten, daß die Zwölf normale Beziehungen zu ihm unterhalten.

7. Sie haben die zuständigen Sachverständigen angewiesen, unverzüglich geeignete Maßnahmen zu benennen, die die Zwölf ergreifen sollen, insbesondere Sicherheitsmaßnahmen, die Anwendung internationaler Übereinkünfte über diplomatische und konsularische Vorrechte und Befreiungen sowie die Sicherheit der Zivilluftfahrt. Der Bericht der Sachverständigen wird auf der in der kommenden Woche stattfindenden Ministertagung geprüft.
8. Die Zwölf verstärken ihre Zusammenarbeit mit anderen Staaten auf dem Gebiet der Aufklärung, der Verbesserung der Sicherheitsmaßnahmen und der Verhinderung von terroristischen Gewalttaten ganz allgemein.
9. Um zur Beseitigung des internationalen Terrorismus beizutragen, werden die Zwölf ihren gemeinsamen Einfluß in Kontakten mit Libyen und, falls erforderlich, mit anderen betroffenen Staaten geltend machen.
10. Sie haben beschlossen, die arabischen Staaten und die Liga der Arabischen Staaten über ihre Schlußfolgerungen zu unterrichten und sie aufzufordern, die Frage des internationalen Terrorismus gemeinsam und als dringliche Angelegenheit zu untersuchen.
11. Um die Erreichung einer politischen Lösung zu ermöglichen, durch die eine weitere Eskalation der militärischen Spannungen in der Region mit allen damit einhergehenden Gefahren vermieden wird, betonen die Zwölf schließlich, daß alle Beteiligten Zurückhaltung üben müssen.

Quelle: Offizielle Übersetzung (Manuskript) Nr. 105–86/1294 Bundessprachenamt, Den Haag, 14. April 1986

Dokument 13

Erklärung der Teilnehmer des Weltwirtschaftsgipfels in Tokio zum Terrorismus und der Rolle Libyens, Mai 1986

Zu den Weltwirtschaftsgipfeln treffen sich jeweils die Staats- und Regierungschefs der sieben wichtigsten westlichen Industrienationen und seit einigen Jahren auch der Präsident der EG-Kommission. In der Erklärung des Weltwirtschaftsgipfels in Bonn 1978 wurden gemeinsame Maßnahmen zur Bekämpfung von Flugzeugentführungen beschlossen. Bei dem Zusammentreffen in Ottawa wurde diese Erklärung bekräftigt, der internationale Terrorismus und seine Unterstützung allgemein verurteilt und darüberhinaus unter anderem die Verpflichtung zu gegenseitigen Konsultationen über Gegenmaßnahmen ausgesprochen.

In der Erklärung des Weltwirtschaftsgipfels in Tokio 1986, der etwa drei Wochen nach dem US-Angriff auf Libyen stattfand, wurde dieser sogenannte »Vergeltungsschlag« überhaupt nicht erwähnt, so daß der Konflikt zwischen den Ansichten der EG (siehe auch Dokument 12) und den USA (siehe auch Dokument 7) nicht offenbar wurde. Libyen wurde zwar der Komplizenschaft mit dem Terrorismus beschuldigt, andererseits kann man jedoch eine vorsichtige Kritik am Verhalten der Vereinigten Staaten aus dem Dokument herauslesen. Etwa, wenn es heißt, Maßnahmen sollten »im Rahmen des Völkerrechts« und innerhalb des »eigenen Hoheitsbereiches« erfolgen, was ja bei dem Angriff auf Libyen nicht der Fall war, oder daß »nationales Vorgehen und internationale Zusammenarbeit ... Hand in Hand« gehen müssen, was sich auf das eigenmächtige und unabgestimmte Handeln der USA beziehen kann.

1.
Wir, die Staats- und Regierungschefs von sieben großen Demokratien und die Vertreter der Europäischen Gemeinschaften, die wir hier in Tokyo versammelt sind, bekräftigen mit allem Nachdruck unsere Verurteilung des internationalen Terroris-

mus in allen seinen Formen, seiner Komplizen und aller, auch der Regierungen, die ihn finanzieren und unterstützen. Wir verabscheuen die sprunghafte Zunahme des Terrorismus seit unserer letzten Zusammenkunft und vor allem seine eklatante und zynische Anwendung als Instrument der Regierungspolitik. Der Terrorismus hat keinerlei Rechtfertigung. Er breitet sich nur durch Einsatz verabscheuungswürdiger Mittel aus, wobei er den Wert des menschlichen Lebens, der menschlichen Freiheit und Würde mißachtet. Er muß schonungslos und kompromißlos bekämpft werden.

2.

In der Erkenntnis, daß die anhaltende Bekämpfung des Terrorismus eine Aufgabe ist, der sich die gesamte Völkergemeinschaft stellen muß, verpflichten wir uns zu größtmöglichen Anstrengungen im Kampf gegen diese Geißel. Der Terrorismus muß durch entschlossenes, ausdauerndes, sachgerechtes und geduldiges Handeln wirksam bekämpft werden, wobei nationales Vorgehen und internationale Zusammenarbeit Hand in Hand gehen müssen. Darum fordern wir alle gleichgesinnten Völker zur Zusammenarbeit mit uns auf, insbesondere in internationalen Gremien wie den Vereinten Nationen, der Internationalen Zivilluftfahrt-Organisation und der Internationalen Seeschiffahrts-Organisation, deren Sachverstand dazu dienen soll, Gegenmaßnahmen gegen den Terrorismus und diejenigen zu verbessern und auszuweiten, die ihn finanzieren oder unterstützen.

3.

Wir, die Staats- und Regierungschefs, haben vereinbart, in einschlägigen Gremien den Informationsaustausch über aktuelle und potentielle Bedrohungen aus terroristischen Betätigungen und seitens derer, die sie finanzieren und unterstützen sowie über Mittel und Wege zur Verhinderung solcher Bedrohungen zu vertiefen.

4.

Wir nennen nachstehende Maßnahmen, die jeder darum bemühten Regierung offenstehen, um internationalen Terroristen die Mittel und Möglichkeiten zur Erlangung ihrer

Ziele zu verwehren und jene auszumachen und abzuschrecken, die terroristische Gewalttaten begehen. Wir haben beschlossen, diese Maßnahmen im Rahmen des Völkerrechts und innerhalb unseres eigenen Hoheitsbereichs gegenüber jedem Staat anzuwenden, der offenkundig an der Finanzierung oder Unterstützung des internationalen Terrorismus beteiligt ist, und insbesondere gegenüber Libyen, bis dieser Staat seine Komplizenschaft mit diesem Terrorismus oder dessen Unterstützung aufgibt. Die Maßnahmen sind:

- Weigerung, Waffen in Staaten auszuführen, die den Terrorismus finanzieren oder unterstützen;
- strikte Begrenzung der Größe diplomatischer und konsularischer Vertretungen und anderer amtlicher Stellen solcher Staaten im Ausland, die sich entsprechend betätigen, Reisebeschränkungen für Mitglieder solcher Vertretungen und Stellen sowie – wo dies angezeigt erscheint – eine radikale Reduzierung oder sogar die Schließung solcher Vertretungen und Stellen;
- Verweigerung der Einreise für alle Personen einschließlich diplomatischen Personals, die aus einem unserer Staaten wegen des Verdachts der Teilnahme am internationalen Terrorismus ausgewiesen oder ausgeschlossen oder eines solchen terroristischen Verbrechens überführt worden sind;
- verbesserte Auslieferungsverfahren gemäß den ordentlichen Verfahren des innerstaatlichen Rechts, um jene vor Gericht zu stellen, die solche terroristischen Gewalttaten verübt haben;
- strenge Einreise- und Sichtvermerksanforderungen und -verfahren für Staatsangehörige von Staaten, die den Terrorismus finanzieren oder unterstützen;
- engstmögliche bilaterale und multilaterale Zusammenarbeit von Polizei und Sicherheitsorganen und weiterer zuständiger Behörden bei der Terrorismusbekämpfung.

Jeder von uns verpflichtet sich zur Mitwirkung in den geeigneten internationalen Gremien, denen wir angehören, damit entsprechende Maßnahmen von möglichst vielen anderen Regierungen verabschiedet und verwirklicht werden.

5.
Wir werden bei der Förderung der Zielsetzungen dieser Erklärung und der Prüfung weiterer Maßnahmen eng zusammenarbeiten. Wir sind uns einig, der Bonner Erklärung von 1978 bei der Bewältigung aller die zivile Luftfahrt bedrohenden Formen des Terrorismus zu größerer Wirksamkeit zu verhelfen. Wir sind bereit, weitere Vorgehensweisen in internationalen Organisationen oder Gremien, die sich zur Bekämpfung des internationalen Terrorismus in all seinen Formen eignen, bilateral wie multilateral zu fördern.

Quelle: Presse- und Informationsamt der Bundesregierung, Bulletin Nr. 50, Bonn, 13. Mai 1986, S. 426–427
Vergleiche die stellenweise abweichende Formulierung, die von der US-Regierung in deutscher Sprache verbreitet wurde; in: USIA/Amerikadienst, 7. Mai 1986, S. 1–3

Dokument 14

Überblick über unterschiedliche Organisationen im Nahen Osten

Amal, »Hoffnung«. 1974 gegründete schiitische Bewegung im Libanon mit vorwiegend ländlich-kleinbäuerlicher Basis. Seit dem ungeklärten Verschwinden des ersten geistlichen Führers der Amal bei einer Reise nach Libyen wird die Bewegung von westlich orientierten Vertretern des städtischen, kleineren und mittleren Bürgertums geführt, obwohl die Basis dem nicht entspricht. Seit 1982 hat Amal Miglieder an Hizbollah verloren, mit der es auch überlappende Mitgliedschaften gibt. Etwa 6000 Kämpfer.
DFLP, Demokratische Front zur Befreiung Palästinas. Palästinensische Organisation, die 1969 aus der PFLP entstanden ist. Wird geführt von Nayef Hawatmeh und erstrebt – von marxistisch-leninistischen Positionen ausgehend – einen säkularen palästinensischen Staat in Palästina, in dem Araber und Juden

gleichberechtigt sein sollen. Mitglied der PLO. Soll über mehr als 1000 Guerillas verfügen.

Fatah. Wichtigste Mitgliedsorganisation der PLO. Gegründet 1956, seit 1964 geführt von Yassir Arafat. Wird überwiegend durch Zuschüsse arabischer Ölstaaten und durch eigene Investitionen finanziert. 1982/83 kam es zu militärischen Auseinandersetzungen innerhalb der Fatah, bei denen die Opposition gegen Arafat von Abu Moussa geführt wurde. Verfügt über mehr als 10 000 Kämpfer in verschiedenen Ländern.

Fatah – Revolutionärer Rat, FRC. Anfang der siebziger Jahre aus der Fatah entstanden. Wird von Abu Nidal geführt und bekannte sich zu Dutzenden von Terroranschlägen in unterschiedlichen Ländern. In scharfer Gegnerschaft zur PLO, die Abu Nidal zum Tode verurteilte, nachdem er versucht hatte, Arafat zu ermorden. Operiert auch unter den Namen: Schwarzer Juni und Revolutionäre Organisation Sozialistischer Moslems (ROSM). Geschätzte Stärke: zwischen 200–800 Personen. Hat etwa 100 Anschläge in mehr als 20 Ländern durchgeführt.

Force 17, Eliteeinheit der Fatah. Ursprünglich Leibwache für PLO-Chef Yassir Arafat, inzwischen militärische Einheit mit einer Stärke von etwa 1500 Mann.

Hizbollah, »Partei Gottes« (andere Schreibweise: »Hisb Allah«). Fundamentalistische, schiitische Organisation im Libanon mit engen Bindungen an den Iran. Verantwortlich für eine Reihe von Entführungen, vermutlich auch für den Selbstmordangriff auf das Hauptquartier der US-Marines in Beirut vom Oktober 1983. Enge Bindungen an Islamic Jihad. Mindestens 2000 bis 3000 Kämpfer.

Islamic Jihad, »Islamischer Heiliger Krieg«. Fundamentalistische, schiitische Organisation im Libanon. Vermutlich nur lose Organisationsform. Möglicherweise der militärisch-terroristische Arm von Hizbollah, möglicherweise nur ein Deckname, der bei Anschlägen etc. von unterschiedlichen Organisationen benutzt wird.

PFLP, Volksfront für die Befreiung Palästinas. 1967 in scharfer Opposition zur offiziellen PLO-Linie von Arafat entstanden, geführt von George Habbash, marxistisch-leninistisch. In den späten sechziger und in den siebziger Jahren verantwortlich für eine Reihe spektakulärer Flugzeugentführungen (Dawsons's Field 1970, Mogadischu 1977). In den letzten Jahren hat die PFLP im Streit zwischen Syrien und der Arafat-Linie eine eher vermittelnde Position eingenommen. Vermutlich bis zu 1000 Kämpfer.

PFLP, GC; Volksfront für die Befreiung Palästinas – Generalkommando. 1968 aus der PFLP entstanden, geführt von Ahmed Jibril. Etwa 500 Kämpfer.

PLF, Front zur Befreiung Palästinas. 1977 aus der PFLP-GC entstanden. Besteht seit dem israelischen Einmarsch im Libanon aus drei getrennten Fraktionen, von denen die wichtigste von Abu Abbas geführt wird und PLO-Chef Arafat nahesteht. Eine andere Fraktion unter Talaat Yacoub wird von Syrien unterstützt und opponiert gegen Arafat.

PLO, Palästinensische Befreiungsorganisation. 1964 auf Betreiben Ägyptens und anderer arabischer Regierungen (zum Teil als Gegengewicht zur Fatah) gegründet, seit 1969 von Yassir Arafat als Vorsitzender geführt. Besteht heute aus fast allen palästinensischen Organisationen einschließlich Fatah, PFLP, DFLF, Saika und wird von mehr als 100 Staaten als authentische Vertretung des palästinensischen Volkes akzeptiert. Seit 1974 hat sich die PLO von militärischen Operationen und Terroranschlägen außerhalb der von Israel besetzten Gebiete distanziert, was allerdings nicht von allen Mitgliedern akzeptiert wird.

Saika, »Blitz«. Paramilitärische, palästinensische Organisation mit engen Bindungen an die syrische Baath-Partei und Regierung, Mitglied der PLO. (Es existiert eine gleichnamige Eliteeinheit der ägyptischen Armee für Kommandoaktionen.)

Dokument 15

Chronologie ausgewählter terroristischer Anschläge, 1980–1987

Bei der anschließenden Chronologie handelt es sich um eine Auswahl, die im Hinblick auf die Thematik des Buches und dessen regionalen Bezug zusammengestellt wurde. Die Begrenzung auf den Zeitraum von 1980–1987 bedeutet nicht, daß die Geschichte des nahöstlichen Terrorismus erst an diesem Punkt begann (sie reicht vielmehr Jahrzehnte zurück). Die Wahl dieser Zeitspanne ergibt sich einerseits aus dem Wunsch, eine möglichst straffe und aktuelle Ergänzung zum ersten Teil des Buches anzubieten, und andererseits aus der zunehmenden Bedeutung des islamischen Fundamentalismus im gesamten Nahen Osten seit der islamischen Revolution im Iran Ende der 70er Jahre und der israelischen Invasion in den Libanon, zwei Faktoren, durch die die Konflikte in der Region verschärft wurden. Darüberhinaus begann die US-amerikanische Counterterrorismus-Diskussion ebenfalls etwa zu Anfang der 80er Jahre.

Durch die Unterschiedlichkeit der Quellen ergeben sich häufig Probleme für die Einschätzung der (zum Teil stark differierenden) Daten und die Zurechnung bestimmter Anschläge zu bestimmten Gruppen. Zum Teil bekannten sich mehrere Gruppen zu ein und demselben Anschlag, in anderen Fällen behaupteten beispielsweise die Vereinigten Staaten unwiderlegbare Beweise für gewisse Urheberschaften zu haben, die sie jedoch niemals vorlegten, und schließlich tappt man bei einer ganzen Reihe solcher Ereignisse völlig im dunkeln, es gibt lediglich Spekulationen, die häufig von politischen Interessen geprägt sind.

4. November 1979 – 20. Januar 1981: Geiseldrama in der US-amerikanischen Botschaft in Teheran.

Die Krise dauert 444 Tage und beginnt, als iranische Studenten am 4. November 1979 die amerikanische Botschaft in Teheran besetzen und 53 Angestellte und Diplomaten als Geiseln nehmen. Sie fordern die Rückkehr des Schah, um ihn im Iran vor Gericht zu stellen. Ein Versuch des amerikanischen Militärs, die Geiseln zu befreien, scheitert im April 1980. Die Aussichten des damaligen amerikanischen Präsidenten Jimmy Carter auf eine Wiederwahl werden von der Krise schwer beeinträchtigt.

September 1980: Ausbruch des Golfkrieges zwischen Iran und Irak, nachdem der Irak ein Abkommen mit dem Iran aufgekündigt hatte, das die Mitte der tiefsten Fahrrinne des Shatt-el-Arab als gemeinsame Grenze anerkannte.

7. Juni 1981: Israelische Kampfflugzeuge bombardieren zwei in Bau befindliche Atomreaktoren in Tamuz, Irak. Die Reaktoren werden vollkommen zerstört, um sicherzustellen, daß die Irakis und ihre Verbündeten keine Atombombe herstellen und Israel damit bedrohen können. Die Operation wurde jahrelang vom israelischen Geheimdienst Mossad vorbereitet.

6. Oktober 1981: Der ägyptische Präsident Sadat wird in Kairo von islamischen Fundamentalisten ermordert.

24. Mai 1982: Zwölf Tote bei einem Anschlag auf die französische Botschaft in Beirut. Die französische Regierung vermutet Syrien als Urheber.

6. Juni 1982: Beginn der israelischen Intervention in den Libanon (siehe auch S. 40).

14. September 1982: Der designierte libanesische Präsident Bashir Gemayel wird durch einen Bombenanschlag getötet.

16.–18. September 1982: Massaker an Palästinensern und anderen Arabern in den Flüchtlingslagern Sabra und Shatila, Beirut. Christliche Milizen wollen damit Rache für die Ermordnung des designierten libanesischen Präsidenten Bashir Gemayel nehmen.

Schätzungsweise 800–2000 Männer, Frauen und Kinder sterben. Die israelische Armee erlaubt den christlichen Milizen, die Lager zu betreten und bewacht die Eingrenzungen, während das Massaker stattfindet.

10. April 1983: Issam Sartawi, PLO-Mitglied und enger Berater Arafats wird während eines Kongresses der *Sozialistischen Internationale* in Albufeira, Portugal, von Mitgliedern der Abu Nidal Gruppe ermordet (siehe Dokument 1, S. 145 ff.).

18. April 1983: 57 Personen werden bei einem Bombenanschlag auf die US-Botschaft in Beirut getötet, 120 verletzt.

23. Oktober 1983: Parallele Selbstmordbombenangriffe auf das Hauptquartier der US-Marines und das Hauptquartier der französischen Einheiten der internationalen Friedenstruppen in Beirut. 241 Marines und 58 französische Soldaten sterben.

Die Gruppe »Islamic Jihad« bekennt sich zu dem Anschlag (siehe auch S. 41).

4. November 1983: Anschlag der Gruppe »Islamic Jihad« auf ein israelisches Militärhauptquartier in Tyrus (Südlibanon). 61 Menschen werden getötet, davon sind 28 israelische Soldaten. Einige Tage später greift die israelische Luftwaffe syrische, palästinensische und drusische Ziele im Libanon an.

12. April 1984: Vier Palästinenser entführen einen Bus, der auf dem Weg von Jerusalem nach Ashkelon ist und zwingen den Fahrer, in den Gaza-Streifen zu steuern. Eine israelische Militäreinheit stürmt den Bus und tötet zwei der Entführer, während des Schußwechsels wird außerdem eine junge Frau aus dem Bus getötet. Die beiden überlebenden Entführer werden Agenten der israelischen Anti-Terror-Einheit Shin-Bet übergeben, die die beiden Araber zu Tode prügeln, wie eine spätere Untersuchung ergibt.

17.–24. April 1984: Die britische Polizei belagert das libysche Volksbüro in London, nachdem Schüsse von dort eine junge Polizistin getötet und elf Personen verletzt hatten, die vor dem Gebäude gegen das Regime Ghadafis protestierten.

8. Juli 1984: Ein libyscher Geschäftsmann wird in London ermordet. Er sollte kurze Zeit später zu Bombenanschlägen auf Treffpunkte libyscher Dissidenten vor Gericht aussagen.

31. Juli 1984: Eine Maschine der *Air France* wird auf dem Flug von Frankfurt nach Paris entführt und gezwungen in Teheran zu landen. Die Forderung der Entführer in Frankreich inhaftierte Terroristen feizulassen, wird nicht erfüllt. Zwei Menschen werden getötet. Die Entführung wird der Gruppe »Islamic Jihad« zugeschrieben.

20. September 1984: Bombenanschlag auf die amerikanische Botschaft in Beirut durch die Gruppe »Islamic Jihad«. Vierzehn Menschen werden getötet, über dreißig verletzt.

4.–12. Dezember 1984: Vier libanesische Schiiten entführen eine Maschine der *Kuwait Airlines,* die sich auf dem Weg von Dubai nach Karachi befindet. Sie zwingen die Crew, nach Teheran zu fliegen und erschießen dort zwei amerikanische Passagiere. Die Entführer fordern die Freilassung von siebzehn islamischen Fundamentalisten, die in Kuwait inhaftiert sind. Iranische Sicherheitskräfte stürmen die Maschine und entwaffnen die Entführer.

5. März 1985: Bombenanschlag in Beirut (siehe Kasten S. 76).

14. Juni 1985: Entführung einer TWA-Maschine auf dem Weg von Athen nach Rom (siehe Kasten dazu, S. 88).

30. September 1985: Vier sowjetische Diplomaten werden im Libanon entführt. Die Entführer fordern die UdSSR auf, der »atheistischen Kampagne gegen das islamische Tripoli« (Stadt im Norden des Libanon) ein Ende zu machen. Die Sowjetunion erklärt, keinerlei Kontakte zu der Gruppe, die Tripoli belagere, zu unterhalten. Einer der Diplomaten wird getötet, die anderen freigelassen.

1. Oktober 1985: Fünf Kampfflugzeuge der israelischen Luftwaffe bombardieren das PLO-Hauptquartier in Tunis.

Etwa 80 Menschen werden getötet. Die israelische Regierung bezeichnet den Angriff als Vergeltungsanschlag nach einer »Serie krimineller Attentate von PLO-Terroristen gegen unschuldige Zivilisten«, besonders der Ermordnung dreier israelischer Segler auf ihrem Boot in Larnaka (Zypern) am 25. September 1985. Kein führendes PLO-Mitglied wurde bei dem Anschlag in Tunis getötet oder verletzt.

7.–9. Oktober 1985: Entführung des italienischen Kreuzfahrtschiffes »Achille Lauro« (siehe die Kästen dazu, S. 56 und S. 126).

23. November 1985: Auf dem Flug von Athen nach Kairo wird eine Maschine der *Egypt Airlines* entführt und gezwungen, auf Malta zu landen, wo die Entführer beginnen, israelische und westliche Passagiere einen nach dem anderen zu töten.

Das Flugzeug wird von einer ägyptischen Anti-Terror-Einheit gestürmt, es fängt Feuer und 95 Menschen sterben. Der ägyptische Präsident Murabak beschuldigt Oberst Ghadafi und die Abu Nidal Gruppe, für die Entführung verantwortlich zu sein.

27. Dezember 1985: Anschläge auf die Flughäfen in Rom und Wien. In Rom eröffnen vier Männer das Feuer auf wartende Passagiere und werfen Handgranaten in die Menge. Dabei werden 15 Menschen getötet und und über 70 verletzt. Bei einem Feuergefecht mit israelischen Sicherheitskräften und der Polizei sterben drei der Terroristen, einer wird verletzt und verhaftet. Parallel dazu schießen in Wien drei Männer auf wartende Fluggäste am Schalter der israelischen Fluggesellschaft *El-Al.* Es kommt zu zwei Toten und 45 Verletzten.

Bei einem Feuergefecht mit der österreichischen Polizei wird einer der Männer getötet, die beiden anderen ergeben sich.

Beide Anschläge werden der Abu Nidal Gruppe zugerechnet. Die amerikanische Regierung beschuldigt Libyen und später Syrien, die Attentäter unterstützt zu haben.

2. März 1986: Zwei Männer verüben einen Mordanschlag auf den Bürgermeister von Nablus, Zafer al Masri. Sowohl die Abu Nidal Gruppe als auch die PFLP bekennen sich zu dem Anschlag.

29. März 1986: Anschlag auf die deutsch-arabische Gesellschaft in West-Berlin (siehe S. 110).

5. April 1986: Bombenanschlag auf die westberliner Diskothek »La Belle«. Ein Amerikaner und eine türkische Frau werden getötet, ein weiterer Amerikaner erliegt seinen Verletzungen im Krankenhaus. 230 Personen werden verletzt.

14. April 1986: Die Vereinigten Staaten behaupten, unwiderlegbare Beweise für die Verwicklung Libyens in den Anschlag auf die westberliner Diskothek »La Belle« zu haben und bombardieren angeblich deshalb die libyschen Städte Tripolis und Bengazi. Der Angriff fordert etwa 100 Tote, darunter eine Adoptivtochter Ghadafis (siehe auch S. 101, 212).

17. April 1986: Der Jordanier Nezar Hendawi versucht, über seine ahnungslose irische Freundin eine Bombe an Bord einer *El-Al*-Maschine zu schmaggeln, die von London aus nach Israel fliegt (siehe auch S. 111 ff.).

14.–17. September 1986: Serie von Bombenanschlägen in Paris. 13 Menschen werden getötet, 250 verletzt. Zu den Anschlägen bekennt sich ein »Komitee für die Solidarität mit arabischen und mittelöstlichen politischen Gefangenen«. Ihr Ziel ist die Freilassung dreier Terroristen aus dem Mittleren Osten, die in Frankreich inhaftiert sind.

31. Dezember 1986: Die libanesische Gruppe »Organisation der Unterdrückten der Erde« erklärt, drei libanesische Juden, die im Verlauf der vorangegangenen beiden Jahre in Beirut entführt worden waren, getötet zu haben.

4., 5. und 11. Januar 1987: Israelische Kampfhelikopter greifen Stellungen schiitischer Gruppen im Südlibanon an. Die Angriffsziele sollen angeblich Kämpfern der Hizbollah als Stützpunkte gedient haben. Es kommt zu drei Toten und acht Verletzten.

5. Januar 1987: Angehörige der Hizbollah verüben einen Sprengstoffanschlag auf die von Israel finanzierte Südlibanesische Armee, bei dem vier Menschen getötet werden.

10. Januar 1987: Israelische Einheiten greifen eine Stellung der UNO-Friedenstruppe im Libanon an. Ein irischer Soldat wird bei dem Angriff getötet.

15. Januar 1987: Der Libanese Mohammed Ali Hamadei wird in Frankfurt verhaftet. Er wird von den Vereinigten Staaten verdächtigt, an der Entführung einer *TWA*-Maschine im Juni 1985 nach Beirut beteiligt gewesen zu sein (siehe Kasten Seite 88). Die US-Regierung verlangt die Auslieferung Hamadeis.

17. und 20. Januar 1987: Entführung der deutschen Firmenvertreter Rudolf Cordes und Alfred Schmidt in West-Beirut. Die Entführung steht in Zusammenhang mit der Verhaftung des Libanesen Mohammed Ali Hamadei in Frankfurt. Die von der USA geforderte Auslieferung Hamadeis soll verhindert, statt dessen ein Austausch Hamadeis und seines ebenfalls in der Bundesrepublik inhaftierten Bruders Abbas Hamadei gegen die deutschen Geiseln im Libanon ermöglicht werden.

1. Juni 1987: Der libanesische Premierminister Rashid Karame wird bei einem Sprengstoffanschlag getötet. Innenminister Abdulla Rassi und weitere 13 Personen werden bei dem Anschlag verletzt.

24. Juni 1987: Der amerikanische Journalist Michael Glass, der Sohn des libanesischen Verteidigungsministers Osseiran und dessen Fahrer werden von Angehörigen der Hizbollah im Libanon entführt.

17. Juli 1987: Frankreich bricht die diplomatischen Beziehungen zum Iran ab, nachdem ein Übersetzer der iranischen Botschaft in Paris, Gordji, sich geweigert hatte, vor einem französischen Untersuchungsrichter über seine Kenntnisse von terroristischen Aktivitäten in Frankreich auszusagen.
Nach einer Hausdurchsuchung in seiner Wohnung am 3. Juni 1987 entzog er sich der französischen Justiz dadurch, daß er die iranische Botschaft nicht mehr verließ. Das Gebäude wurde daraufhin von französischen Beamten umstellt. Der Iran reagierte umgekehrt mit denselben Schritten und umstellte die französische Botschaft in Tehran

24. Juli 1987: Auf dem Flug von Brazzaville nach Paris wird eine Maschine der Air Afrique mit 163 Insassen an Bord entführt und nach Genf umgeleitet. Auf dem dortigen Flughafen kann der Entführer nach fünf Stunden von der Besatzung überwältigt werden, nachdem er einen französischen Passagier mit einem Kopfschuß getötet hatte. Der Entführer, ein 21jähriger Libanese, wollte die Freilassung der in der Bundesrepublik inhaftierten Brüder Mohammed Ali und Abbas Hamadei erzwingen.

18. August 1987: Nach zweimonatiger Geiselhaft im Libanon kommt der amerikanische Journalist Michael Glass frei.

7. September 1987: Alfred Schmidt wird nach fast 8 Monaten von seinen Entführern im Libanon freigelassen.

Institut für Internationale Politik

Das 1987 gegründete *Institut für Internationale Politik* ist ein eingetragener und gemeinnütziger Verein mit Sitz in Wuppertal. Es bemüht sich um die Durchführung und Unterstützung sozialwissenschaftlicher Forschung zu Fragen der internationalen Politik und um die Veröffentlichung entsprechender Arbeitsergebnisse. Hauptgebiete sind:

- Außen-, Außenwirtschafts-, Sicherheits- und Entwicklungspolitik der Bundesrepublik,
- Fragen der NATO, der NATO-Mitgliedsländer und der Europäischen Gemeinschaften,
- Entwicklungsprobleme der Dritten Welt.

Das *Institut für Internationale Politik* ist ein parteiunabhängiger Zusammenschluß von wissenschaftlich, politisch und publizistisch tätigen Personen, die an Fragen der allgemeinen Außenpolitik, der Militär- und Friedenspolitik und Problemen der Dritten Welt interessiert sind. Das Institut fühlt sich einer kritischen Analyse internationaler Politik verpflichtet. Es bemüht sich um die Erarbeitung von Alternativen zur gegenwärtigen bundesdeutschen Außenpolitik.
Es finanziert sich überwiegend aus Mitgliedsbeiträgen und Spenden, die steuerlich abzugsfähig sind.

Institut für Internationale Politik,
Laurentiusstraße 12, 5600 Wuppertal 1
Konto 15 04 79-437 beim Postgiroamt Essen (BLZ 360 100 43)